Die Technik des Drehbuchschreibens für Film und Fernsehen

**Film · Funk · Fernsehen – praktisch**

Herausgegeben von der Hochschule für Fernsehen und Film München
– Abteilung Kommunikationswissenschaft und Ergänzungsstudium –

durch

**Professor Dr. Karl Friedrich Reimers und Dr. Rüdiger Steinmetz**

**Band 1**

herausgegeben von

Jürgen Bretzinger

Eugene Vale

# Die Technik des Drehbuchschreibens für Film und Fernsehen

TR-Verlagsunion

Titel der amerikanischen Originalausgabe:
The Technique of Screen & Television Writing
(© Simon & Schuster, Inc., New York 1982)
Aus dem Amerikanischen übersetzt von Gabi Galster

CIP-Kurztitelaufnahme der Deutschen Bibliothek

**Vale, Eugene:**
Die Technik des Drehbuchschreibens für Film und Fernsehen / Eugene Vale. [Hrsg. von Jürgen Bretzinger. Aus d. Amerikan. übers. von Gabi Galster]. – München : TR-Verlagsunion, 1987
(Film, Funk, Fernsehen – praktisch ; Bd. 1)
Einheitssacht.: The Technique of Screen and Television Writing <dt.>
ISBN 3-8058-2003-8

2. unveränderte Auflage 1988

Umschlaggestaltung: PAN-Studio, München
Gesamtherstellung: Ludwig Auer GmbH, Donauwörth
ISBN 3-8058-2003-8

# VORWORT DES HERAUSGEBERS

*„Ideen zu haben ist himmlisch, sie auszuarbeiten die Hölle.“*

Maurice Maeterlinck

Das vorliegende Buch soll all denen helfen, die bereit sind, ihre himmlischen Ideen gegen alle Anfeindungen der mühsamen, aber notwendigen Ausarbeitung zu verteidigen. Der Weg ist anstrengend, das Ziel lohnend. Von allen Arbeiten, die zur Herstellung eines Films notwendig sind, ist das Drehbuchschreiben die einsamste. Nur drei Dinge begleiten den Autor auf seinem Weg: Handwerk, Talent und Glück. Talent und Glück sind unabdingbar, aber nicht zu beeinflussen – da helfen auch keine Bücher. Mit dem Handwerkszeug sieht es anders aus: Wer das vorliegende Buch aufmerksam studiert, wird darin eine Vielzahl nützlicher „Werkzeuge“ und deren Anwendung finden. Eugene Vale führt den Leser von der Auswahl der ersten Ideen bis zum produktionsfertigen Drehbuch. Seine klare Analyse der dramatischen Struktur und ihrer Wirkung auf den Zuschauer wird dem interessierten Laien ebenso wie dem Filmstudenten und dem professionellen Drehbuchautor von Nutzen sein.

Eugene Vale ist gebürtiger Schweizer, er ging in Zürich zur Schule. Erste literarische Erfahrungen sammelte er in Paris; 1938 wanderte er nach Amerika aus. Bis heute hat er über 60 Drehbücher für Film und Fernsehen geschrieben. Seine Romane und Theaterstücke sind vielfach ausgezeichnet (auf deutsch erschienen: *Der dreizehnte Apostel* und *Der Kinderkreuzzug*). Er ist aktives Mitglied der Academy of Motion Picture Arts and Sciences und der Writers Guild of America. Er lebt und arbeitet in Hollywood.

Eugene Vales Buch über die Technik des Drehbuchschreibens gilt in der internationalen Fachwelt als *der Klassiker* zu diesem Thema. Die amerikanische Urfassung erschien 1944 (*The Technique of Screenplay Writing*). 1972 hat er sie neu bearbeitet und erweitert (*The Technique of Screen and Television Writing*). Als Vorlage für diese Übersetzung wurde die aktuellste Bearbeitung von 1982 verwendet.

Eugene Vale gehört zu den vielen deutschsprachigen Künstlern, die in den dreißiger Jahren von Europa nach Amerika ausgewandert sind. Das heutige Hollywood ist nicht zuletzt von diesen Emigranten geprägt worden – hier haben sie uns gefehlt. Der Neue Deutsche Film, auf den wir uns heute berufen, ist durch den sogenannten Autorenfilm bestimmt; der Autor des Drehbuchs ist meist auch Regisseur, oft noch Produzent, wenn nicht sogar Kameramann und Hauptdarsteller. Der alte Streit zwischen Autor und Regisseur, wer denn nun der eigentliche Schöpfer des Filmkunstwerks sei, wurde dadurch zwischenzeitlich beigelegt. Diese Personalunion von Autor und Regisseur hat das Kräfteverhältnis zugunsten der Regie verschoben. Die Tradition des klassischen Drehbuchschreibens wurde nicht gepflegt.

Hollywood hat die europäische Idee des Autorenfilms immer bewundert, aber nie geliebt. Hollywood, als Synonym für die amerikanische Film- und Fernsehindustrie, droht nun mehr und mehr, die europäische Filmkultur mit seiner Übermacht zu ersticken. Gegenmaßnahmen sind angezeigt. Ein sinnvoller Weg erscheint mir, die Stellung des Drehbuchautors als eigenständigen Künstler und Handwerker wieder mehr zu unterstützen und aufzuwerten. Das nun in deutscher Sprache vorliegende Werk eines Hollywood-Profis aus Zürich soll dazu ein Beitrag sein.

Als Herausgeber danke ich allen, die zur Realisierung dieses Buches beigetragen haben, ganz besonders Eugene Vale für seine freundliche Unterstützung und seine Geduld, Kurt Matthys und seiner Frau Karin, die sehr kollegial den Kontakt zum Autor vermittelten und mit einer ersten Übersetzung den Grundstein zu dieser Erstausgabe legten, Gabriele Rieth für ihren kritischen Sachverstand und ihr wachsames Auge als Lektorin, Prof. Wolfgang Längsfeld, Prof. Dr. Klaus Schreyer und Dorothee Schön sowie allen anderen Kollegen an der Hochschule für Fernsehen und Film in München.

April 1987 Jürgen Bretzinger

Jürgen Bretzinger, 1954 in Ravensburg geboren, ist Absolvent der Hochschule für Fernsehen und Film. Er arbeitet als freier Autor und Filmemacher. Seit 1985 ist er wissenschaftlicher Assistent an der Hochschule für Fernsehen und Film, Abteilung Dokumentarfilm und Fernsehpublizistik.

*Für meine Mutter*

# INHALT

# EINFÜHRUNG

## Das neue, aufregende Medium

Im 20. Jahrhundert wurde eine neue Form des Geschichtenerzählens erfunden. Durch eine geniale Kombination von Metallstückchen, Zelluloidstreifen, Glas in Form von Linsen und elektrischen Drähten konnte ein technologischer Durchbruch erzielt werden, der schon bald auf Denken und Empfinden von Millionen von Menschen ungeahnten Einfluß nehmen sollte.
Die Entstehungsgeschichte des Films ist, verglichen mit der anderer Formen der Kunst, mehr als ungewöhnlich. Während im Mittelalter Schauspiele auf den Stufen von Kathedralen aufgeführt wurden oder man Molières Komödien in königlichen Palästen spielte, kam der „Kintopp“ aus den primitiven Vergnügungsvierteln. Der Film wurde neben Schießbuden geboren und wuchs heran in der Nachbarschaft von Bierhallen, inmitten des bunten Treibens all der Akrobaten und der Händler, die Postkarten mit pornographischen Motiven feilboten, der Zauberer und Schlangenbeschwörer, Clowns und Kraftmänner, die tagaus tagein ihre jahrhundertealten Tricks übten. Von Geburt an war der Film vielen Hindernissen ausgesetzt, die es zu überwinden galt. Er benötigte die ganze Kraft seines jungen, lebenslustigen Wesens, um in diesem Daseinskampf zu überleben.
Der Film hat jedoch mehr als nur überlebt. Wegen seiner niederen Herkunft, und gewiß aus keinem anderen Grunde, wurde er zunächst von der gebildeten Elite, die alle anderen Künste beherrschte, verschmäht oder verspottet. Doch schon bald war kein Ignorieren mehr möglich. Das Lachen aus den Nickelodeons wurde lauter und lauter und erschallte schließlich im ganzen Land. Der Film kam über Menschen und Länder mit der elementaren Wucht einer Lawine und eroberte schließlich das zahlenmäßig größte Publikum aller Zeiten. Und heute hat Film sogar bei einem Großteil der jungen Generation den Roman als *die* Erzählform unseres Jahrhunderts abgelöst.

Während seines Siegeszuges brachte der Film einen Sprößling hervor, der beizeiten sogar noch gigantischere Ausmaße anneh-

men sollte – das Fernsehen. Ihm gelang es, ein weitaus größeres Publikum in den Bann zu schlagen, ja sogar Zuschauer eines Landes zum gleichen Zeitpunkt an einen Ort zu fesseln. Während die Kinokopie nach und nach durch die verschiedenen Teile des Landes wandern mußte, konnte eine Fernsehshow binnen einer einzigen Stunde von 50 Millionen Menschen gleichzeitig gesehen werden.
Es lassen sich noch weitere Unterschiede zwischen Film und Fernsehen anführen, die wir im Verlauf dieses Buches untersuchen werden. Doch im Grunde haben sich die von den beiden Medien verwendeten Techniken derart angenähert, daß man sie in weiten Bereichen als durchaus identisch bezeichnen kann. Dies ist um so zutreffender angesichts der Tatsache, daß Fernsehshows von 30 auf 60 Minuten bzw. von 90 Minuten auf 2 Stunden verlängert wurden und somit jetzt die Länge eines durchschnittlichen Kinofilms besitzen.[1] Zur Unterscheidung zwischen Filmen, die direkt für eine Fernsehausstrahlung, und solchen, die für eine Kinoaufführung bestimmt sind, entstanden im Hollywood-Jargon die beiden Begriffe „TV movies" (Fernsehfilme) und „movie-movies" (Kinofilme). Doch selbst diese Trennung wird immer seltener: Da man Kinofilme heute letztendlich auch an Fernsehsender verkaufen möchte, konzipiert man sie von vorneherein sowohl für die Leinwand als auch für den Bildschirm und besetzt sie mit Schauspielern, die beim Fernsehpublikum beliebt sind.
Ferner wurde die Dauer der Fernseh-Kurzserien auf sechs bis zwölf Stunden verlängert. Diese Kurzserien oder „Fernsehromane", wie sie inzwischen heißen, werden an verschiedenen Abenden in Folge ausgestrahlt.

Trotz all dieser Neuerungen bieten Film und Fernsehen eigentlich nur zusätzliche Kanäle für die uralte Kommunikation zwischen einem Erzähler und seinen Zuhörern.
Schon seit prähistorischen Zeiten, als der primitive Jäger am Lagerfeuer von seinen Jagdabenteuern berichtete, hat das tiefe menschliche Verlangen, an den Erlebnissen anderer teilzuhaben, immer wieder bewirkt, daß sich die Menschen um einen Erzähler scharen. Der erste Mensch kannte nur sein eigenes Leben und das der relativ wenigen Mitglieder seiner Großfamilie, die praktisch alle das gleiche Dasein führten. Doch allmählich weitete sich dieser enge Horizont. Es kam zu Begegnungen zwischen Menschen mit unterschiedlichen Lebensabläufen, bei denen man etwas über den

anderen erfahren wollte. So begann das Erzählen von Geschichten. Den Berichten des Fremden zuzuhören, bedeutete eine Bereicherung der Existenz für das an Ort und Zeit gebundene Individuum. In ihm erwachte schließlich der Wunsch, ein anderes Leben zu führen oder die Fesseln des eigenen Lebens zu sprengen.

Fast von Anbeginn an nahm dieses Bedürfnis, die Grenzen des eigenen Horizonts auszudehnen und in immer neue Bereiche der menschlichen Existenz vorzustoßen, eine Vielfalt von Erscheinungsformen an; so erkannte man, daß das gesprochene Wort nicht unbedingt das einzige verwendbare Medium für den Informationsaustausch sein mußte. Ebensogut konnte die Tonstatue eines Stammeshäuptlings wichtige Bedeutungsinhalte vermitteln. Und auch die großartigen Mammutzeichnungen, die von unseren frühen Vorfahren an Höhlenwänden angebracht wurden, besitzen immer noch die Kraft, im modernen Betrachter längst Vergessenes wachzurufen.

Je mehr Ausdrucksmöglichkeiten entwickelt wurden, desto deutlicher traten ihre unterschiedlichen Merkmale zutage. Man erkannte, daß jede Kunst eigene Regeln und eigene Möglichkeiten besaß, jede stellte ihre eigenen, unvergleichlichen Anforderungen an Inhalt und Ausführung. Der griechische Dramatiker, der den Mord an Agamemnon in einem Schauspiel dramatisierte, konnte beim Niederschreiben der aufeinanderfolgenden Worte die Spannung über ganze Passagen ausdehnen, wohingegen der Bildhauer in den gleichzeitig erstarrten Figuren der einzigartigen Laokoon-Skulptur die Spannung einfangen mußte.

Im Laufe von Jahrhunderten erforschten, erweiterten und perfektionierten Generationen von künstlerisch Schaffenden die Anforderungen einer jeden Kunstform. Große Schöpfer von Aristoteles bis George Bernard Shaw untersuchten Möglichkeiten und Grenzen der Dramaturgie. Dabei erkannte man, daß sich manche Geschichten für ein bestimmtes Medium besser eignen als andere, und daß ferner ein und dieselbe Geschichte in den verschiedenen Medien anders erzählt werden müsse.

Die einzigartigen Gesetze der Filmform zu untersuchen, ist gewiß nicht einfach. Es wird behauptet, sie seien weitaus komplexer als die für das Theater geltenden Gesetzmäßigkeiten. Doch auch die griechischen Dramatiker Aischylos, Sophokles und Euripides benötigten immerhin mehrere Jahrzehnte, um das Bühnenstück vom Chorgesang bis zu seiner vollendeten Form zu entwickeln, und es vergingen wiederum Jahre, bis Aristoteles die Prinzipien des griechischen Theaters formulierte.

Verglichen mit der langsamen Entwicklung des Theaterstücks vollzog sich der Werdegang des Films seit seiner Entdeckung in Riesenschritten. In den ersten Jahrzehnten begeisterte sich eine Gruppe leidenschaftlich Schaffender an jeder neuen Entdeckung über das Wesen dieser jungen Kunst. Sie untersuchten die Ausdrucksmöglichkeiten, die ihnen Dekoration, Requisiten und einzelne Gegenstände boten, sie entdeckten die Nahaufnahme und die Kamerafahrt, erfanden schließlich den Tonfilm. Diese Entdeckungen betrafen jedoch größtenteils die filmische Form, während sich die eigentlichen Techniken des Drehbuchschreibens von Anbeginn in einem fortwährenden Entwicklungsstadium befanden.
Die dramaturgischen Konzepte, die diese neue Kunstform bislang hervorgebracht hat, sind gewiß alles andere als der Stein der Weisen; die besten Filmschaffenden suchen und experimentieren unablässig weiter. Dieses junge Medium ist ja gerade deshalb so aufregend, weil es sich immer wieder weiterentwickelt und noch zu keiner endgültigen Form gefunden hat.
Als schließlich der junge, ungebändigte Film erwachsen und zu einer eigenständigen Kunst wurde, verloren Theater und Roman erheblich an Bedeutung, jene beiden Kunstformen, aus denen der Film einst hervorgegangen war, jene Nachkommen edler Vorfahren mit geheiligten Traditionen. Zum gegenwärtigen Zeitpunkt scheinen der vor Kraft strotzende Emporkömmling Film und seine verarmten Verwandten Roman und Theater ungefähr auf der gleichen Stufe der Popularitätsskala zu stehen; sollte sich jedoch die bisherige Entwicklung fortsetzen, so wird der Neuling die beiden anderen bald überflügelt haben.
Um so mehr überrascht es daher, daß es diesem jungen Riesen lange Zeit an ausreichendem Selbstbewußtsein mangelte, um auf seine eigene Kreativität zu vertrauen. Man hätte doch annehmen können, daß jene aufstrebende, vitale und mit gewaltigen Mitteln ausgestattete Industrie gewiß ihre eigenen Erzähler verpflichten oder ausbilden könnte. Doch anstatt direkt zu den Schriftstellern und Bühnenautoren zu gehen, deren Werke erfolgreich verlegt oder am Broadway aufgeführt wurden, zog es die Filmindustrie vor, ihre Drehbücher aus zweiter Hand zu beziehen. Anstatt auf Stoffe zu vertrauen, die eigens für die Leinwand entwickelt wurden, adaptierte das mächtigste, einflußreichste und wohlhabendste Medium aller Zeiten Romane und Theaterstücke. Paradoxerweise zog es der Zelluloid-Gigant vor, sein Imperium mit Hilfe von Leihgaben zu errichten.

Diese unbegründete Unsicherheit war um so unverständlicher, als derartige Übernahmen von einer Kunstform in eine andere ein einzigartiges Phänomen in der gesamten Geschichte kreativen Schaffens darstellt. Komponisten kauften schließlich auch keine Statuen, um sie dann als Vorlagen zu verwenden und in eine Symphonie umzuwandeln. Ebensowenig sahen Dichter irgendeinen Nutzen darin, aus einem Gemälde ein Epos zu schaffen. Weshalb also kaufte die Filmindustrie beharrlich die Vorlagen von ihren ärmeren Verwandten, obgleich sie doch über solch immense Mittel verfügte, die jeden Maecenas oder Medici vor Neid hätte erblassen lassen?

Die Antwort, die besten Autoren wollten sich keinem Medium verschreiben, das ein Millionenpublikum erreicht, ist heute gewiß hinfällig geworden. Denn die unglaubliche Vielfalt, die der Film der kreativen Vorstellungskraft bietet, ist anerkanntermaßen eine einzigartige Herausforderung für jeden Autor. Film kann zudem zur Durchführung eines Projektes mit ganzen Heerscharen von Technikern aufwarten, von denen Renaissance-Architekten nicht einmal zu träumen wagten.

Doch gerade dieser immense Kostenaufwand macht die Begeisterung der kreativsten Filmschaffenden zunichte. Finanziers und Bankiers, die an gründliche Bilanzüberprüfungen gewöhnt sind, bevor sie Mittel investieren, stehen verdutzt und ratlos einem solch unkalkulierbaren Produkt gegenüber, das gleichsam Quecksilbereigenschaften besitzt, und bei dem man damit rechnen muß, daß von zwei Filmen, die jeweils zehn Millionen Dollar kosten, einer den zehnfachen Gewinn einspielt, während beim anderen ein Verlust von fünf Millionen Dollar entsteht.

Wen mag es da noch verwundern, daß eine Industrie, die solchen Risikofaktoren ausgesetzt ist, nach einem sicheren Halt suchte und somit, wenn auch unnötigerweise, auf etablierte Erfolge baute. Die ablehnende Haltung gegenüber Originalstoffen, die eigens für die Leinwand geschaffen wurden, wollte man mit fadenscheinigen Argumenten rechtfertigen, wie etwa „erprobte und bewährte" Stoffe und solche, die bereits „Verkaufsschlager" seien, wären Erfolgsgaranten und Absicherungen für die entsprechenden Filmprojekte.

Einer eingehenderen Prüfung hält jedoch keines dieser Argumente stand. Einen Stoff einer „Bewährungsprobe" in einem anderen Medium zu unterziehen, wird wohl kaum das nötige Vertrauen in den Stoff schaffen. Ein Motor, der sich ausgezeichnet in einem Volkswagen bewährt hat, kann sich durchaus als kläglicher Fehl-

griff für einen Greyhound-Reisebus erweisen. Hochpsychologische Analysen in einem noch so beliebten Roman oder die statische Enge eines Gerichtssaaldramas, die in ihren jeweiligen Medien mit Erfolg zu Buche schlugen, garantieren ebensowenig, daß sich ihr Erfolg auf der großen Cinemascope-Leinwand oder mit irgendeinem anderen Filmformat wiederholen läßt.
Jene Absicherungen, an die sich die hohen Risiken ausgesetzte Industrie fortwährend klammert, entpuppen sich immer wieder als falsche Illusionen. Der erhoffte, aber illusionäre Nutzeffekt überwiegt keineswegs die Vorteile eines Originalmanuskripts und berechtigt somit nicht zu dessen vorzeitiger Disqualifikation. Daß Filme, die auf Originalstoffen basieren, sehr wohl genausogut abschneiden können wie die für den Film bearbeiteten Zwitterstoffe, und dies selbst bei teuren Großproduktionen, wurde von vielen Kinokassenschlagern bewiesen. Berücksichtigt man die zahlenmäßige Überlegenheit von Filmen, die nach Fremdvorlagen gedreht wurden, so sind die Erfolge von Originalstoffen außerordentlich bemerkenswert.
Wie dem auch sei, das rückläufige Stoffangebot in anderen Medien zwingt zu einer stärkeren Berücksichtigung von Originalstoffen. Die Anzahl der Broadway-Produktionen mit ihrem Rekordstand von über 200 Projekten in den 20er Jahren geht zurück, und literarische Stoffe, von denen es nach wie vor genügend gibt, bei denen es sich aber überwiegend um undramatische „Anti-Romane“ handelt, liefern immer weniger filmisch verwertbare Themen.
Da sich nun der Zelluloid-Gigant allmählich auf seine eigenen Talente besinnt, steigt die Nachfrage nach Stoffen, die direkt für den Film geschrieben werden. Auch all die unzähligen Fernsehfolgen brauchen Originalstoffe, um den unersättlichen Hunger der Fernsehsender zu stillen. Folglich ziehen diese äußerst wichtigen Medien mit ihren Milliarden von Zuschauern kreatives Talent an, das einst brachgelegen hatte.

Gerade weil das Endprodukt Film eine Fülle von Zielgruppen ansprechen soll, hinterlassen die Schwierigkeiten während der Produktion und die Unberechenbarkeit der Publikumsresonanz bei jedem Produzenten nachhaltige Spuren einer gewissen Unsicherheit. Ihr Leben lang arbeiten sie mit einer Materie, die schneller entgleitet als Quecksilber und unkalkulierbarer ist als das Wetter. Die Filmindustrie leidet an einem unverständlichen Minderwertigkeitskomplex – und dies trotz der Unsummen, die auf prahlerische Werbung verwendet werden.

In einem schwachen Moment wird der Produzent auch eingestehen, daß ihm die Gründe für Erfolg und Mißerfolg ein ewiges Rätsel bleiben. Er wird mit Zahlen aufwarten, die belegen, wie ein schlichtweg miserabler Film „absahnen“ konnte und wie ein anderer Film, der in einem Kino stürmisch gefeiert wurde, in den anderen Häusern „sang- und klanglos unterging“. Doch bei beharrlichem Nachfragen wird jeder Produzent auch zugeben, daß einige Filme, die in einem Kino tosenden Applaus ernten, auch in den anderen Häusern erfolgreich sind.

Das Geheimnis des Erfolges liegt somit nicht in oberflächlichen positiven oder negativen Urteilsbekundungen, sondern in einer gewissen Eigendynamik der erzählten Filmgeschichte. Ein allem Anschein nach schlechter Film kann immer noch einige verborgene Qualitäten besitzen, die ihn zum Erfolg führen. Ebenso kann ein auf den ersten Blick brillanter Film einige unsichtbare Mängel aufweisen, aufgrund derer er schließlich scheitert.

Angesichts dieser Verwirrung und steten Besorgnis haben sich einige Produzenten auf den Standpunkt versteift, einen Kassenschlager zu landen, sei reine Glückssache. Film sei mit mehr Risiken verbunden als Roulette. Ähnlich ratlos und verblüfft ob des seltsamen Verhaltens ihrer eigenen Werke sind oftmals auch Filmautoren und Regisseure. Ein Treatment zu einer Filmgeschichte, das sich wunderbar liest, kann bei der Umarbeitung in ein Drehbuch plötzlich unüberwindbare Probleme aufwerfen. Eine Szene kann auf dem Papier gut, im Film jedoch furchtbar aussehen. Daher kann man den Drehbuchautor gut verstehen, der zu einem Produzenten eilt und diesem begeistert erklärt: „Ich habe eine Idee für einen Film! Eine wirklich einmalige Idee, und wenn sie Ihnen nicht gefällt... fällt mir bestimmt was anderes ein.“

Wie lautet also das Erfolgsrezept, wo liegt des Rätsels Lösung? Kommt man ihr etwa mit zunehmender Erfahrung näher?

Als der Film noch eine junge Kunstform war, entwickelte er sich weiter, weil experimentiert wurde. Die Filmindustrie tastete sich allmählich nach vorn. Jeder Film war eine Meinungsumfrage: Die Öffentlichkeit stimmte mit Ja oder Nein, woraufhin die Industrie bestimmte Techniken je nach Umfrageergebnis entweder weiterentwickelte oder aber fallenließ. Da jedoch zu viele andere Variablen bei der Zuschauerreaktion auf einen Film eine Rolle spielen, ist mit dieser Probiermethode keine vollständige Ausleuchtung der grundlegenden Funktionsweise des Mediums Film möglich.

Wie kann man nun lernen, unter die Oberfläche zu sehen und zu erkennen, was dort vor sich geht? Wenn wir Shakespeares Werke aufschlagen, sehen wir viele Worte auf weißem Papier. Diese Worte wurden vor etwa 400 Jahren nach einem ganz bestimmten System angeordnet. Und heute noch besitzen sie diese schier unglaubliche Kraft, die es vermag, uns an ganz bestimmten Stellen zum Weinen und an anderen zum Lachen zu bringen. Durch diese gezielte Anordnung wurden die Worte emotional aufgeladen und lösen in uns Verständnis oder Haß, Angst oder Mitleid aus. Wenn nun eine derartige Übermittlung über Jahrhunderte hinweg erfolgen kann, wenn immer neue Publikumsgenerationen, unter denen die verschiedensten Menschen zu finden sind, an gewissen Stellen die gleichen Emotionen verspüren, dann muß es mit Gewißheit Regeln und Gesetze geben, die diese überwältigende Glanzleistung erklären.

Und wenn nun solche Gesetzmäßigkeiten und Regeln existieren, gibt es mit großer Wahrscheinlichkeit auch Meister dieses Fachs, die sie beherrschen. Betrachtet man dann die Werke einiger der besten Filmautoren und Regisseure, so stellt man eine kontinuierliche Folge von Bestleistungen fest. Gerade diese Kontinuität beweist, daß mehr als nur Glück im Spiel ist. Auch Talent allein erklärt nicht ihren Erfolg. Die beständige Qualität ihrer Arbeit ist gleichermaßen Ergebnis ihres fundierten Wissens über Film und Fernsehen.

Häufig wird die Frage gestellt, ob Schreiben denn erlernbar sei. Darauf eine zweiteilige Antwort: Talent ist Voraussetzung, aber ein Mensch mit Talent zum Schreiben kann und muß die Technik des Schreibens erlernen. Wie begabt er ist, wird sich sogar erst dann herausstellen, wenn er das Handwerk ausübt.

Im folgenden wollen wir nun die geheimnisvolle Eigendynamik dieses faszinierenden Mediums ergründen und sollten dabei den Ratschlag des großen Meisters Delacroix an einen jungen, stürmischen Maler beherzigen: „Erlerne zunächst dein Handwerk; es wird dich nicht davon abhalten, ein Genie zu sein."

# TEIL I

# DIE FORM

In der großen Anfangseuphorie über die Entdeckung der laufenden Bilder wurde diese ungezwungene Form des Geschichtenerzählens als eine Kunst der grenzenlosen Freiheit gefeiert. Mit der Kamera konnte man sich überallhin bewegen, Eisenbahnen, Filmschlachten, Schiffe und Kohlebergwerke in die Kinos holen; man konnte lange oder kurze Filme drehen, Romane verfilmen oder Bühnenstücke, Kurzgeschichten, Epen oder Dramen. Selten wurde eingeräumt, daß der Film seine eigenen formalen Anforderungen stellen und der schöpferischen Vorstellungskraft seine eigenen Grenzen und Zwänge auferlegen könnte.

Ein Buch über das Schreiben von Theaterstücken ist gewöhnlich eine Aneinanderreihung von Fakten, die im Laufe der jahrhundertealten Geschichte des Verfassens und Analysierens von Theaterstücken zusammengetragen wurden. Also muß sich ein Buch über das Verfassen von Filmdrehbüchern mit der „Tatsachenfindung“ befassen.

Das Theaterbuch schaut in die Vergangenheit, das Filmbuch richtet den Blick auf die Zukunft. Pragmatisches Untersuchen ist in einem solchen Fall die richtige Vorgehensweise. In diesem Sinne wollen wir zunächst an der äußeren Schale ansetzen und uns dann systematisch bis zum Inneren der Materie vorarbeiten. Wir werden keine Aphorismen oder bruchstückhaften Gedankengänge zulassen und nichts als selbstverständlich erachten, auch dann, wenn es in der Praxis schon lange üblich ist. Wir werden unsere Aussagen nicht auf Erfahrungswerte stützen, sondern auf logische Herleitungen und handfeste Beweise.

Ferner werden wir es bewußt unterlassen, ästhetische Theorien zu erörtern. Zweck dieses Buches ist nicht, Ratschläge zu erteilen über das, *worüber* man schreiben sollte, sondern darüber, *wie* man schreiben sollte. Inhalte von Filmgeschichten werden nur insofern tangiert, als sie durch die filmischen Eigenschaften eingeschränkt oder bedingt sind. Jegliche Versuche, allgemeingültige Theorien der Kunst vorzuschreiben, sind zum Scheitern verurteilt, denn diese sind immer subjektive Ansichten und dem sich ändernden Zeitgeist unterworfen; zudem beeinträchtigen sie die kreative Vorstellungskraft des Autors.

Die Untersuchung der dramaturgischen Gesetzmäßigkeiten, die dieses flexible Medium durchdringen, soll zu keinerlei Einschüch-

terung oder Beeinträchtigung der Autoren führen. Um diese Gesetze klarer zu beleuchten, wollen wir gelegentlich auf gewisse Regeln hinweisen, doch auf die möglichen Ausnahmen, die die schöpferische Freiheit einem Autor durchaus zugestehen mag, soll hier im einzelnen nicht eingegangen werden. Ist ein Begriff einmal definiert, werden wir all seine Bedeutungsmöglichkeiten im weiteren oder engeren Sinne nicht mehr wiederholen. Das Erzählen einer Geschichte ist mehr als nur der Plot, d. h. die Abfolge der Ereignisse. So erzählt Tschechow in seinen Dramen die Geschichte seiner Charaktere, ohne diese durch mehrere spannende Ereignisse zu jagen.
Filmemacher können ihren Drehbüchern zwar einen ureigenen Stil geben, der von der jeweiligen künstlerischen Einstellung geprägt ist, doch jedes ihrer Treatments wird stets einen gewissen dramaturgischen Aufbau besitzen. Es mag durchaus erfahrene Autoren geben, die sich während des Schreibens keiner Theorie „bewußt" sind, was jedoch nicht heißt, daß ihre Werke keinerlei Elemente einer Struktur enthalten. Wer eine fremde Sprache sprechen möchte, muß ihre Grammatik erlernen; wer die Sprache beherrscht, spricht sie so, wie die Grammatik es vorschreibt, auch wenn er sich dessen nicht bewußt ist. Der Meisterdramaturg kann nun sehr wirkungsvoll gegen die grammatikalischen Regeln verstoßen, um etwa die Sprache eines Analphabeten zu charakterisieren. Zweifellos beherrschen große innovative Filmemacher wie Bergman, Fellini, Kurosawa oder Buñuel die elementaren Techniken, auch wenn sie es gelegentlich vorziehen mögen, einige dieser Techniken nicht anzuwenden, um damit originelle Effekte zu erzielen.

Worin unterscheidet sich also das Filmdrehbuch von anderen Ausdrucksformen?
Angenommen, eine ergreifende Geschichte beschäftigt Sie, stimuliert Ihren kreativen Geist und schreit förmlich danach, verfilmt zu werden. Wie können Sie den noch formlosen Inhalt anordnen, um ihn so gut wie möglich für dieses neue Medium auszurüsten?
Um zu sehen, wie andere dabei vorgegangen sind, ist ein Besuch im Kino nebenan zu empfehlen. Während der Kinofilm läuft, stellen Sie nicht nur eigene Reaktionen fest, sondern erkennen, daß die anderen Zuschauer ebenfalls auf das, was sich auf der Leinwand abspielt, reagieren.
Der Autor dieses Filmes beabsichtigte vielleicht, in Ihnen ein Ge-

fühl der Spannung zu erzeugen, der Trauer oder der Anteilnahme, oder aber er versuchte, Sie zum Lachen zu bringen. Und Sie zeigen unter Umständen diese Reaktionen, ohne sofort zu wissen weshalb. Manchmal jedoch werden Sie sich bei einer eigentlich traurigen Szene das Lachen nicht verkneifen können und dann wieder bei einer lustigen Szene zu Tode gelangweilt sein. Sie können somit viele Reaktionen zeigen, die gar nicht vom Autor beabsichtigt waren: Sie haben das Gefühl, der Film tritt auf der Stelle, Sie finden nur Teile des Films interessant oder glauben, der Film ginge nie zu Ende, obgleich er in Wirklichkeit sehr kurz ist.
Auch nach dem Kino könnten Sie sich ganz unterschiedlich fühlen, die Palette möglicher Gemütszustände kann reichen von zufrieden bis unzufrieden, von angespannt bis gelöst, von glücklich bis depressiv. Möglicherweise glauben Sie, man habe Sie zum Narren gehalten, Sie seien „im Kreise herumgeführt" oder zu früh nach Hause geschickt worden, noch bevor Ihr Interesse erloschen war, und Sie könnten enttäuscht sein.
Weshalb ist es möglich, daß vom Autor unbeabsichtigte Reaktionen ausgelöst werden? Und sind die von ihm geplanten und tatsächlich geglückten Reaktionen etwa reiner Zufall?
Mittlerweile neigen Sie vielleicht zur gleichen Schlußfolgerung wie viele erfahrene Filmemacher, nämlich daß jenes „launische" Produkt Film eine vollends unberechenbare und nicht einzuschätzende Kreation sei. Doch das genaue Gegenteil trifft zu. In den folgenden Kapiteln werden wir versuchen, die Gründe für gewisse Reaktionen des Zuschauers zu analysieren und dabei feststellen, daß es konkrete Ursachen gibt, und daß diese Ursachen immer die gleichen Wirkungen haben. Die Konstanz dieses Verhaltens läßt sich ganz allgemein mit den dramaturgischen Gesetzen erklären.

Nach dem Kino also wieder zu Hause angekommen, setzen Sie sich eifrig an die Schreibmaschine, denn, was der Autor jener abgeschmackten Westernschnulze, die Sie soeben im Kino sahen, konnte, können Sie schon lange, wenn nicht sogar besser. Sie spannen also schwungvoll ein leeres Blatt Papier in die Maschine ein, fest entschlossen AUFBLENDE in die linke obere Ecke zu tippen. Noch bevor Sie die ersten Buchstaben schreiben, halten Sie inne, Sie wollen ja schließlich nur die allerbeste Anfangsszene zu Papier bringen. Vielleicht fällt Ihnen spontan nichts so Hervorragendes ein, das es verdienen würde, niedergeschrieben zu werden. Oder aber Sie sind zwischen mehreren Möglichkeiten hin- und hergeris-

sen. Mittlerweile dauert Ihr kurzes Innehalten doch länger als erwartet.
Die Seite ist noch immer leer.
Sie spitzen Ihren Bleistift, dann zwei weitere. Sie überprüfen das Schreibmaschinenband und selbiges befindet sich zufällig in hervorragendem Zustand. Plötzlich, eine Eingebung: Sie werden von einem großartigen Film inspiriert, den Sie unlängst im Kino sahen. Ein Vergleich mit Ihrem eigenen Filmanfang läßt Sie jedoch noch stärker grübeln als zuvor.
Die Seite bleibt also weiterhin leer.
Anstatt aufzugeben, sollten Sie nicht zu hart mit sich ins Gericht gehen. Geben Sie sich selbst eine Chance – versuchen Sie nicht, gleich die endgültige Drehbuchfassung hervorzuzaubern. Betrachten Sie Ihr Vorhaben doch einmal von folgender Seite: Der Film, den Sie vor kurzem bewundert haben, ist das Endergebnis unzähliger, kleiner Zwischenschritte. Sie würden ja auch nicht versuchen, gleich ins oberste Stockwerk eines Wolkenkratzers zu springen, sondern zuerst das Gebäude betreten, durch die Vorhalle gehen und dann zu Fuß oder per Lift Stockwerk um Stockwerk erklimmen. Der Sprungversuch bliebe ergebnislos, aber das mühevolle und langwierige Erklimmen wird Sie gewiß bis ganz nach oben an Ihr ersehntes Ziel bringen.
Indem Sie gleich zu Beginn keine übertriebenen Anforderungen an sich selbst stellen, können Sie die Grundidee allmählich entstehen und heranreifen lassen. Sie werden sie in verschiedenen Stadien von der Formulierung der Filmidee bis zum produktionsreifen Drehbuch entwickeln. Mit jedem weiteren Schritt wird das Geschriebene präziser und perfekter. Dieses stufenweise Vorgehen ist nun nicht mehr im Bereich des Menschenunmöglichen.
Sie können Ihrer Phantasie freien Lauf lassen, da Sie sich nun nicht mehr davor fürchten müssen, Ihre ersten Konzepte einer harten Kritik auszusetzen. Sie haben noch ausreichend Zeit für Kürzungen und Korrekturen. Je weiter Sie sich der Endfassung annähern, desto stärker wird außerdem Ihr eigenes kritisches Urteilsvermögen einfließen und gegenüber den spontanen Erfindungen Oberwasser behalten, denen Sie in den Anfangsstadien noch erlaubten, verheerende Überschwemmungen anzurichten.
Die meisten großen Künstler konnten ihre schöpferischen Energien immer durch hervorragende Selbstkritik ins richtige Lot bringen. Ohne diese Fähigkeit wären ihre so gewaltigen Entwürfe ausgeufert. Doch während des schöpferischen Prozesses sollte der

Kritiker im Autor nicht zu schnell und zu hart urteilen. Wenn nämlich jenem kritischen Reflex zu früh nachgegeben wird, etwa weil man Ablehnung oder Spott befürchtet, werden auch viele gute Einfälle bereits im Keim erstickt. Lassen Sie sich also die Freude der anfänglichen phantasievollen Schöpfungen und Wunschbilder nicht nehmen, wohlweislich, daß Sie diese zu einem späteren Zeitpunkt komprimieren bzw. korrigieren müssen.
Und mit einem Mal ist das weiße Blatt in Ihrer Schreibmaschine nicht mehr leer.
Anstelle der AUFBLENDE können Sie nun folgendes niederschreiben: „Meine Filmidee ist die Geschichte von einem Jungen, der sich in Schwierigkeiten befindet und beabsichtigt..."
Und was beabsichtigt?
Wie bei einem Kreuzworträtsel werden Sie Ihre eigenen Antworten aneinanderreihen. Aus jeder Antwort ergeben sich neue Fragen, die der Klärung bedürfen. Auf diese Weise werden Sie nicht nur die grobe Filmidee, mit der Sie angefangen haben, ausformulieren, sondern sehr viel mehr Material zusammentragen, als Sie letztlich verwerten können. Mit einer Fülle von Material ist jedoch leichter etwas anzufangen als mit der gähnenden Leere eines weißen Blattes Papier.

Somit steht also der Leitfaden dieses Buches fest. Die Aufgabenstellung lautet: Wie schreibe ich ein Filmdrehbuch? Und hier stellt sich bereits unsere erste Frage: Was ist ein Film?

## Definitionen

Was ist ein Film?
Ein Film ist eine Geschichte, die einem Publikum durch eine Abfolge von laufenden Bildern erzählt wird.
Diese Definition führt uns drei Elemente vor Augen:

1. Die Geschichte – d. h. das, was erzählt wird.
2. Das Publikum – d. h. derjenige, dem die Geschichte erzählt wird.
3. Die Abfolge von laufenden Bildern – d. h. das Mittel, das verwendet wird, um die Geschichte zu erzählen.

Auch Romane oder Bühnenstücke erzählen eine Geschichte. Worin unterscheiden sie sich vom Film? Dieser Unterschied ist ein schon lange und viel diskutiertes Problem. Da Roman, Theaterstück und Film jedoch dieselbe Geschichte erzählen können, unterscheiden sie sich unmöglich durch das, *was* erzählt wird. Ebensowenig liegt der Grund ihrer Andersartigkeit beim Publikum, da es sich bei den Menschen, denen die Geschichte erzählt wird, in allen drei Fällen um dieselben handeln kann. Folglich muß der Unterschied in der Form liegen. Die Form beeinflußt sogar die Geschichte selbst, kann diese jedoch niemals verändern, denn die erzählten Ereignisse sollten der Realität und nicht einer Form genügen. Da jedoch die Art und Weise, in der die Geschichte präsentiert wird, Unterscheidungsmerkmal ist, können nicht alle Geschichten in allen Formen erzählt werden.

Unsere erste Aufgabe lautet nun, eine einfache Untersuchung der physischen Merkmale des Films zu wagen, da sie die einzelnen filmischen Ausdrucksmittel bestimmen. Nach einer Betrachtung dieser Ausdrucksmittel erörtern wir, auf welche Arten der Film seine Geschichte erzählen kann und welche Wirkungen diese jeweils auf das Filmpublikum haben. Dann können wir schließlich die Qualität des Filmstoffes untersuchen und zwar im Hinblick auf die Aussagemöglichkeiten und das Publikum, das damit angesprochen werden soll.
Diese Betrachtungen führen uns zu einer Aufteilung des vorliegenden Buches in drei Teile. Teil I ist überschrieben mit DIE FORM und soll die physischen Merkmale des Films mit Blick auf die jeweiligen Ausdrucksmöglichkeiten untersuchen. DER DRAMATURGISCHE AUFBAU lautet die Überschrift des zweiten Teils, in dem nicht nur erörtert wird, wie Ereignisse aus dem wirklichen Leben in die spezifische Filmform umgesetzt werden, sondern auch, wie sich diese filmische Umsetzung auf das Publikum auswirkt. Teil III, DIE GESCHICHTE, beschäftigt sich mit dem Inhalt des Filmstoffes und der praktischen Anwendung all unserer Ergebnisse auf das Filmdrehbuch.

KAPITEL 1

# Die Film- und Fernsehsprache

Einziger Zweck jeder Sprache ist es, etwas mitzuteilen. Stil, Rhythmus und die Schönheit der Wortarrangements lassen sich überdies kunstvoll entwickeln. Und doch, Sprache ist niemals Selbstzweck, sondern steht immer im Dienste dessen, was mitgeteilt werden soll. Die Filmsprache darf daher nicht allein nach ihrem ästhetischen Wert beurteilt werden, maßgeblich ist der Dienst, den sie der Geschichte erweist. Nicht die Filmsprache selbst ist unser Ziel – im Gegenteil, was letztlich zählt, ist die Geschichte. Filmsprache ist nicht dann am besten verwendet, wenn man ein kunstvolles Spiel mit filmischen Mitteln inszeniert, sondern wenn der Inhalt auf die bestmögliche Weise erzählt wird. Alle anderen Bemühungen kommen nur den unsinnigen, wenngleich interessant klingenden Wortkombinationen einer Gertrude Stein gleich oder dem Geschwätz eines Idioten, dessen Worte keinen Sinn ergeben und somit keine Sprache sind.
Wir werden die Filmsprache auf ihre Ausdrucks- und Mitteilungskraft hin untersuchen. In der vollkommenen Erfüllung dieser Pflicht liegt ihre ganze Schönheit.

## Raum

Angenommen, wir betrachten einen Zelluloidstreifen, ohne die leiseste Ahnung vom Film oder allem, was mit ihm zusammenhängt, zu haben. Zunächst einmal würden wir feststellen, daß dieser Streifen eine gewisse Länge besitzt. Dann könnte uns die Idee kommen, eine Filmrolle abzuwickeln und das Zelluloidband auf einer Straße etwa zweieinhalb Kilometer lang auszubreiten. Daraus ließe sich der Eindruck von Raum gewinnen; genau diese Länge steht uns nun zur Verfügung, um eine Geschichte zu erzählen. Wir könnten anschließend unsere Idee weiterverfolgen, die Straße auf und ab gehen und unsere Szenen, unsere Ereignisse, unseren Filmhöhepunkt und unsere Lösung vor uns ausbreiten und anordnen.
Bei Film von „Raum“ zu sprechen, ist äußerst zutreffend, da die Filmlänge ja tatsächlich mit dem Metermaß genau abgemessen werden kann. Der Roman kennt den Begriff „Raum“ in diesem

Sinne nicht. Seiner Geschichte sind nicht so enge physische Grenzen gesetzt. Der Romanautor kann sein Werk jederzeit beenden, wenn er meint, alles auf die bestmögliche Weise gesagt zu haben. Das Theater hingegen kennt jene gewaltige Einengung, die der Geschichte durch den Raum widerfährt, denn die Theateraufführung ist auf einen ganz bestimmten Zeitraum beschränkt.

Abgesehen von sehr wenigen, längeren Filmen, deren Vorführungen durch Pausen unterbrochen werden, sind wir durch die Filmform auf durchschnittliche Filmlängen von 2100 bis 3000 Meter beschränkt, die in 80 bis 120 Minuten durchgelaufen sind. Obgleich uns damit im Vergleich zu den exakten Sendeblöcken des Fernsehens (30, 60, 90, 120 Minuten abzüglich Sendeeinheiten für Werbung)[1] immer noch größerer Spielraum gegeben ist, beeinflußt diese räumliche Einengung den kreativen Aspekt auf vielerlei Weise.

Ganz gleich, ob unsere Geschichte kurz oder lang ist, ob wir sie früher oder später enden lassen möchten, die Länge des Films kann nicht der Länge der Geschichte angeglichen werden, wir müssen die Länge der erzählten Geschichte dem uns zur Verfügung stehenden (Zeit)Raum anpassen. Raum ist somit der erste Faktor, den wir bei der Wahl unseres Filmstoffes berücksichtigen werden.

Raum konfrontiert uns zudem mit einer der wichtigsten Auflagen des Films – sparsames Erzählen der Geschichte. Selbst wenn ein Produzent bereitwillig noch so viel Geld für die eigentliche Produktion eines Films aufwenden möchte, sind seine Autoren dennoch zum sparsamen Umgang mit Worten gezwungen, da der ihnen zugeteilte Raum immer begrenzt bleibt. Sie können zwar jederzeit teure Dekorationen ersinnen, doch ihr Text muß sparsam bleiben. Zeitmaxime sind weniger variabel als Kostenfaktoren.

Folglich muß der Autor bei der Planung seiner zwei bis drei Kilometer Film mit großer Sorgfalt vorgehen. Je mehr er zu erzählen hat, desto sparsamer wird er den Raum ausnutzen, der ihm für seine Geschichte zur Verfügung steht.

Die Konzeption des Raumes betrifft nicht nur den Drehbuchautor, sondern wirkt sich auch auf den Zuschauer aus. Notgedrungen muß der gesamte Film für den Zuschauer ohne Unterbrechung ablaufen. Der Zuschauer kann keine Ruhepause einlegen. Die Geschichte sollte daher so erzählt werden, daß sie, ohne zu ermüden, als Ganzes aufgenommen werden kann. Der Zuschauer kann weder unklare Sequenzen noch einmal überdenken, noch schwer verständliche Passagen ein zweites Mal „durchlesen“, denn die Geschichte geht in einem fort weiter.

## Bild

In seinen Anfangsjahren bestand der Film aus einem einzigen Zelluloidstreifen, auf dem das mit der Kamera photographierte Bild aufgezeichnet war. Diese Ära des Stummfilms endete mit der Entdeckung des Tonfilms: ein zweiter, parallel zum Bild laufender Streifen kam hinzu, auf dem der Ton aufgenommen wurde.
Gemeinsam erzählen sie dem Publikum die Geschichte, beide enthalten sie die filmischen Ausdrucksmittel. Um nun diese filmischen Ausdrucksmittel zu finden, werden wir versuchen, folgende Fragen zu beantworten: Was sehen wir im Bild? Was hören wir im Ton?
Glücklicherweise wurde der Stummfilm vor dem Tonfilm erfunden. Da die Pioniere unter den Filmemachern ohne Ton auskommen konnten, ist der Beweis erbracht, daß auch wir ohne Dialog arbeiten könnten. Der junge Film war in der Lage, mit Hilfe einiger Schrifttafeln eine Geschichte zu erzählen – klar, verständlich und stumm. Folglich sind die im Bildstreifen enthaltenen Ausdrucksmittel aussagekräftig genug, um die Geschichte zu tragen. Dies ist vor allem deshalb erstaunlich, da es beispielsweise undenkbar wäre, ein Bühnenstück ohne den Dialog zu verstehen.
Dekorationen, Requisiten, Objekte und Schauspieler werden von der Kamera abgelichtet, und all diese Elemente können zudem in verschiedenen Ausleuchtungen gezeigt werden. Der Stummfilm besaß bis auf wenige Titelinserts nur diese Ausdrucksmöglichkeiten und konnte allein damit genügend Informationen liefern.
Über die gleichen Elemente verfügen auch Roman und Theaterstück, doch reichen sie hier nicht aus, um dem Zuschauer genügend Informationen zu vermitteln. Wie läßt sich dies erklären? Nun, der Roman kann diese Elemente nicht visuell präsentieren, und das Theater verfügt über eine geringere Anzahl solcher Elemente. Die Kamera kann uns z. B. weit mehr Dekorationen vor Augen führen als das Bühnenstück. Dieser zahlenmäßige Unterschied ist sogar so beträchtlich, daß die Filmausstattung zu einem eigenständigen Fach wurde, das gesondert erlernt werden muß. Durch die größere Anzahl von Dekorationen gibt es im Film automatisch auch mehr Requisiten. Außerdem kommt der Requisite im Film in der Großaufnahme, der Vergrößerung eines Details, größere Bedeutung zu als

im Theater. Im Film werden die einzelnen Objekte in Aktion gezeigt: ein vorbeifahrender Zug, ein abstürzendes Flugzeug, ein Fluß, der über seine Ufer tritt. Die Bühne präsentiert Bewegungen von Menschen, der Film dagegen die Aktionen von Menschen und Objekten. Auch der Schauspieler erhält im Film neue Bedeutung. Erstens kann er Aktionen und Reaktionen zeigen, die auf der Bühne unmöglich wären. Zweitens wird in der Großaufnahme sein Gesichtsausdruck klar und deutlich wahrgenommen, während er auf der Bühne angesichts der räumlichen Entfernung zwischen Theaterbesucher und Schauspieler kaum erkennbar ist.
Obgleich Dekoration, Requisite, Objekt und Personen auch im Roman und Theaterstück existieren, erhalten sie im Film aufgrund der besonderen Form dieses Mediums eine neue Wertigkeit und eine neue Bedeutung. Dieser Unterschied ist so groß, daß selbst erfahrene Roman- und Bühnenautoren diese neuen Ausdrucksmöglichkeiten sorgfältig studieren müssen, wenn sie ihr Material für den Film bearbeiten wollen.

## *Die Dekoration*

Unter „Dekoration" versteht man gewöhnlich die Wände eines Raumes. Für den Film muß diese Definition jedoch erweitert werden: Dekoration ist jede Art der Umgebung oder des Hintergrundes, z. B. ein Wohnzimmer, ein Gebirge oder freies, weites Gelände.
Dekoration ist deshalb so wichtig, weil man mit ihr eine bestimmte Räumlichkeit oder einen Ort in Verbindung bringt. Die Dekoration kann zu erkennen geben, daß wir uns in einer Sauna, einer Bibliothek oder in einem Schlafzimmer befinden und informiert somit über eine Reihe wichtiger Fakten. Außerdem kann die Dekoration eines Wohnzimmers z. B. luxuriös oder einfach, häßlich oder schön, altmodisch oder modern sein und auf diese Weise wiederum die Vorstellung von Reichtum oder Geschmack, ja selbst von der Zeit, zu der es eingerichtet wurde, vermitteln.

## *Die Requisite*

Die Requisite kann entweder zur Dekoration oder zum Schauspieler gehören. In beiden Fällen charakterisiert sie. Wenn wir Körbe mit Gemüse sehen, so ist die Dekoration damit als Markt charakte-

risiert. Sehen wir eine Auslage von Damenkleidern in einem Ladenschaufenster, wird die Dekoration als Geschäft für Damenbekleidung gekennzeichnet. Die Beschaffenheit der Damenkleidung kann zudem darüber Auskunft geben, ob es sich um ein Geschäft für ältere oder jüngere Kundschaft handelt.
Zum Schauspieler gehörende Requisiten tragen zur Charakterisierung der Figur bei. Ein Mann mit Brille braucht diese, um besser zu sehen. Oder aber er trägt sie, um sein wahres Gesicht zu verbergen. (Da letzteres jedoch ein Widerspruch in sich ist, wird damit ein ganz besonderer Effekt erzielt.)
Es gibt Requisiten, die mit bestimmten Handlungen in Verbindung gebracht werden. Sehen wir einen Mann mit einer Angel die Straße entlangspazieren, so liegt die Vermutung nahe, daß er zum Fischen geht. Ein Tennisball charakterisiert einen Tennisspieler oder gar seine unmittelbare Absicht, Tennis zu spielen. (Die wohl berühmteste Einzelrequisite zur Beschreibung eines Charakters war das Puzzlespiel in *Citizen Kane:* Es war Ausdruck der Langeweile in Kanes Leben.)
Die Aussage, eine Requisite spiele im Film die gleiche Rolle wie das Adjektiv im Roman, erscheint naheliegend. Der Romanautor schreibt „eine elegante Frau", und der Drehbuchautor kleidet sie in einen Nerzmantel. Oder im Roman steht „ein unordentliches Zimmer", und das Drehbuch gibt Anweisungen, auf dem Boden verstreute, leere Konservendosen zu zeigen.

## *Das Objekt*

Der Unterschied zwischen Objekt und Requisite sollte nicht zu eng definiert werden. Bei beiden handelt es sich um leblose Dinge, wobei sich das Objekt jedoch „eigenständig" bewegen kann. Autos, Flugzeuge, Schiffe, ein Vulkan, ein Wildbach, ja selbst eine Regenwolke sind Objekte mit der Fähigkeit zu agieren. Dieses Aktionsvermögen von Objekten ist von besonderer Wichtigkeit. Bereits der Anblick eines Mannes, der eine Pistole aus einer Schublade nimmt, reicht aus, um zu verstehen, daß er die Absicht hat, jemanden zu erschießen.
Zudem kann ein Objekt dramaturgisch oder sogar emotional aufgeladen sein. Ein Polizist verliert beispielsweise aus Unachtsamkeit seine Waffe. Diese gelangt in die Hände eines Mörders. Anschließend wird ein Kollege des Polizisten mit genau jener Waffe

erschossen. Die Identität der Waffe führt dann bei dem Polizeibeamten zu zermürbenden Selbstvorwürfen und Gewissensbissen.

### *Der Schauspieler*

Bereits das Aussehen eines Schauspielers ist Ausdruck des Charakters, den er darstellt. Der Schauspieler kann so als Übeltäter oder freundlicher Mensch, als Intellektueller oder Dummkopf erscheinen. Auf diese Weise ist die Figur festgelegt. Der Schauspieler ist zudem in der Lage, momentane und wechselnde Stimmungen, wie Wut, Schmerz, Resignation, Unterwürfigkeit, Liebe, Eifersucht oder Müdigkeit auszudrücken. Manchmal läßt uns allein ein solcher Ausdruck von Gefühlen bereits Dinge verstehen, die eine Figur schon getan hat oder erst tun wird. Ebenso aufschlußreich kann die Mimik des Schauspielers sein. Die Großaufnahme eines Mannes, der beobachtet, wie sein Rivale die Filmheldin küßt, reicht aus, um einen wichtigen dramaturgischen Konflikt einzuleiten. Wird ein schmerzlicher Ausdruck zu Resignation, so wissen wir, daß der Mann die Frau aufgeben wird. Wandelt er sich jedoch zu Eifersucht, sind wir uns sicher, er wird um sie kämpfen.
Obgleich die Kleidung des Schauspielers zu den Requisiten zählen kann, erwähnen wir sie an dieser Stelle, da sie erheblich zur Charakterisierung einer Person beiträgt. Überlegen wir nur, wieviele Informationen Arztkittel, Rotkreuzuniform oder Heilsarmeekleidung liefern. Das gleiche gilt für Zivilkleidung. Sie ist teuer oder elegant, schäbig, ärmlich, verschmutzt oder unbeholfen, und es kann sich um Abendgarderobe, Sport- oder Arbeitskleidung handeln. Ein elegantes Kleid ist vielleicht zerrissen, ein Mantel aufgeknöpft, ein Kragen steht offen; zusammen mit anderen Informationen lassen sich durch solche Kleidungsstücke ganze Vorfälle schildern.

### *Das Licht*

Licht teilt uns mit, ob der Morgen dämmert, ob es heller Tag, kurz vor Einbruch der Dunkelheit oder mitten in der Nacht ist. Die verschiedenen Tageszeiten haben, wie wir im Kapitel über die Zeit noch sehen werden, ganz unterschiedliche Wirkungen auf uns.
Ein Lichtwechsel kann anzeigen, daß eine Tür oder ein Fensterflügel geöffnet oder eine Lampe angeknipst wurde, daß sich die

Scheinwerfer eines Wagens nähern oder eine Taschenlampe auf eine Person gerichtet wird.
Die Atmosphäre eines Films wird ganz wesentlich durch das Licht beeinflußt. Es kann jedoch nur begrenzt direkte Informationen über die Geschichte vermitteln.

## Der Ton

Wir sollten die Erfindung des Tonfilms nicht als umwälzende Revolution, sondern lediglich als Ergänzung der bereits bestehenden Ausdrucksmittel betrachten. Die wichtigste Funktion des Tons, die all seine anderen Anwendungsmöglichkeiten in den Schatten stellt, liegt im Dialog.

### *Der Dialog*

Mit der Möglichkeit, Schauspieler sprechen zu lassen, schien der Film dem Theater gleichgestellt zu sein. Der Dialog spielt im Film jedoch eine andere Rolle und besitzt einen anderen Stellenwert. Den Dialog eines Theaterstücks zu lesen, reicht völlig aus, um die gesamte Bühnenhandlung zu verstehen. Es bedarf keiner weiteren Erklärungen. Man könnte sich jedoch niemals ausschließlich auf die Lektüre des Filmdialogs beschränken, wollte man das gesamte Geschehen begreifen. Im Unterschied zum Theater, wo der Dialog das wichtigste Ausdrucksmittel ist, teilt er im Film diese Aufgabe als Informationsquelle mit den bereits genannten oder noch zu untersuchenden Elementen.
Damit stellt sich die Frage, wie groß nun die Rolle sein sollte, die dem Dialog beim Erzählen der Geschichte eingeräumt wird. Gleich nachdem diese neue Ausdrucksmöglichkeit für den Film erschlossen wurde, stritt man sich in Filmkreisen über die Verwendung des Dialogs. Es gab Verfechter der beiden Extreme „größtmöglicher Verzicht auf Dialog“ und „größtmögliche Verwendung von Dialog, wie auf der Bühne“.
Menschen sprechen im wirklichen Leben und sollten daher auch im Film sprechen. Den Dialog mit Verachtung zu strafen und zu meiden, wäre unsinnig. Man muß ihm jedoch den richtigen Platz im Gesamtzusammenhang geben.
Zwei Überlegungen werden uns helfen, die Funktion des Dialogs

zu definieren. Zum einen müssen wir erkennen, daß der Dialog der bei weitem einfachste Weg der Faktenübermittlung ist. Er ist der simpelste Informationsträger für einen einfallslosen Drehbuchautor, der in Versuchung geführt wird, zu viel Dialog einzusetzen und die anderen Elemente zu vernachlässigen. Dieses Vorgehen würde zu einem Extrem führen.

Extreme gilt es jedoch zu vermeiden. Der Dialog ist zwar für den Autor die einfachste Möglichkeit der Tatsachenübermittlung, für den Zuschauer jedoch keineswegs der leichteste Weg, diese Fakten aufzunehmen. Jeder Redner, jeder Zuhörer bei öffentlichen Ansprachen und jeder Schüler weiß, wie ermüdend das Anhören einer langen Rede ist. Die Konzentrationsfähigkeit läßt sehr schnell nach. Gleichwohl ist ein Dialog interessanter als die lange Ansprache, weil immerhin zwei Menschen miteinander sprechen. Je häufiger sich die Dialogpartner beim Sprechen abwechseln, desto besser läßt sich Monotonie vermeiden. Dennoch steht fest, unsere Aufnahmekapazität durch Zuhören ist begrenzt. So mag der Dialog für den Autor zwar ein verführerisches Mittel zur Information sein, aber es wird immer auch die Gefahr bestehen, daß das Publikum ermüdet und dann jegliche Bereitschaft, das Gehörte zu verstehen, verweigert.

Ein Bild ist tausend Worte wert. Die Faszination des Visuellen und die schnelle Ermüdung durch Zuhören zählen zu den Eigenarten des modernen menschlichen Denkens und Empfindens. Die Eindrücke, die wir mit dem Auge wahrnehmen, üben eine fast hypnotische Kraft auf uns aus. Einem Zuhörer fällt es leicht, noch während einer Rede den Saal zu verlassen, möglicherweise bricht er auch seinen Theaterbesuch noch vor Ende der Vorstellung ab, ihn aber im Kino von einem Film „loszureißen", und mag dieser Film auch noch so schlecht sein, bereitet Probleme.

Daher empfiehlt es sich für den Autor, sich mehr auf die visuellen Informationsquellen als auf den Dialog zu verlassen. Demosthenes, der beim Reden stotterte, lernte einwandfrei zu sprechen, indem er sich Kieselsteine in den Mund steckte. Will ein Autor die richtige Verwendung des Filmdialogs erlernen, sollte er versuchen, seine Geschichte ohne das gesprochene Wort verständlich zu machen. Auf diese Weise wird er erkennen, wie man die anderen Ausdrucksmittel zur höchsten Entfaltung bringen kann. Zu einem späteren Zeitpunkt mag er sich folgende Regel zu eigen machen: Dialog sollte verwendet werden, wenn alle anderen Ausdrucksmöglichkeiten voll ausgeschöpft sind und keinen weiteren Beitrag mehr leisten können. Zum Dialog sollte als letztes gegriffen werden, und dann wird sein Einsatz richtig sein. Aufgrund einer weiteren sehr praktischen Erwägung empfiehlt sich höchste Sparsamkeit im Umgang mit Dialog: Das Publikum im Ausland, das eine andere Sprache spricht, wird sich in „gesprächigen“ Filmen ganz einfach langweilen.

## *Die Geräusche*

Dialog ist nicht die einzige Funktion des Tons. Es gibt eine zweite, die man mit „Geräusche“ überschreiben könnte. Jede Handlung wird von bestimmten Geräuschen begleitet. Eine Szene, in der geschossen wird, ohne daß ein Schußgeräusch zu hören ist, wirkt höchst unwahrscheinlich. Als genauso unplausibel empfänden wir einen vorbeifahrenden Zug, bei dem das entsprechende Geräusch der Räder auf den Schienen fehlt. Diese Tatsache bedarf an sich keiner besonderen Erwähnung, denn sie ist selbstverständlich. Näher eingehen sollten wir jedoch auf die umgekehrte Betrachtungsweise. Ein bestimmtes Geräusch entspricht einer bestimmten Handlung. Ist das Geräusch ausreichend spezifisch, so können wir daraus auf die Ursache schließen. Das Schußgeräusch ist so typisch und eindeutig, daß wir das Gewehr nicht unbedingt sehen müssen. Ebenso unmißverständlich ist das Eisenbahngeräusch. Der vorbeifahrende Zug muß nicht gezeigt werden, und wir wissen doch, worum es sich handelt. Geräusche begleiten nicht nur ein bestimmtes Bild, sie besitzen auch ein Eigenleben und einen eigenen Stellenwert.

Wir dürfen nicht vergessen, daß der Bildausschnitt begrenzt ist. Der Ton, vom Bild unabhängig, kann und muß über das Bild hinaus Informationen beisteuern. Geräusche sind daher von besonderem Wert: Sie teilen uns mehr mit als wir tatsächlich sehen können. Folgendes Beispiel soll dies veranschaulichen: Eine Schauspielerin geht von der Bühne ab und in ihre Garderobe. Nur der Gang, den sie entlanggeht, ist im Bild. Hören können wir jedoch tosenden Applaus. Dieses Geräusch vermittelt uns den Eindruck eines begeisterten Publikums. Nun wird dieses Geräusch in bestimmten Abständen leiser und wieder lauter. Damit kann nur der auf- und zugehende Vorhang in Verbindung gebracht werden. Unser unmittelbares Ziel ist es, die Schauspielerin auf ihrem Weg in die Garderobe zu zeigen. Doch ohne Zeit zu verlieren und ohne große Anstrengungen liefern wir beträchtliche Informationen; wir vermitteln, daß sich Publikum im Theater befindet, daß dieses Publikum begeistert ist und die Schauspielerin Erfolg hat. Die Erkenntnis, daß der Vorhang hochgeht und fällt, verstärkt die Charakterisierung von Bühne und Theater. Neue Elemente ließen sich hinzufügen, indem wir die Reaktion der Schauspielerin auf das Geräusch zeigen. Ist sie dankbar für den Applaus? Ist sie des Beifalls überdrüssig? Oder triumphiert sie?

Ton ist also deshalb so wichtig, weil er einen Beitrag zur Geschichte leistet, ohne irgendwelchen Raum mit Beschlag zu belegen. Ton unterstützt die Aktion, ohne sie zu verlangsamen oder in irgendeiner Weise zu beeinträchtigen.

In *I want to live! (Laßt mich leben!)* bewies Robert Wise seinen meisterhaften Umgang mit dem Medium Film durch die ausdrucksstarke Gestaltung der Tonebene. Nach der Verurteilung von Barbara Graham verläßt der Reporter, der sie für unschuldig hielt, das Zuchthaus. Er wirft einen Blick zurück und drückt seine Verärgerung über die Gesellschaft aus, indem er sein Hörgerät abschaltet. Mit einem Schlag verstummen alle Straßengeräusche, das Publikum hört nichts mehr, weder das Zuschlagen der Wagentür noch das Anlassen des Motors.

Eine der besonders wichtigen Funktionen von Geräuschen ist die Verbindung von Szenen. Eine Szene kann unterschnitten werden, doch der Ton läuft weiter. Während vor unseren Augen etwas anderes abläuft, hören wir doch immer noch dieselben Geräusche. Die Kameralinse ist also gewissermaßen das trennende und das Mikrophon das verbindende Element. So können z. B. in einem Schneidergeschäft zehn verschiedene Einstellungen spielen, in denen wir jeweils etwas anderes sehen. Das Geräusch der Nähmaschine liegt jedoch unter allen Einstellungen. Ebenso ist der Dialog ein ausgezeichnetes Mittel, um zwischen verschiedenen Einstellungen eine Verbindung zu schaffen. Ganz gleich, welcher Darsteller im Bild ist, der Dialog bleibt derselbe. Kein erfahrener Cutter wird am Ende einer Dialogzeile von einer Einstellung in die andere schneiden. Im Gegenteil: Er wird die Szene so schneiden, daß der zweite Dialogpartner bereits im Bild ist, während der erste Dialogpartner noch spricht. Andernfalls wäre der Bewegungsfluß unterbrochen. Ebenso weiß der Cutter, daß ein Einstellungswechsel in Augenblicken des Schweigens gefährlich ist.

Der Zelluloidstreifen, der das Bild aufzeichnet, kann nach Belieben unterschnitten und verändert werden. Mit der Tonspur ist jedoch sorgfältiger umzugehen, da der Ton kontinuierlich sein muß.

## *Hintergrundmusik*

Hintergrundmusik ist ein wesentlicher Bestandteil der Tonebene, jedoch nicht der Geschichte. Nur selten werden Filmkomponisten zu Rate gezogen, während noch das Drehbuch geschrieben wird. Erst der fertiggestellte Film wird ihnen vorgelegt, mit der Bitte, die zur Geschichte passende Filmmusik zu komponieren, ein Verfahren, mit dem sie nicht immer einverstanden sind.

Der durchschnittliche Kinobesucher nimmt die Musik unbewußt wahr, und nur ganz selten weiß er genau, was er hört. Nach dem Kino kann er sich vielleicht nicht einmal mehr an das musikalische Hauptthema erinnern, es sei denn, einer der Darsteller trägt es im Film vor, wie etwa der Klavierspieler in *Casablanca.* Nichtsdestoweniger trägt die Hintergrundmusik erheblich zur Präsentation der Geschichte bei. Wenngleich ihr Vorhandensein kaum ins Bewußtsein des Zuschauers dringt, so würde ihr Fehlen doch so manches Mal schmerzlich etwas vermissen lassen.

Vor einigen Jahren führte die für Filmmusik zuständige Abteilung der Academy of Motion Picture Arts and Sciences[2] das folgende Experiment durch: Es wurden Sequenzen mehrerer Filme gezeigt: einmal mit der dazugehörigen Hintergrundmusik, dann ohne die Hintergrundmusik und schließlich wurde nur die Hintergrundmusik gespielt. Die Reaktion war erstaunlich deutlich. Bei den ohne Hintergrundmusik gespielten Sequenzen verloren einige Teile ihre gesamte Bedeutung und Aussage; als nur die Musikspur abgespielt wurde, konnte ein beachtlicher Teil des Inhalts der Geschichte an die Zuschauer vermittelt werden, obgleich sie kein Bild dazu sahen.

Somit läßt sich die Hintergrundmusik ebenfalls als Informationsquelle im Film verwenden. Im Vergleich zu Geräusch oder Bild übermittelt sie jedoch keine direkten Fakten, sondern informiert gewissermaßen über eine dritte Dimension, durch Emotionen und Stimmungen. In diesem Sinne besitzt Hintergrundmusik gewissermaßen die Kraft, wenn auch nicht die Gedanken, so doch die Gefühle der dargestellten Figuren zu offenbaren, und damit läßt sich einer der kritischen Schwachpunkte der Filmform meistern. In *Butch Cassidy and the Sundance Kid (Zwei glorreiche Halunken)* trug Burt Bacharachs Musik sogar zur Charakterisierung der Hauptfiguren bei. In *Rebecca* geht Joan Fontaine durch alle Räume, die einst von ihrer Vorgängerin, der ehemaligen Mrs de Winter, bewohnt waren. Ohne Musik war diese stille Sequenz vollkommen

nichtssagend. Als dann jedoch die gespenstischen, geheimnisvollen und Angst einflößenden Melodien hinzukamen, wurden daraus fesselnde und ergreifende Szenen.
Musik kann derart starke Emotionen und Stimmungen ausdrücken, daß damit sogar Informationen über die Geschichte vermittelt werden. In mittelmäßigen Filmen wird dies häufig mißbraucht. Ein liebliches, zuckersüßes Geigentremolo läßt anklingen bzw. regelrecht einläuten, daß eine zarte Liebesszene bevorsteht. Ein Mann nähert sich einem Haus frohen Mutes, ohne Böses zu ahnen. Doch das Publikum weiß, etwas Schreckliches wird geschehen, denn es wurde bereits bestens vom wilden, tosenden Crescendo der Hintergrundmusik darüber informiert. Wenn damit weder Emotionen der Figuren noch des Publikums, sondern nur die des Regisseurs anklingen sollen, ist ein solches Vorgehen abzulehnen.
Hier zwei Beispiele korrekter Anwendung. Eine Frau betritt ihr Haus und findet einen Brief auf dem Schreibtisch. Sie öffnet ihn und stellt fest, daß er von ihrem Mann stammt, der im Krieg als vermißt gemeldet wurde. Noch bevor das Publikum vom Inhalt des Briefes erfährt, akzentuieren einige schrille Akkorde ihr Gefühl der Überraschung und der Fassungslosigkeit. Oder eine andere Frau erfährt gerade von dem Mann, den sie liebt, daß er ein junges Mädchen heiraten wird. Die Kamera fährt GROSS an sie heran, um ihre Emotionen zu zeigen. Gleichzeitig steigert sich die Musik zu einem tosenden Crescendo, das den Dialog des Mannes im Hintergrund übertönt, der zu diesem Zeitpunkt auch nicht mehr wichtig ist. Das Crescendo der Hintergrundmusik hat somit den gleichen Effekt wie die Großaufnahme der Kamera: es verstärkt die Emotionen.
Eine weitere Funktion der Hintergrundmusik besteht darin, die Verbindung zwischen einer Reihe von Einstellungen oder gar Szenen herzustellen. Eine ganze Sequenz aus unabhängigen Bildern oder Einstellungen kann mit einem ausdrucksstarken melodischen Thema unterlegt sein und sozusagen von den kontinuierlichen Wogen der Musik getragen werden. An dieser Stelle sollten wir uns ins Gedächtnis zurückrufen, daß der Wechsel von einer Einstellung zur anderen einen Einschnitt im Filmablauf darstellt, dem ein ohne Bruchstellen ablaufender Ton gegenübersteht.
Manchmal kommt einer klassischen Komposition in einem Film ein sehr hoher, eigener Stellenwert zu, und sie kann wirkungsvoll in das Gesamtwerk integriert sein, wie dies etwa bei einem Klavierkonzert von Mozart in *Elvira Madigan* der Fall war. Doch im großen

und ganzen führt die Hintergrundmusik kein selbständiges Dasein, sie wird komponiert, um im Dienste der Geschichte zu stehen. Demzufolge sind musikalische Effekte nützlicher als melodisches Material. Ein Publikum, das die Harmonien Beethovens oder Schuberts über alles liebt, wenn sie von der Konzertbühne erklingen, würde sehr irritiert auf dieselben Harmonien als Hintergrundmusik reagieren. Moderne Musik mit ihrem Hang zu tonaler Poesie ebenso wie synthetische Musik können sehr viel besser „in den Dienst einer Geschichte" gestellt werden. Die abstrakte Musik eines Johann Sebastian Bach, in sich ein vollendetes Werk, ließe sich niemals dazu verwenden, von sich aus den Inhalt von Szenen in irgendeiner Weise zu ergänzen. Anders jedoch bei Debussys *La mer* oder *Claire de lune,* die bereits im Konzertsaal ganze Szenen und Bilder vor unserem geistigen Auge ablaufen lassen.
Wie vortrefflich nun eine Filmmusik ist, hängt von ihrem funktionalen Stellenwert und nicht von ihren Qualitäten als Konzertstück ab. Gleichwohl haben viele große zeitgenössische Konzertkomponisten u. a. auch Musik speziell für das Medium Film geschrieben.

KAPITEL 2

# Die Informationsquellen

Wir wissen bereits, auf welche Weise jedes filmische Element Informationen vermittelt und werden daher als nächsten Schritt die Vielfalt der Informationen untersuchen, die sich durch eine Kombination von Elementen ausdrücken lassen.

## Kombination

Es gibt bekanntermaßen so viele Möglichkeiten, Informationen zu kombinieren, daß niemals an eine Klassifizierung auch nur zu denken ist. Wir können jedoch verschiedene Prinzipien anführen, mit Hilfe derer sich die Verwendung dieser Informationsquellen erlernen läßt. Selbst ein alter und erfahrener Schriftsteller muß hier ansetzen und sich mit den filmischen Ausdrucksmethoden vorab vertraut machen.
Als einzige Vergleichsmöglichkeit bietet sich in diesem Zusammenhang der Cartoon an. Hier stoßen wir auf eine ähnliche Kombination von Elementen, die dazu dient, etwas mitzuteilen. In Cartoons gibt es Dekorationen, Requisiten, Objekte, Figuren, die Sachverhalte ausdrücken, und unter jedem Cartoonbild steht eine Zeile, die man als Äquivalent des Dialogs betrachten kann.
Unter einer Kombination von Elementen sollte folgendes verstanden werden: Eine Dekoration kann aussagen, an welchem „Ort" wir uns befinden; über die Requisiten erfolgt eine weitere Charakterisierung, wie etwa schön, ärmlich, luxuriös oder schmutzig; die Handlung des Darstellers gibt ferner Auskunft über den Bezug, den dieser zur Dekoration hat. Wird z. B. ein fest schlafender Mann in einem Schlafzimmer gezeigt, so gibt dies Aufschluß darüber, daß es sich mit größter Wahrscheinlichkeit um sein eigenes handelt. Oder bietet ein Mann anderen Personen in einem Wohnzimmer Getränke an, so kommt damit zum Ausdruck, daß er in dieser Wohnung lebt. Die auf diese Weise hergestellte Verbindung zwischen einzelnen Elementen enthüllt ihrerseits selbst neue Informationen. Wenn wir wissen, eine stattliche Villa gehört einer bestimmten Figur, so wissen wir auch, daß diese Person sehr wohlhabend ist. Sehen wir die verkohlten Überreste eines Hauses, so ist damit

zunächst nichts weiter zum Ausdruck gebracht, als „das Haus ist abgebrannt“. Wenn wir nun jedoch zeigen, wie ein Mensch betrübt durch die Ruinen schreitet, liegt die Vermutung nahe, es handle sich um sein Haus oder das eines Freundes. Somit geben die einzelnen Elemente jeweils übereinander Auskunft.

Werden die verschiedenen Informationsquellen zu ein und demselben Zeitpunkt präsentiert, erfolgt die Kombination gleichzeitig. Eine Kombination kann jedoch auch konsekutiv erfolgen, d. h. ein Faktum wird mit einer anderen, bereits enthüllten bzw. einer noch zu vermittelnden Tatsache kombiniert.

Ist eine Aussage erst einmal gemacht, behält sie ihre Gültigkeit für den gesamten Film, es sei denn, sie wird durch eine andere Information modifiziert. Angenommen, wir erfahren, ein Haus gehöre einem Zahnarzt, so glauben wir dies, bis man uns davon in Kenntnis setzt, daß er es verkauft oder vermietet hat, oder daß es nicht mehr existiert.

Aufgrund des steten Informationsflusses tragen wir im Erzählverlauf der Geschichte ein gewisses Maß an Wissen zusammen. Dieses Wissen, das zu all den Vorkenntnissen hinzukommt und sich ansammelt, kann neue Informationen in einem neuen Lichte erscheinen lassen. Oder die neue Information kann das bereits vorhandene Wissen bestätigen. Wenn wir z. B. einen Mann sehen, der in einen Wagen einsteigt, und wir bereits wissen, daß er sein Flugzeug erreichen muß, so lautet unsere Schlußfolgerung: er ist auf dem Weg zum Flughafen. Oder das umgekehrte Beispiel – ein Mann nimmt eine Pistole aus einer Schublade. Wir wissen nicht, wen er erschießen möchte. Anschließend sehen wir ihn das Haus seines Rivalen betreten. Nun wird uns klar, warum er die Pistole mitgenommen hat.

Kontinuierliche Informationen lassen sich auch durch eine Kombination von Elementen vermitteln, selbst wenn wir nur *eines* dieser Elemente sehen. Angenommen, wir wissen, daß ein Kind immer mit einem bestimmten Spielzeug spielt und sehen dann dieses Spielzeug an einem fremden Ort, so können wir daraus schließen, daß das Kind an diesem Ort war oder sich noch dort befindet. Oder aber das Kind ist tot, und für die Mutter verkörpert eben dieses Spielzeug ihr verstorbenes Kind.

Wenn durch eine neue Information die alten Erkenntnisse ihre Gültigkeit verlieren, wissen wir, daß eine Veränderung stattgefunden hat. Veränderungen können nur durch eine Entwicklung oder durch Handlungen herbeigeführt werden. Somit kann der Film den

Verlauf einer ganzen Entwicklung zum Ausdruck bringen, indem er lediglich eine Veränderung zeigt. Hierzu Beispiele. Wir sehen zunächst ein weites Feld, kurze Zeit darauf steht an derselben Stelle ein Haus. Oder ein junges Ehepaar bezieht sein neues Haus. Im Schlafzimmer befindet sich ein großes Doppelbett. Später sehen wir im selben Zimmer zwei Einzelbetten. Wieder einige Zeit später steht dort nur noch ein Bett. Die Entwicklung, die aus diesen Veränderungen zu ersehen ist, wäre das Abklingen ihrer Liebe und schließlich die Trennung. Oder Mann und Frau sitzen beim Frühstück und unterhalten sich. Jahre später sehen wir sie erneut beim Frühstück, doch er liest Zeitung. Oder ein Mann steigt in einen Wagen vor seinem Haus. In der nächsten Szene steigt er aus dem Auto aus, doch dieses Mal vor einer Bank. Der Ortswechsel läßt auf die vorangegangene Handlung schließen. Ein Romanautor könnte diese Handlung in einem einfachen Satz beschreiben: „Er fuhr von seinem Haus zur Bank." Der Drehbuchautor muß dies visuell durch einen Dekorationswechsel verdeutlichen.
Die dem Romanschriftsteller zur Verfügung stehenden Ausdrucksmittel sind insgesamt einfacher zu handhaben, wohingegen der Filmautor immer wieder durch die Schwierigkeiten der Filmsprache in große Bedrängnis gebracht wird. Ständig muß er nach neuen Kombinationen suchen, um den Verlauf seiner Geschichte zu erklären, und nur durch die hundertprozentig richtige Verwendung all seiner Ausdrucksmittel läßt sich dieses Ziel erreichen. Wir sollten dabei nicht vergessen, daß der Film eine breiter und zugleich detaillierter angelegte und abwechslungsreichere Geschichte verlangt als das Bühnenstück. Dies betrifft nicht so sehr den Inhalt als vielmehr die mitzuteilende Informationsfülle. Der Film zeigt mehr Vorkommnisse, mehr Nebenhandlungen, Orte, Personen und mehr Komparsen. Um all diesen Ansprüchen gerecht zu werden, ist es ganz einfach notwendig, auch mehr Informationen beizusteuern. Mit Ausnahme des Dialogs gibt es kein direktes oder einfaches Ausdrucksmittel, und wir müssen daher sehr sorgfältig Bedeutung, Zweck, Charakterisierung und Ausdrucksfähigkeit von Dekoration, Requisite, Objekt, Darsteller, Licht und Geräuschen analysieren.

# Verdopplung

Schüler werden von ihren Lehrern stets dazu angehalten, in ihren schriftlichen Arbeiten niemals etwas zu wiederholen. Dies mag für elementares Schreiben durchaus zutreffen. Wird das Geschriebene dann aber komplexer und das Verständnis zunehmend erschwert, ist die Wiederholung ein nützliches und angebrachtes Mittel. Das Bühnenstück gestattet Wiederholungen, da es für das Publikum kein leichtes ist, ein Stück zu verstehen. Ein bewährtes Axiom der Bühnenkunst besagt sogar: Erzähle deinem Publikum jeden wichtigen Punkt dreimal, um sicherzugehen, daß er verstanden wird. Das gleiche gilt für öffentliche Ansprachen. Alle großen Redner, angefangen von Demosthenes und Cicero bis hin zu Mark Anton in Shakespeares *Julius Cäsar,* verwendeten Wiederholungen in ihren Reden, um den Zuhörern das Verstehen zu erleichtern.

Der Film kennt Mittel und Wege, sich zu wiederholen, die eigentlich nicht als Wiederholung bezeichnet werden können. Aufgrund seiner unterschiedlichen Ausdrucksmittel, die jeweils den gleichen Sachverhalt auf verschiedene Weise vermitteln, ist es eher angebracht, von Verdopplung als von Wiederholung zu sprechen.
Unter Verdopplung versteht man die Verwendung verschiedener filmischer Mittel, mit deren Hilfe jeweils das gleiche ausgesagt wird. Auf den ersten Blick sind wir vielleicht etwas abgeneigt, Verdopplungen zu verwenden, empfinden dies als Raumverschwendung oder groben Verstoß gegen das Sparsamkeitsprinzip. Es gibt jedoch zwingende Gründe, die ein solches Vorgehen rechtfertigen.
Während einer Filmvorführung, die Konzentration und Aufmerksamkeit erfordert, stellen sich beträchtliche Ermüdungserscheinungen ein. Manchmal gehen Teile des Dialogs unter, unsere Augen ermüden, oder wir haben Schwierigkeiten, die Handlungsstränge zu verfolgen und zu verstehen. In solchen Fällen sind wir dankbar, wenn uns durch Verdopplung gewisse Fakten erneut ins Bewußtsein zurückgerufen werden.
Verdopplung kann ferner verwendet werden, um uns an bereits gegebene Informationen zu erinnern. Das Publikum neigt dazu, Tatsachen zu vergessen, auch wenn diese zu Beginn klar und deutlich präsentiert wurden. Handelt es sich um sehr wichtige Fakten, könnte es ratsam sein, diese während des gesamten Filmverlaufs mehrmals anzuführen bzw. dem Zuschauer ins Gedächtnis

zurückzurufen. Geschähe dies nun mit Hilfe ein und desselben Ausdrucksmittels, so müßten wir von Wiederholung sprechen, Wiederholung, die Langeweile bewirkt und Raum verschwendet. Den gleichen Sachverhalt jedoch auf verschiedene Arten auszudrücken, heißt, von Verdopplung mit all ihren angenehmen und vielseitigen Wirkungen Gebrauch zu machen.

Dieses Wiederauffrischen von Fakten mittels Verdopplung der Informationen muß mit großer Sorgfalt gehandhabt werden, denn das Publikum soll zum richtigen Zeitpunkt an die richtigen Dinge erinnert werden. Wenn z. B. die Brutalität eines Mannes bereits deutlich gezeigt wurde, wäre der korrekte Zeitpunkt für eine Erinnerung kurz bevor ihn seine Frau um einen Gefallen bittet. In einer Liebesszene zwischen einem Mädchen aus wohlhabenden und einem Jungen aus ärmeren Verhältnissen könnte man das Publikum an Jugend und Schönheit erinnern, und bei einem Streit zwischen beiden sollte man erneut den Unterschied zwischen Arm und Reich vermitteln. Durch stetes Erinnern an Tatsachen kann eine Szene um ein Beträchtliches an Aussagekraft gewinnen.

Verdopplung läßt sich ebenfalls verwenden, um bestimmte Informationen zu vertiefen. Wer schon einmal in einem kleineren Kino war, hat sicher schon erlebt, wie vereinzelte Frauen im Publikum plötzlich ausriefen „da, jetzt ist er aber wütend", wenn einem Schauspieler eine derartige Zornesröte ins Gesicht steigt, die selbst einem Stier das Fürchten gelehrt hätte. Oder sie kommentieren „jetzt lacht er", wenn der Darsteller vor lauter Lachen zu platzen droht. Obgleich ihr Wunsch, das gesamte Ausmaß einer Situation zu begreifen, in solchen Extremfällen absurd ist, müssen wir dies bei anderen, weniger offensichtlichen Situationen berücksichtigen. Es darf nicht vergessen werden, wie schnell sich das Bild bewegt, und daß dem Publikum keine Zeit bleibt, eine Ruhepause einzulegen und das gerade Erzählte zu Ende zu denken. Das Wort „Reichtum" allein z. B. ist nicht aussagekräftig. Selbst ein Romanautor versucht gelegentlich, unsere Phantasie zu beflügeln, indem er dieses Wort näher beleuchtet. Er führt an, was Reichtum bedeutet, nämlich gutes Essen, schöne Kleider, Butler, großer Komfort. Wenn sich also ein Drehbuchautor nur auf die Mitteilung beschränkt, ein Künstler werde bewundert, so ist dies für uns genauso nichtssagend, vor allem, da wir mangels Zeit unsere Phantasie nicht anstrengen können, um die volle Bedeutung dieser Mitteilung zu erfassen. Ratsam wäre es daher, diese Bewunderung in einigen groben Zügen oder durch bestimmte Ereignisse zu verdeutlichen.

Verdopplung kann sich natürlich auch als gefährliches Instrument entpuppen. Bei einem Mann, der von draußen kommt, völlig durchnäßt ist und gefragt wird „Es regnet wohl draußen?", erweist sich die Verdopplung als trivial und unsinnig. Wenn der Autor an eine blutüberströmte Figur die Frage richten läßt „Bist du verletzt, Liebling?", ist darin gewiß kein tieferer Sinn erkennbar. Die Frage mag auf dem Papier durchaus bedeutsam ausgesehen haben, weil der Autor nur dieses eine Ausdrucksmittel verwendete, die visuelle Vermittlung der Fakten aber übersah.

## Koordinierung

Keine andere Kunst verfügt über so viele Ausdrucksmittel wie der Film. In der Bildhauerei gibt es nur die plastische Form, in der Musik den Ton, in der Malerei Farbe und Linienführung und im Roman das Wort. Selbst dem Theater, das dem Film in dieser Hinsicht am nähesten kommt, steht in erster Linie nur der Dialog zur Verfügung. Daher genügt die Lektüre des Dialogs zum Verstehen des Theaterstücks, wohingegen ein Filmdrehbuch keinen Sinn ergibt, wenn lediglich der Dialog berücksichtigt wird. Ein Filmdrehbuch lesen zu können, erfordert sogar besonders viel Erfahrung und beträchtliche Konzentration, wenn alle filmischen Ausdrucksmittel beim Schreiben miteinbezogen wurden.
Im Theater ist der Bühnenautor der primär künstlerisch Schaffende, denn sein Schreiben bzw. sein Dialog ist praktisch das einzige wesentliche Ausdrucksmittel. Theaterproduzent, -regisseur und -schauspieler assistieren ihm im Grunde nur. Beim Film jedoch, wo der Dialog nur einen Teil des vollendeten künstlerischen Werkes darstellt, erfordert der Einsatz vieler verschiedener Ausdrucksmittel einen Koordinator, der leitet und lenkt und die richtige Anwendung dieser Mittel bestimmt. In der Regel erfüllt der Regisseur diese Aufgabe. Er ist in vielerlei Hinsicht sowohl der Arrangeur, der die Komposition des Autors gewissermaßen für ein Orchester bearbeitet, als auch der Dirigent, der die Musik mit Leben erfüllt.
Letztlich läßt sich jedoch zwischen dem Werk des Autors und dem des Regisseurs keine eindeutige Trennungslinie ziehen. Schon oft ist die berühmte „Handschrift eines Regisseurs" am Schreibtisch des Autors entstanden und eigentlich im Drehbuch wiederzufinden. Und umgekehrt enthält so manches Drehbuch, das nur den Namen des Autors trägt, die kreativen Vorschläge und Erfindungen

des Regisseurs. Im Idealfall sollte der Zelluloidstreifen letztlich das Endprodukt einer gemeinsamen Anstrengung sein. Wenn auch die Frage, wer nun die wichtigere Person sei, der Autor oder der Regisseur, immer wieder zu Rivalitäten führt, besteht doch für keinen von beiden ohne die optimale Mitarbeit des anderen nur die geringste Aussicht auf einen erfolgreichen Film. Häufig treffen sich Regisseur und Autor nach Abschluß der endgültigen Drehbuchfassung, um die beste Verwendung der filmischen Ausdrucksmittel zu diskutieren. So mancher Dialog wird dann gestrichen, weil der Regisseur erkennt, daß eine Großaufnahme vom Schauspieler alle Worte überflüssig macht. Oder aber eine weitere Zeile wird für einen durch das Bild gehenden Darsteller hinzugefügt.
In diesem Stadium läßt sich der eine oder andere Fehler, bedingt durch das unbeabsichtigte Nebeneinanderstellen von Informationen, ausmerzen. Da jedes Element seine eigenen Informationen vermittelt, kann eine Kombination von Elementen zu falschen oder widersprüchlichen Informationen führen. So wären wir z. B. überrascht, einen Mann, der als Biologieprofessor eingeführt wurde, in einem Kaufhaus als Verkäufer arbeiten zu sehen. Das gleiche gilt für einen Zeitungsjungen, der beim Austragen seiner Zeitungen einen Rolls-Royce fährt, für einen Taucher, der in einen leeren Swimmingpool springt oder einen Mann, der bei einer Autorallye in seinem Rollstuhl an der Startlinie sitzt.
Wenn solche widersprüchlichen Informationen eigentlich gar nicht beabsichtigt waren und nur auf einen Fehler zurückzuführen sind, so ist die Wirkung absurd. Andererseits lassen sich auf diese Weise durchaus gewollte komische Effekte erzielen, wenn man z. B. den leeren Swimmingpool erst zeigt, nachdem der Mann zum Sprung ins Wasser angesetzt hat. Sollte der visuell erfaßbare, paradoxe Sachverhalt zudem eine ganz bestimmte Ursache haben, die uns bislang unbekannt ist, so bedarf sie der Erklärung: Das Fahrrad des Jungen hatte z. B. einen Defekt, und ein Kunde lieh ihm den Rolls-Royce, damit der Junge die restlichen Zeitungen abliefern konnte. Leider sind viele Filme voller widersprüchlicher Informationen, die manchmal Verwirrung stiften oder dem Aussagewert einer Szene Abbruch tun. Widerspruch ist jedoch nicht zu verwechseln mit Gegensatz, einem der wichtigsten Effekte, der durch die gleichzeitige Kombination von Informationen erzielt werden kann. In einer berühmten Einstellung im Film *M,* in dem Fritz Lang Regie führte, geht es um eine Mutter, deren Kind von der Schule nicht nach Hause gekommen ist und die im ganzen Treppenhaus immer wie-

der den Namen ihres Kindes ruft. Im Bild sehen wir das Treppenhaus, und wir hören das Rufen der Mutter, d.h. der Ton steht für die Angst der Mutter und das leere Treppenhaus für das Nichtnachhausekommen des Kindes. Hierbei handelt es sich um eine sehr wirkungsvolle Kombination. Der Effekt wäre weitaus schwächer gewesen, hätte man zuerst die Mutter weinen sehen und erst anschließend das stille Treppenhaus.
Im Grunde genommen erhält jede Einstellung oder Szene ihre Daseinsberechtigung durch eine ganz besonders wichtige Information, die jeweils vermittelt wird. Gleichzeitig lassen sich jedoch weitere Informationsquellen verwenden, die darüber hinaus Fakten offenbaren. Wir sollten uns nicht mit der bloßen Übermittlung von Hauptinformationen zufriedengeben, sondern vielmehr versuchen, diesen Raum auch mit zweitrangigen Entwicklungen oder weniger relevanten Fakten zu füllen. Hierzu das folgende Beispiel: Die Dekoration, in der wir uns befinden, ist ein Geschäft. Mehrere Requisiten lassen darauf schließen, daß es sich um ein Pfandleihgeschäft handeln muß. Ein junger Mann tritt ein. Seine Kleidung verrät seine derzeitige Lage, es geht ihm schlecht. Er hat eine Gitarre bei sich. Die liebevolle Art, wie er das Instrument hält, gibt Aufschluß über seine Gefühle für das Objekt. An dieser Stelle setzt der Dialog ein; der junge Mann erklärt, er brauche Geld, weil sein guter Freund erkrankt sei. Damit wäre die Szene jedoch noch immer nicht voll ausgeschöpft. Also zeigen wir, wie der Mann hinter der Ladentheke beim Zuhören Geld zählt. Durch diese zusätzliche Nebenhandlung erfahren wir, daß der Pfandleiher geizig ist. Auf dem gleichen Raum kann somit das Drei- und Vierfache an Gehalt vermittelt werden. Jeder Zentimeter Film muß so informationsträchtig wie nur möglich sein.

Zum Abschluß des Kapitels über die verschiedenen Ausdrucksmittel sei betont, daß diese Informationsquellen nicht mit Symbolismus verwechselt werden dürfen. Symbolismus ist eine sehr zweifelhafte Art der Bildkonzeption. Der Unterschied läßt sich wie folgt verdeutlichen. Symbolismus wäre es, ein junges, unschuldiges Mädchen mit einer Lilie zu zeigen. Die Erkenntnis, daß die Lilie für Unschuld steht, ist jedoch ein komplexer Prozeß, zu dem der durchschnittliche Besucher im Kino nicht die nötige Zeit hat. Die korrekte Übermittlung von Fakten wäre, dieses Mädchen in einem schlichten weißen Kleid und mit zu Zöpfen geflochtenen Haaren zu zeigen. Diese Erkenntnis von Unschuld erfolgt im Unterbewußtsein. Auf das Bild eines Fußballspielers das eines Bulldozers folgen zu lassen, wäre Symbolismus. Zeigt man jedoch einen Fußballspieler, der auf eine Bulldozer-Werbung reagiert, so ist dies eine natürliche Offenlegung seiner Gedanken.

KAPITEL 3

# Bildausweitung und Bildkomposition

Bislang haben wir den Zelluloidstreifen als Ganzes betrachtet. Im weiteren Verlauf werden wir jedoch feststellen, daß sich der Bildraum aus kleinen Einheiten zusammensetzt, die wiederum aus kleinen Teilen bestehen, und auch diese Einzelteile sind aus kleinsten Einheiten zusammengefügte Gebilde. Durch dieses Zerlegen des gesamten Bildraums besteht die Gefahr, daß sich die kleineren Einheiten abspalten. Folglich muß nach Mitteln und Wegen gesucht werden, diese zerlegten Einzelteile miteinander zu verbinden.
Dies ist jedoch noch nicht der geeignete Zeitpunkt, Unterteilung und Verbindung in der Erzählstruktur der Geschichte zu untersuchen. Konzentrieren wir uns zunächst auf die rein technischen und mechanischen Bestandteile unseres Zelluloidstreifens. Zunächst gilt es folgendes festzuhalten: Die kleinste Einheit ist das Einzelbild. Jeder Meter Film setzt sich aus 53 Einzelbildern zusammen, d. h. ein ganzer Film besteht aus etwa 120 000 bis 170 000 Einzelbildern. Bei genauerem Betrachten des Zelluloidstreifens erkennen wir, daß sich jedes kleine Bild von den anderen Bildern unterscheidet und jedes Bild gegenüber dem vorhergehenden eine kleine Weiterentwicklung aufweist. Wenngleich dies nur ein rein technisches Merkmal ist, so führt es uns doch vor Augen, daß sich die Geschichte genauso stetig und ständig weiterentwickeln muß, wie jene kleinen Einzelbilder.
Eine unbestimmte Anzahl solcher Einzelbilder setzen sich zu einer Einstellung zusammen. Die Einstellung wird durch einen Wechsel der Kameraposition bestimmt. Solange Ort und Stellung der Kamera nicht verändert werden, befinden wir uns in einer Einstellung, auch wenn sich dabei Dinge oder Abläufe, die gefilmt werden, ändern. Sobald sich jedoch die Kameraposition ändert, liegt eine neue Einstellung vor, wobei der von der neuen Position aus gefilmte Bildinhalt durchaus unverändert bleiben kann.
Wieviele Einzelbilder in einem Meter Film enthalten sind, unterliegt mechanischen Prinzipien; für die Länge einer Einstellung gibt es jedoch keinerlei Regeln. Außerdem bleibt es uns überlassen, in welcher Entfernung wir die Kamera postieren, von welcher Perspektive aus wir photographieren, und wann wir die Einstellung

beenden. Wir müssen also die Prinzipien untersuchen, die diese Entscheidungen lenken werden.

Zunächst muß man sich klarmachen, daß das Blickfeld der Kamera begrenzt ist. Die Kameraoptik erfaßt einen bestimmten Ausschnitt aus dem Ganzen. Hier besteht ein grundlegender Unterschied zum Theater. Obwohl das Theater in seinen Darbietungsmöglichkeiten auf der Bühne eingeengt ist, kann es eine Aufführung als Ganzes präsentieren. Alles, was sich in einem Zimmer oder einer bestimmten Dekoration abspielt, wird dem Theaterpublikum gleichzeitig und vollständig vor Augen geführt, während der Film nur Teile des Zimmers oder der Dekoration zeigen kann. Die Kamera selektiert einen bestimmten Bereich, zeigt also nicht das Ganze, sondern nur einen Teil des Ganzen. Für die eine Einstellung mag ein relevanter Ausschnitt gewählt werden, die Folgeeinstellung erfaßt dann den nächsten.

Die Frage, welcher Ausschnitt gezeigt werden sollte, läßt sich folgendermaßen beantworten: Da die Kamera nur einen Teil des Ganzen aufgreifen kann, muß natürlich der jeweils wichtige Ausschnitt gewählt werden. Folglich werden im Film Ereignisse nicht realistisch wie auf der Bühne, sondern selektiert wiedergegeben; das Filmpublikum sieht nur das, was der Filmschöpfer für wichtig erachtet.

Da wir als Publikum außerstande sind, das Ganze zu sehen und selbst zu entscheiden, was davon wichtig ist, muß der Filmschöpfer für uns die Auswahl treffen, uns zeigen, was seiner Meinung nach wichtig ist. Darauf richtet er unser Augenmerk und spricht uns gewissermaßen direkt an – Schauen Sie hierher, dieser Gesichtsausdruck, diese Handlung oder dieses Objekt ist wichtig! Und er deutet förmlich auf so manche Elemente, lenkt damit die Aufmerksamkeit der Zuschauer auf sie, so daß sie eine besondere Bedeutung für die Geschichte gewinnen.

Durch eine entsprechende räumliche Anordnung der einzelnen Elemente kann dieser Effekt noch verstärkt werden: die Objekte im Vordergrund erscheinen dann überdimensional groß im Vergleich zu denen im Hintergrund. Ermöglicht wird dies durch die räumliche Verzerrung der Kameralinse. Amateurphotographen bedienen sich häufig dieses Effekts, um aus Spaß von ihren Freunden Schnappschüsse anzufertigen, wobei die Kamera direkt vor den Füßen postiert wird, die dann auf dem Photo viel größer wirken als der Kopf. Im Film läßt sich diese durch die Optik bedingte Verzer-

rung zum Zwecke der Hervorhebung verwenden. So kann z. B. ein Glas mit einem alkoholischen Getränk, das in Wirklichkeit ja relativ wenig Platz beansprucht, im Vordergrund postiert das halbe Bild einnehmen. Der im Hintergrund stehende Gewohnheitstrinker wird im Vergleich zu diesem Glas, dessen Inhalt solche Macht über ihn hat, sehr klein wirken.
Da der Filmregisseur die Möglichkeit hat, nur das zu zeigen, was ihm wichtig erscheint, glaubt das Publikum, daß alles, was er auf der Leinwand zeigt, eine besondere Bedeutung hat. Diese automatische Schlußfolgerung kann jedoch dann ein Trugschluß sein und zu einer Fehleinschätzung führen, wenn der Regisseur einen Ausschnitt zeigt, der vollkommen nebensächlich und unwichtig ist. Während sich das Theaterpublikum ganz von selbst auf die relevanten Teile der Bühne konzentriert, wird der Filmbetrachter nicht den eigenständigen Versuch unternehmen, das Wichtige herauszufiltern, sondern immer auf die Auswahl des Regisseurs vertrauen.

Wenn wir nun davon ausgehen, daß dieses Prinzip die Kameraführung bestimmt, müssen wir die Frage anschließen: Was verstehen wir unter wichtig?
Das Wichtige zeigen heißt, die informationsträchtigen Elemente zeigen. Da ja der Schauspieler bekanntermaßen nicht die einzige Informationsquelle ist, dürfen wir uns nicht ausschließlich auf ihn konzentrieren. Spielt etwa ein Gewehr eine wichtige Rolle, so muß dieses Gewehr gezeigt werden; das gleiche gilt für einen platten Reifen, eine rustikale Dekoration oder die Augen des Darstellers. Je nach Größe dieses wichtigen Elements, rückt die Kamera näher heran oder weiter weg, um das Bildfeld des Zuschauers der Größe des zu photographierenden Elements anzupassen.
Da viele Elemente etwas auszudrücken vermögen, könnten einige von ihnen zur gleichen Zeit wichtig sein. In diesem Fall müssen solche Elemente in einer Einstellung zusammengefaßt werden. Die Tatsache, daß Elemente, die durchaus gegensätzlicher oder zumindest unterschiedlicher Natur sein können, in einer Einstellung dargestellt werden, verbindet sie auf das engste miteinander. Diesen Sachverhalt bezeichnen wir als Komposition mehrerer Ausdrucksmittel in einer einzigen Einstellung. Im Gegensatz zur Malerei hat die Komposition im Film weniger ästhetische als vielmehr zweckdienliche Bedeutung: es handelt sich hier in allererster Linie um eine Verbindung von Elementen, die Informationen vermitteln.

Im Verlauf der erzählten Geschichte verlagert sich gewöhnlich unser Hauptinteresse von einem Schauspieler auf einen anderen, von der Dekoration zu einem Objekt, von einer Requisite zu einem Schauspieler oder von einer Kombination von Elementen hin zu einer anderen. Eine einzige Einstellung kann nicht über einen langen Zeitraum hinweg alles, was von großer Wichtigkeit ist, zeigen. Damit wird eine Änderung der Position notwendig. Eine gute Kameraführung bedeutet, mit den sich verlagernden Prioritäten der Zuschauer ständig Schritt zu halten. Wird eine Einstellung zu lange hinausgezögert, obgleich das Zuschauerinteresse schon etwas anderem gilt, reagiert das Publikum irritiert und verärgert. Manchmal ist die Aktion weniger wichtig als die Reaktion. Der Gesichtsausdruck des sprechenden Schauspielers kann weniger wichtig sein als der seines zuhörenden Partners.
Versäumen wir es, die Elemente zu zeigen, an denen der Zuschauer interessiert ist und die wichtig sind, entsteht der Eindruck, wir hätten etwas zu verbergen. Ein solches Versäumnis kann sich entweder als schlichter Fehler erweisen oder aber der Regisseur erzielt gerade dadurch, daß er das Blickfeld des Betrachters einengt, eine besondere Wirkung. Nehmen wir dazu folgendes Beispiel: Aufgrund der Reaktion einer Figur ahnen wir, daß gleich etwas geschehen wird. Uns wird jedoch nicht gezeigt, was passiert; dieses wichtige Element wird nicht verraten, entzieht sich dem Blick. Damit ist unsere Neugierde geweckt. Zu einem späteren Zeitpunkt kann sich dann herausstellen, daß es sich um das Eintreten einer anderen Person handelte, um eine Waffe, die bedrohlich auf den Darsteller gerichtet war oder um ein Feuer, das erneut ausbrach.
Die Tatsache, daß man dem Betrachter Objekte vorenthält, indem man sie bewußt aus seinem Blickfeld ausspart, ist ganz besonders interessant im Hinblick auf den Ton. Das den Ton verursachende „Instrument" kann entweder gezeigt oder verborgen werden. Ein „Unsichtbarer" kann beim Öffnen einer Tür Geräusche machen. Die Person, die einen Schuß abfeuert, kann uns präsentiert werden oder vor unseren Blicken verborgen bleiben.
Die Kamera kann mit einem Augenpaar verglichen werden, und in der Regel sind es die Augen des Erzählers. Daher sollten sie dort plaziert sein, wo sie sehen und uns die wichtigen Informationen mitteilen können. Doch manchmal identifiziert sich der Autor mit einer seiner Figuren, d. h. er schlüpft in die Haut dieser Person und sieht die Dinge mit ihren Augen. Anschließend kann er sich auf eine andere Figur konzentrieren und von ihrer Warte aus Betrachtun-

gen anstellen. Angenommen, wir zeigen einen Mann, der einen Raum betritt und schreckliche Verwüstung vorfindet. Die Kamera kann uns diesen Anblick aus der Sicht des Schauspielers präsentieren. Oder es findet z. B. ein Dialog zwischen einem Darsteller, der auf einem Stuhl sitzt, und einer vor ihm stehenden Person statt. Hier bieten sich folgende Einstellungsmöglichkeiten: die Untersicht, d. h. die Kamera ist auf die stehende Person aus der Sicht der sitzenden gerichtet; die Aufsicht auf den Sitzenden aus der Perspektive des stehenden Darstellers; oder die Kamera kann beide Schauspieler im Profil und somit von der Warte des Erzählers erfassen.

Zu Beginn dieses Kapitels erwähnten wir, der Koordinator des Films könne Art und Länge seiner Einstellungen bestimmen. Nun ist er jedoch nicht ganz frei in seinen Entscheidungen. Er sollte seine Einstellungen den Erfordernissen seiner Geschichte anpassen und die hier erörterten Prinzipien beachten. So mancher Regisseur schwelgt regelrecht in extravaganten Einstellungen. Diese mögen technisch gesehen noch so interessant und perfekt sein, auf die Geschichte wirken sie sich eher negativ als positiv aus. In *Citizen Kane* gibt es eine Einstellung, in der die Kamera durch das Dach eines Nachtclubs eindringt. Vom technischen Standpunkt ist diese Einstellung sehr schön ausgeführt, steuert jedoch in keiner Weise etwas zur Geschichte bei. In demselben Film findet sich eine Einstellung, die wegen ihrer herausragenden Bildkomposition berühmt wurde: Im Bildvordergrund sehen wir ein Glas mit Gift und im Hintergrund eine Tür, durch die Kane den Raum betritt – Kane, der für den Selbstmordversuch der Frau verantwortlich ist.

Anhand von technischen Kriterien lassen sich die folgenden Einstellungstypen unterscheiden:

- *Groß-Einstellung (GROSS):* Kamera-Einstellung aus nächster Nähe.
- *Nah-Einstellung (NAH):* zwischen Groß- und Halb-Nah-Einstellung.
- *Enge Zweier-Einstellung (enge Zweier):* Köpfe zweier Personen.

- *Dreier-Einstellung (Dreier):* Einstellung von drei Personen.
- *Halb-Nah-Einstellung (HN):* die im Drehbuch am häufigsten anzutreffende Einstellung.
- *Halbtotale (HT):* zwischen Totale und Nah-Einstellung.
- *Total-Einstellung (Totale):* das Bild füllende, weit angelegte Einstellung von einer kompletten Dekoration oder einer Landschaft.
- *Gruppen-Einstellung:* die Kamera erfaßt die in der Einstellung mitwirkenden Personen.
- *Fahrt:* die Kamera bewegt sich, gewöhnlich mit sich bewegenden Personen oder Objekten.
- *Rückfahrt:* Kamera bewegt sich weg vom Darsteller oder Objekt.
- *Zufahrt:* Kamera bewegt sich auf Darsteller oder Objekt zu.
- *Gegenschuß:* Kamera ist in genau der entgegengesetzten Position zur vorhergehenden Einstellung postiert.
- *Subjektive:* Kamera zeigt das Bildfeld aus der Sicht einer Figur.
- *Schwenk:* langsame, horizontale Drehbewegung der Kamera zur Erfassung einer Panoramasicht.
- *Schwenk nach oben/nach unten:* Kamera bewegt sich vertikal nach oben bzw. nach unten.
- *Schwenk auf:* Kamera-Anweisung, die besagt: Kamera schwenkt über eine Dekoration und endet auf einer Person als Schlußstand.
- *Trickaufnahmen:* Kamera-Aufnahmen, die in einer Trickdekoration entstanden sind, von denen Teile für Rück- oder Aufprojektion verwendet werden.
- *Geteilte Leinwand:* zwei verschiedene Aufnahmen, die separat gedreht wurden und dann in einem Bild gezeigt werden.
- *Zoomaufnahme:* schneller Wechsel der Brennweite in der Kamera-Optik von Tele auf Weitwinkel oder umgekehrt.
- *Insert:* normalerweise die Großaufnahme eines Objekts, das als Zwischenschnitt einen bestimmten Teil der Handlung erklären soll.

Jede Einstellung kann auf unterschiedliche Weise informationsvermittelnde Fakten einfangen. Mit einer totalen Einstellung ist man imstande, ein Gesamtbild aller Faktoren zu geben, einschließlich der kompletten Dekoration, aller sich darin bewegenden Personen und ihrer Handlungen. Diese Faktoren werden jedoch nur aus der Entfernung erfaßt, so daß einzelne Details nicht deutlich zu erkennen sind.

Mit einer Gruppenaufnahme rücken wir näher an das Geschehen heran, sind jedoch immer noch in der Lage, alle Bestandteile der Dekoration, Objekte, Requisiten, Schauspieler und deren Handlungen in ihrer Gesamtheit zu erfassen.

In der Halbtotalen sehen wir nicht mehr das Ganze, sondern lediglich einen Ausschnitt, also einen Teil der Dekoration, und auch nicht mehr alle Figuren, sondern nur mehr einzelne aus der Menge. Immer dann, wenn uns die Kamera keine weiteren Gesamteindrükke übermittelt und sich statt dessen auf Teilaspekte konzentriert, soll uns gewissermaßen mitgeteilt werden: dieser Aspekt ist wichtig. Das Gesamtbild zu zeigen, heißt einfach, unsere Sichtweise im realen Leben zu kopieren. Doch dann kommt das Prinzip der Selektion zur Anwendung. Wir können Faktoren, die Träger unterschiedlichster Bedeutungen sind, zusammenführen, so z. B. einen Jokkey, sein Pferd, eine Person, die Pferdewetten abschließt und den Zieleinlauf im Hintergrund. Oder aber einen Polizisten, einen Ganoven und einen aufgebrochenen Safe.

Die Nahaufnahme hebt das Detail hervor: einen Bestandteil der Dekoration (z. B. den Kugeleinschuß in einer Wand) oder auch den Teil eines Objektes (z. B. einen platten Reifen), eine Requisite (z. B. einen Brief) oder ein Detail, wie das nervöse Herumtrommeln der Finger eines Schauspielers.

Noch näher rückt die Kamera in der Zweier-Einstellung, die verwendet wird, wenn die Gesichter von zwei Menschen gezeigt werden sollen. Und damit sind wir schließlich bei der Großaufnahme angelangt. Sie kann selbst der letzten Zuschauerreihe in einem noch so großen Kino den Gesichtsausdruck des Darstellers nahebringen, ein Phänomen, das den Film als demokratische Kunst populär gemacht hat. Das traditionelle Theater hingegen gewährt nur dem Publikum auf den teuren Rängen Einblick in die Mimik des Schauspielers.

Sinn und Zweck der Kamerafahrt ist es, einer Verlagerung des Zuschauerinteresses umgehend Folge zu leisten, d. h. ohne daß erst ein Einstellungswechsel vorgenommen werden muß. Somit müssen für den Einsatz von Fahrten zwei Bedingungen erfüllt sein, zum einen eine wirklich erfolgte Verschiebung des Zuschauerinteresses, die zum anderen mit der Kamera auch nachvollzogen werden kann. Dies könnte beispielsweise bedeuten, daß der Gesichtsausdruck eines Schauspielers plötzlich interessanter ist als die anderen Personen oder die Dekoration. Oder es könnte bedeuten, daß sich unser Interesse von einem Einzelobjekt auf die gesamte Dekoration verlagert. Oder wir möchten gerne mit unserer Aufmerksamkeit bei einer sich bewegenden Figur verweilen. In einem solchen Fall ist eine Kamerafahrt sinnvoll. Doch wie dem auch sei, eine Kamerabewegung muß immer durch die Geschichte motiviert sein und darf nicht je nach Lust und Laune des Regisseurs erfolgen.

Die Verwendung von Kameraschwenks unterliegt ebenfalls diesem Kriterium. Ein Schwenk von einem Objekt zum anderen sollte unterlassen werden, wenn es keinen Grund dafür gibt. Nehmen wir an, wir möchten uns von einer Personengruppe einer anderen zuwenden, oder aber der Regisseur hält es für angebracht, die Dekoration mittels Schwenk vorzustellen. Zu diesem Zweck läßt er einen Darsteller den Raum durchqueren. Die Kamera schwenkt mit und präsentiert damit die Dekoration. Der Gang des Schauspielers durch den Raum muß jedoch einen Sinn haben, wobei manchmal das Gehen an sich schon von Bedeutung sein kann. In *Henry the Eighth* stellt Charles Laughtons Art und Weise zu gehen z. B. eine eindeutige Charakterisierung der Figur dar. Schwenks und Fahrten haben andererseits einen gefährlichen Nachteil, sie kosten Zeit. Mit einem Umschnitt von einer Einstellung in die andere nimmt man vergleichsweise weniger Zeit des Films in Anspruch. Schwenks und Fahrten sollten also nur dann verwendet werden, wenn eine Verlagerung des Zuschauerinteresses ihren Einsatz auch wirklich rechtfertigt.

Man beachte, daß jede Einstellung für sich eine separate Einheit darstellt, während sich die Geschichte kontinuierlich weiterentwikkelt. Diese Auflösung in Einstellungen bewirkt eine gewisse Zerstückelung der Geschichte, für die wir eigentlich fließende Kontinuität anstreben. Daher darf der Einstellungswechsel niemals zu kraß sein. Wenn wir mit der Totalen eines Darstellers, der den Raum betritt, beginnen, sollten wir niemals eine Großaufnahme folgen lassen. Durch eine derart drastische Veränderung wäre die Verbindung der beiden Einstellungen beeinträchtigt. Statt dessen sollte sich die Kamera in zwei oder drei näherrückenden Einstel-

lungen sukzessive herantasten. Damit vermitteln wir das Gefühl einer sich zuspitzenden Handlung (womit man in den meisten Fällen auch dem Verlauf einer Szene Rechnung trägt: sie verdichtet sich zunehmend). Das umgekehrte Vorgehen führt den Zuschauer vom Detail zurück in den Gesamtüberblick und vermittelt somit die Umstände, unter denen sich eine Szene zugetragen hat.
Die Handlung fördert nahtlose Verbindungen von Einstellungen. Es fällt kaum auf, daß zwei verschiedene Einstellungen gezeigt werden, wenn die erste den Beginn und die zweite die Fortsetzung einer Handlung zeigt. Erfaßt die erste Einstellung etwa eine Figur, die sich gerade von einem Stuhl erheben möchte, und in der Folgeeinstellung wird dieser Vorgang abgeschlossen, so ist damit eine ausgezeichnete Verbindung geschaffen. Auch mit dem Anzünden einer Zigarette läßt sich eine Verbindung zweier Einstellungen herstellen. Der Grund ist folgender: eine Erwartungshaltung wird aufgebaut, die unsere Wahrnehmung bis zum Handlungsende trägt. Diese Erwartungshaltung spielt eine noch tragendere Rolle bei der Verbindung von Einstellungen, in denen keine Handlung stattfindet. Es genügt, eine Person zu zeigen, die in eine bestimmte Richtung blickt, und wir ahnen schon, ja erwarten sogar, in der Folgeeinstellung eben dieses Geschehen sehen zu können.
Da sich im Film eine Einstellung kontinuierlich an die andere reiht, können die folgenden Mittel als Abgrenzung verwendet werden:

AUFBLENDE: Das Bild erscheint ganz allmählich auf der Leinwand. Die meisten Filme beginnen mit einer Aufblende. Sie wird im weiteren Verlauf des Filmes gewöhnlich dann eingesetzt, wenn der Beginn einer Sequenz verdeutlicht werden soll. Aufblenden besitzen damit einen ähnlich strukturierenden Charakter wie die einzelnen Kapitel eines Romans.

ABBLENDE: Das allmähliche Verschwinden eines Bildes bei Sequenz- oder Filmende.

ÜBERBLENDE IN: Während das letzte Bild einer Szene noch verschwindet, erscheint gleichzeitig und allmählich das erste Bild der nächsten Szene. Die Überblende kommt zur Anwendung, wenn ein Zeitsprung oder ein Ortswechsel verdeutlicht werden soll. Eine auf diese Weise herbeigeführte Trennung ist weniger kraß als eine Abblende und signalisiert keine Unterbrechung des Erzählablaufs.

WISCHBLENDE IN: Schneller Übergang von einer Szene zur nächsten.

SCHNITT AUF: Direkter Wechsel von einer Einstellung zur anderen. Da mit einem Schnitt ein sehr schneller Übergang erfolgt, geht keine Zeit verloren und man gibt zu verstehen, daß kein Zeitsprung stattgefunden hat. Unangebracht wäre es daher, einen Mann zu zeigen, der direkt auf eine Tür zugeht und dann auf eine Einstellung umzuschneiden, in der er sofort die Tür öffnet; immerhin benötigt dieser Mann mehrere Sekunden, um den Raum zu durchqueren. Korrekt wäre es hingegen, ihn zum Öffnen der Tür ansetzen zu lassen und dann im Gegenschuß die Vollendung dieser Handlung zu zeigen.

MONTAGE: Eine vollständige Definition von Montage zu geben, ist so gut wie unmöglich. Es herrschen zu viele unterschiedliche Ansichten hinsichtlich ihrer Anwendung. Laut Pudowkin wurde der Film erst dann zur Kunst, als man die Montage entdeckte. Eisenstein verstand den gesamten Film als Montage. Die russischen Filmemacher verwendeten sie größtenteils als Nebeneinander von Symbolen, während man in Hollywood damit in erster Linie Entwicklungen komprimierte, die zu umfangreich waren, um in ausführlichen dramaturgisch aufgebauten Szenen präsentiert zu werden.
Die für eine Montage ausgewählten Einstellungen müssen sowohl ausdrucksstark genug sein, um die Informationen vermitteln zu können, als auch dem Stil des Films angepaßt werden, d. h. lustige Einstellungen in einer Komödie, emotionsträchtige in einer Liebesgeschichte und spannende Szenen in einem Actionfilm. Die Montage kann zwar der Entwicklung der Geschichte förderlich sein, besitzt jedoch keinerlei dramaturgische Eigendynamik. Die Szenen ziehen so schnell am Zuschauer vorbei, daß diesem keine Zeit zu tieferen Betrachtungen bleibt.

Die korrekte Anwendung all dieser technischen Mittel obliegt nicht so sehr dem Drehbuchautor als vielmehr dem Regisseur bzw. Cutter. Schon das bloße Erwähnen jener Termini technici flößt dem Anfänger Ehrfurcht ein und verleitet ihn zur Annahme, wenn er erst einmal diese Termini meistern könne, sei er ein richtiger Drehbuchautor. Solches Wissen ist jedoch für die eigentliche Technik des Drehbuchschreibens nur von untergeordneter Bedeutung.

Die Bezeichnungen INNEN und AUSSEN bedeuten, daß die Szenen in einer Innen- bzw. Außendekoration spielen. Nun mag der Fall eintreten, daß zwar in einem Studio, aber in einer dort aufgebauten Außendekoration, wie etwa einem Garten oder Balkon, gedreht wird. In jedem Falle ist eine solche Unterscheidung in INNEN und AUSSEN in erster Linie für den Kameramann relevant.

Die Angaben TAG oder NACHT ohne Differenzierung in Zwischenstimmungen wie Morgen- oder Abenddämmerung, sind Konventionen. Der Drehbuchautor wird auf die Nuancen in den genaueren Szenenbeschreibungen eingehen, die jeweils im Anschluß an die technischen Einstellungsdaten gegeben werden.

Die folgenden Auszüge aus jeweils einem Film- und einem Fernsehdrehbuch zeigen, daß beide ihrer Form nach inzwischen identisch geworden sind.

1. AUFBLENDE IN:
*KÜSTENWACHE, „SUCH- UND RETTUNGSZENTRUM"/GRUPPENAUFNAHME/TAG/INNEN*
Ein funktional eingerichteter Raum, Kurzwellenradio, Landkarten, diverse Instrumente. Angespanntes hektisches Treiben. Das Ticken des Fernschreibers. Eines der TELEFONE KLINGELT. *LEUTNANT WINSLOW,* 29, nimmt Hörer ab.

LEUTNANT WINSLOW

Küstenwache Miami... Vollkommen richtig, Admiral. Es ist noch zu früh, um die exakte Richtung zu bestimmen, aber ihre Geschwindigkeit nimmt *ständig* zu.
(übergibt dem Leutnant zur See den Funkspruch)
Jawohl Sir. Alle Schiffe in der Straße von Florida sind bereits gewarnt.

KAMERA SCHWENKT auf den Funker, *BOB PERKINS,* 34, der gerade Verbindung zu einem Schiff aufnimmt.

BOB

Yacht Magnolia, bitte kommen, hier Küstenwache Miami, over.

(FORTSETZUNG:)

(FORTSETZUNG:)

2. *LUXUSYACHT „MAGNOLIA"/TOTALE/TAG/AUSSEN*
Trotz des herannahenden Hurrikans erstrahlt das schöne, schlanke 150 Fuß lange Schiff noch im Glanze der Sonne. Aus der Entfernung wirkt die kostspielige Vergnügungsyacht nur wie eine kleine Nußschale, die auf den unendlichen Weiten des Ozeans treibt, eine winzige Blase, die eigensinniges Leben schützt und das von Horizont zu Horizont aufgewühlte Gewässer durchkreuzt.

BOBS STIMME
(gefiltert)
Magnolia, können Sie mich hören, over?

3. *YACHT, FUNKKABINE/GARY HALB-NAH/TAG/INNEN*
Unter der Namenstafel „Magnolia": *GARY* am Kurzwellengerät, sein hageres Gesicht spiegelt Anspannung wider.

GARY

Hier Magnolia, was gibt es, Bob?

BOBS STIMME
(gefiltert)
Hurrikan nähert sich mit 12 Meilen pro Stunde Geschwindigkeit.

---

120. INSPEKTOR

Colonel, es ist leicht für Sie, eine Festung zu verteidigen. Sie müssen nicht durch die ganze Stadt patrouillieren.

STIMME DES COLONELS

Haben Sie den Ausgang für alle gestrichen?

(FORTSETZUNG:)

(FORTSETZUNG:)

121. *INSPEKTOR – GROSS*

INSPEKTOR

Ich habe trotzdem nicht genug Männer,
um jedes Gebäude bewachen zu lassen.

122. *COLONEL, CAPTAIN UND INSPEKTOR*/HALB-NAH
Während das ENTWARNUNGSSIGNAL ERTÖNT und in den Hängen wiederhallt, kommen sie aus ihren Verstecken hervor.

COLONEL
(schielt in die Sonne)
Er wird es nicht wagen, sich im hellen
Tageslicht zu zeigen.

INSPEKTOR

Selbst wenn er bis zum Einbruch der
Dunkelheit wartet –
(bedenklich)
– es bleibt uns trotzdem wenig Zeit.

COLONEL

Nein... Nein, das stimmt nicht...
(schreitet energisch auf und ab)
Wir fangen wohl besser gleich damit an,
die – die –
(geht langsamer)
– die Nadel im Heuhaufen zu suchen.

(FORTSETZUNG:)

KAPITEL 4

# Die Szene

Die Szene ist der nächstgrößere Teilabschnitt innerhalb des gesamten Raumes, der für den Film zur Verfügung steht. Die Länge einer Szene richtet sich nun nicht nach irgendwelchen physischen Notwendigkeiten, sondern ausschließlich nach den Erfordernissen der Geschichte. Eine Szene kann aus einer, zwei oder mehreren Einstellungen bestehen.

Die Geschichte ist ein ununterbrochener Ablauf von Entwicklungen, wobei in den Filmszenen nur vereinzelte Ereignisse aus diesem kontinuierlichen Erzählfluß herausgegriffen werden. Man muß sich den Film als Geschichte vorstellen, von der manche Teile erzählt und andere wiederum nicht erzählt werden. Die erzählten Ereignisse sind in den Szenen selbst enthalten, und die nicht erzählten finden zwischen den Szenen statt. Somit läßt sich die Szene als ein Abschnitt der gesamten Geschichte definieren, in dem sich ein bestimmter Vorfall ereignet. Solche Ereignisse finden nun immer an einem bestimmten Ort und zu einer bestimmten Zeit statt. Folglich sind Ort und Zeit filmische Elemente von größter Wichtigkeit.

Weder an Ort noch an Zeit gebunden kann der Romanautor in einem Satz seinen Blick nach vorn oder zurück schweifen lassen, oder er kann, wenn er die Gedanken einer seiner Figuren beschreibt, uns zu unzähligen Orten forttragen, ohne sich wirklich an den Rahmen einer Szene halten zu müssen.

Das Theater hingegen ist auf das engste mit dem szenischen Konzept verbunden. Angesichts der geringen Anzahl von Bühnenszenen können Ort und Zeit hier jedoch niemals bedeutenden Einfluß nehmen. Gehen wir einmal davon aus, daß das klassische Theaterstück aus drei bis fünf Szenen besteht, gegenüber etwa 30 Szenen in einem Film von durchschnittlicher Länge. Wie auf den ersten Blick erkennbar ist, kommen Ort und Zeit im Film ungleich mehr Bedeutung zu, da ihre Wirkungen um ein Mehrfaches größer sind. Eine Filmszene ist nicht durch ihren Handlungsinhalt festgelegt, ebensowenig durch Eintreten und Abgang von Schauspielern, sondern durch einen Ortswechsel oder Zeitsprung. Im Hinblick auf die Zeit gilt es, die beiden im Film gegebenen Zeitkomponenten zu berücksichtigen. Die Laufzeit einer Szene ist identisch mit der realen Zeit, doch die Länge des Zeitsprungs ist nicht definierbar. Angesichts der neuen bedeutenden Rolle, die wir Ort und Zeit nun beimessen müssen, sollen im folgenden beide Faktoren getrennt untersucht werden.

## Ort

Der Ort ist deshalb so wichtig für den Film, weil sich die Kamera an jeden beliebigen Ort auf der Erde begeben kann. Einer in Afrika spielenden Szene kann unmittelbar eine in Asien gedrehte folgen, oder eine Flugzeugszene kann einer im Kohlebergwerk unter Tage gefilmten Szene vorangehen.

In dieser Hinsicht sind dem Theater Grenzen gesetzt. Es ist außerstande, direkt an den Ort des Geschehens zu gehen, muß vielmehr versuchen, diese Geschehnisse an solche Orte zu verlegen, die dann ohne Schwierigkeiten auf einer Bühne rekonstruiert werden können. Aufgrund technischer Beschränkungen und dem nicht ganz einfachen Umbau von Kulissen läßt sich zudem nur eine begrenzte Anzahl solcher Orte auf der Bühne präsentieren. Weil sich das Theater nicht dorthin bewegen kann, wo sich bestimmte Figuren aller Wahrscheinlichkeit nach aufhalten, sondern diese Figuren dazu bringen muß, in einer begrenzten Anzahl von Dekorationen aufzutreten, erscheinen Auftritte und Abgänge sowie der gesamte Handlungsablauf oft künstlich.

Der Film ist mit diesem Problem nicht konfrontiert. Doch unsere Freude über die reiche Vielfalt an Möglichkeiten wird etwas getrübt durch die Qual der Wahl: An welchen Ort sollten wir uns mit unserer Kamera begeben?

Die Antwort ist die gleiche wie auf die Frage nach der richtigen Auswahl der Einstellungen: Wir sollten die Orte aussuchen, an denen sich etwas Wichtiges ereignet. Es könnte sich als störend erweisen, wenn auf ein wichtiges Ereignis Bezug genommen wird, das an irgendeinem anderen Ort stattfindet, jedoch nicht gezeigt wird. Hierin unterscheiden sich Film und Theater grundlegend voneinander. Sehr oft trägt sich etwas zu – wie etwa ein Streit zwischen zwei Rivalen –, das nicht notgedrungen an einen bestimmten Ort gebunden ist. In einem solchen Fall muß der Autor den richtigen Ort für dieses Geschehen wählen. Die Freiheit, sich mit der Kamera überall hinbegeben zu können, bedeutet somit auch eine Verpflichtung, nur die allerbeste Ortswahl zu treffen.

Es gilt zu beachten, daß jedem Ort bestimmte Charakteristika anhaften. Diese besonderen Eigenschaften lassen die an dieser Stelle stattfindenden Ereignisse in einem bestimmten Licht erscheinen. Folglich bedeutet eine richtige Ortswahl, daß dessen Charakteristika die Ereignisse verstärken; bei einer unpräzisen Ortswahl hingegen haben die Ortscharakteristika keinerlei Bezug zu den Ereignissen, und eine falsche Wahl bedeutet schließlich, daß sie im Widerspruch zum Geschehen stehen. Man kann sogar noch weiter gehen und behaupten, unpräzise gewählte Drehorte sind ein typisches Kennzeichen von mittelmäßigen Filmen und falsch gewählte Drehorte von schlechten Filmen. Doch in einem guten Film leistet die richtige Ortswahl einen wertvollen Beitrag zur Qualität der Geschichte.
In *Born Yesterday (Die ist nicht von gestern)* will William Holden Judy Holliday die Funktionsweise der Demokratie erklären. Das Bühnenstück konnte seine Bemühungen nur über Dialog und Requisiten, wie etwa Bücher, die er ihr zu lesen gibt, ausdrücken, während George Cukor, jener große Meister seines Faches, im Film das Bild weit öffnete: Er zeigte das Paar, umgeben von wirklichen Denkmälern der Demokratie, wie beispielsweise der Lincoln-Statue und dem Kapitols-Hügel. Somit waren die verbalen Erklärungen auch visuell präsent. George Cukor gab jedoch auch zu bedenken, daß bei einer solchen Ausweitung des Theaterstückes eine gewisse Ausgewogenheit bewahrt werden müsse, um die Harmonie des Stückes nicht zu beeinträchtigen.

Die Charakteristika eines Ortes können mit Hilfe folgender Kriterien bestimmt werden:

- *Um welchen Ort handelt es sich?* (z. B. Büro, Ranch, Krankenhaus)
- *Wie ist der Ort?* (sehr belebt, modern, schäbig)
- *Welche Funktion hat der Ort?* (Museum für Kunst: Gemälde werden ausgestellt; Fabrik: Güter werden produziert; Gefängnis: Menschen werden gefangengehalten)
- *Welchen Bezug hat der Ort zu einer oder mehreren Personen?* (A möchte ein bestimmtes Haus kaufen; B wartet in der Bibliothek seines Gegenspielers; Ankleidezimmer der Heldin)
- *Wo befindet sich der Ort?* (Restaurant in einem Seebad; Hütte in der Wüste; Hotelzimmer in San Francisco)

Jede dieser Eigenschaften vermag eine Szene erheblich zu beeinflussen.
So kann die Art des Ortes Einfluß auf die Handlung nehmen, wenn z. B. eine Beinamputation an Bord eines kleinen Schiffes vorgenommen werden muß.
Der Zustand einer Räumlichkeit gibt Aufschluß über die Eigentümer: eine geschmacklose Möbeleinrichtung signalisiert neureiche Wohnungsinhaber.
Sehr klare Vorstellungen haben wir von den Funktionen eines bestimmten Ortes. Geschäftskonferenzen sollten in einem Büro stattfinden, und in einer Fabrik sollte Arbeit verrichtet werden. Davon einmal abgesehen, hat die Funktion eines Ortes jedoch keine Wirkung auf den Zuschauer. Lange Zeit war man der Meinung, Nachtclubszenen hätten einen besonderen Unterhaltungswert für das Kinopublikum. Zutreffend ist dabei lediglich, daß es der Zweck eines Nachtclubs ist, Gäste zu unterhalten. Doch daraus zu folgern, daß eine Nachtclubszene für das Kinopublikum automatisch Unterhaltung bedeutet, wäre ein Trugschluß.
Der Widerspruch zwischen der Funktion eines Ortes und einem Ereignis erweist sich häufig als recht amüsant. Stellen wir uns dazu folgende Situation vor. In einer überfüllten U-Bahn versuchen zwei Menschen, über Geschäfte zu reden. Funktion einer U-Bahn ist aber die Beförderung von Personen an einen Bestimmungsort und nicht die Bereitstellung eines Plätzchens für Privatgespräche. Dieser Widerspruch kann zu lustigen Zwischenfällen führen, da unsere beiden Geschäftsleute verzweifelt versuchen, ungestört miteinander zu sprechen, während sich die anderen Fahrgäste als unerwünschte Störenfriede erweisen könnten. Ein anderer Widerspruch wäre, eine Kuh in einer Küche zu zeigen, anstatt im Stall, wo man sie ja eigentlich vermuten würde.
Die Beziehung eines Ortes zu einer Person kann eine ganze Szene in einem anderen Licht erscheinen lassen. Dazu ein Beispiel: Ein Detektiv nimmt in einer Bar einen Drink. Wenn wir wissen, daß diese Bar einem Gangster gehört, erhält die ganze Szene eine besondere Bedeutung.
Eine Ortsangabe ist nicht nur eine an sich relevante Information, sondern auch im Zusammenhang mit anderen genannten Orten wichtig. So z. B. bei der Geschichte eines Liebespaares, wenn er in New York lebt und seine Freundin in San Francisco, oder wenn beide Tür an Tür wohnen. Fährt ein Mann von einem Ort zu einem anderen, so können wir Entfernung und Zeit seiner Ankunft ein-

schätzen, weil wir ja wissen, wo sich diese beiden Orte jeweils befinden. Dies ist von Bedeutung, weil es sich dabei um eine Stunde, eine Woche oder einen Monat handeln kann.

Da wir jetzt den faktischen Stellenwert des Ortes kennen, müssen wir nun erlernen, wie dieses Wissen für die Praxis des Drehbuchschreibens angewandt werden kann.
Gegeben ist folgende Szene, und wir suchen den passenden Ort, an dem sie stattfinden kann. Ein Mann informiert den Vater eines Mädchens, daß seine Tochter mit einem anderen Mann, den der Vater verabscheut, durchgebrannt ist.
Unpräzise Ortswahl: das Büro des Vaters, das in keinem Zusammenhang mit der Szene steht, die dann allein auf den Dialog angewiesen wäre.
Korrekte Ortswahl: die Straße vor dem Haus des Vaters. Der Mann ruft den Vater ans Fenster, informiert ihn, daß seine Tochter nicht mehr zu Hause ist. Während der gesamten Szene sehen wir das Haus, das die Tochter verlassen hat, den einzigen stummen Zeugen des Geschehens (*Othello,* 1. Akt).
Stellen wir uns eine weitere Situation vor. Ein Vater erfährt, daß der Mann, der seinen kleinen Jungen überfahren und Fahrerflucht begangen hat, niemand anderer als sein Nachbar ist. Er könnte nun an den folgenden Orten davon in Kenntnis gesetzt werden:
a) auf der Polizeistation; dort würde besonders auf die strafrechtliche Verfolgung hingewiesen;
b) im Krankenhaus, wo sich der Junge gerade einer lebensgefährlichen Operation unterziehen muß; hier würde die starke emotionale Belastung des Vaters hervorgehoben;
c) im Hof; der Vater beobachtet über die Hecken die fröhlich spielenden Nachbarskinder, während sein eigener Junge im Sterben liegt.
Selbst wenn in allen drei Fällen der Dialog gleich bliebe, würde jeweils ein anderer Eindruck entstehen. Der Vater könnte sogar mit dem Rücken zur Kamera stehen, jeder Zuschauer wüßte genau, welche Gedanken ihm durch den Kopf gehen. Seine Gefühle müssen sich nicht erst in seinem Gesicht spiegeln. Auf diese Weise wird eine große Last vom Schauspieler genommen und auf den Ort verlagert.

Jedermann weiß, daß sich in einem Theater Vorhänge, Spotleuchten, Kulissen, Zuschauerränge etc. befinden. Ebenso weiß jeder,

daß zu einer Hotelvorhalle Informationsschalter, Telefonzellen, diverse Ausgänge und Lifts gehören. Wenn für die Handlung einer Szene der richtige Ort gewählt wird, so können seine Requisiten oder Objekte ganz selbstverständlich in die Szene integriert werden. Daraus ergeben sich zwei Vorteile, zum einen verfügen wir über zusätzliches Material für unsere Szene, und zum anderen wird schneller verstanden, an welchem Ort wir uns befinden, wenn Requisiten oder Objekte charakteristische Merkmale dieses Ortes sind. Schon Goethe meinte: „Das klare Gespür für Umstände und die Fähigkeit, dies auszudrücken, machen einen Dichter aus."
Die berühmte Friseurszene in Charlie Chaplins Film *The Great Dictator* zeichnet sich durch eine korrekte Wahl des Ortes und die volle Ausschöpfung seiner Qualitäten aus. Der Friseur, eine für den Menschen notwendige Einrichtung, steht im Gegensatz zu Lug und Trug und den größenwahnsinnigen Gebärden des Diktators. Da Chaplin die Szene in dieser Umgebung spielen ließ, konnte er von der Möglichkeit Gebrauch machen, daß sich Friseurstühle immer höher drehen lassen. Dadurch erhielt die Geschichte wiederum eine fast philosophische Ebene.
Es leuchtet ein, daß das prompte Erkennen und die Atmosphäre des Ortes in erster Linie davon abhängen, inwieweit die mit dem Ort verknüpften Faktoren zur Geltung kommen und nicht so sehr von einer möglichst realistisch aufgebauten Dekoration. Nichtsdestoweniger ist dieser Realismus unentbehrlich, da die Kamera den „Symbolersatz" des Theaters zunichte macht. Noch vor Jahrhunderten reichte es aus, auf der Bühne einen Vorhang aufzuhängen, um eine Wand darzustellen; ein Stuhl konnte einen Brunnen, eine Bank ein Bett symbolisieren. In der Phantasie des Zuschauers verwandelten sich diese Symbole in Realität. Von einem Film erwarten wir weit mehr Realismus, weil uns das gute Auge der Kamera ein Abziehbild der wirklichen Welt präsentiert.
Daraus sollte jedoch nicht gefolgert werden, daß kunstvolle Dekorationen die dramaturgische Qualität eines Films verbessern. Im Gegenteil, sie ziehen alle Aufmerksamkeit auf sich und lenken uns von der Geschichte ab. Gute Dekorationen sind für sich genommen uninteressant, weil sie leblos sind. Sie interessieren nur in dem Maße, in dem sie die Menschen charakterisieren, die darin leben oder spielen.
Manche Orte strahlen Atmosphäre aus, andere wiederum nicht. Großen Künstlern wie Ingmar Bergman ist es auf wunderbare Weise gelungen, bestimmten Orten ein Ambiente zu geben. Um die

Atmosphäre eines Ortes einzufangen, bedarf es mehr als nur einer bestimmten Technik; in diesem Fall sind alle Methoden viel zu kurzlebig, um eine eingehende Beschreibung zu rechtfertigen. Aber folgender Hinweis sei zumindest gegeben: Jeder Ort, der von einer spezifischen Gruppe oder Klasse von Menschen benutzt bzw. aufgesucht wird, strahlt höchstwahrscheinlich eine gewisse Atmosphäre aus. Handelt es sich jedoch nur um eine Kaufhausecke, in der Utensilien an Geschäftsleute verkauft werden, die allsonntäglich zum Fischen gehen, so herrscht dort mit ebensogroßer Wahrscheinlichkeit keine Atmosphäre.

## Zeit

Bei unserer Untersuchung des Ortes konnten wir uns von konkret vorhandenen und gegenständlichen Fakten leiten lassen. Gegenstand der weiteren Untersuchung ist jedoch ein rein abstraktes Element. Zeit ist unsichtbar, eine Tatsache, die schon so manchen Drehbuchautor dazu verleitet hat, sie vollständig zu ignorieren. Obgleich unsichtbar und abstrakt, kann die Zeit jedoch auf vielerlei konkrete Weise die Filmerzählung positiv oder negativ beeinflussen.

Der grundlegende Unterschied zwischen Ort und Zeit besteht darin, daß sich ein Ort im wesentlichen nicht verändert, während die Zeit niemals auch nur eine Sekunde lang dieselbe bleibt. Ein Schlafzimmer bleibt ein Schlafzimmer, auch einen Tag oder eine Woche später, doch die Zeit ist von Minute zu Minute vorangeschritten. Da im Verlauf einer Geschichte der Ort im allgemeinen eine Konstante darstellt, ist er ein verbindendes Element; die stetig voranschreitende Zeit hingegen bedeutet Vorwärtsbewegung und Veränderung.

Andererseits haben wir möglicherweise viele verschiedene Orte, die alle durch Entfernungen voneinander getrennt sind. Wie groß diese Entfernungen auch sein mögen, die Zeit gilt für alle Orte gleichermaßen in einem festgelegten Moment. Eine Stunde bleibt überall eine Stunde. Weil Zeit an verschiedenen Orten immer identisch ist, stellt sie ein ausgezeichnetes Mittel dar, um Verbindungen zwischen diesen Orten herzustellen.

Eine Handlung, die zu einem bestimmten Zeitpunkt irgendwo stattfindet, kann somit in Beziehung gesetzt werden zu einem sich gleichzeitig, aber anderswo ereignenden Vorfall. Das gemeinsame

Bindeglied ist die Identität der Zeit. Eine Frau z. B. ist zu Hause und flirtet gerade mit einem jungen Mann, während ihr Ehemann auf der Bühne steht und Hamlet rezitiert.
Die Zeit läuft ununterbrochen weiter und ihre Bewegung ist immer nach vorne gerichtet. Der Romanautor kann sich die Freiheit nehmen und vergangene oder zukünftige Ereignisse beschreiben. In Filmszenen erwartet man jedoch eine Vorwärtsbewegung.
Dieser Fluß kann durch Rückblicke und durch den Vorausblick, ein noch relativ junges Konzept, in seiner Richtung geändert werden. Mit beiden muß fachgerecht umgegangen werden, um das Publikum nicht zu verwirren. Ein kurzer und klarer Hinweis sollte auf die Umkehr bzw. das Überspringen von Zeit vorbereiten. Überlange oder zu häufige Rückblenden verlangsamen im allgemeinen die dramaturgische Entwicklung; unmotivierte Zeitsprünge ermüden das Publikum und nehmen ihm die Illusion, am Leben der Figuren teilzuhaben. Der angerichtete Schaden läßt sich dann auch nicht mehr durch lobende Worte für gelungene Leinwandeffekte beheben.

Dem in der Filmgeschichte behandelten Zeitraum sind keine Grenzen gesetzt. Er kann sich über zwei Stunden bis hin zu zweihundert Jahren erstrecken. Zu beachten ist jedoch, daß die Dauer von einer Sekunde in jeder Szene auch einer Sekunde realer Zeit entspricht. Eine Fünf-Minuten-Szene entspricht somit ganz genau fünf Minuten nach unserem realen Zeitverständnis. Anders formuliert, in einem Film, der einen Zeitraum von zweihundert Jahren abdeckt, sehen wir nur zwei der Tausenden von Stunden, die in dieser langen Zeitspanne verstreichen. Die restlichen Stunden sind in den Zeitsprüngen zwischen den Szenen enthalten. Während die Laufzeit einer Szene identisch mit der real empfundenen Zeit ist, kann ein Zeitraum von fünf oder zehn Jahren in den Bruchteil einer Sekunde gedrängt werden, der verstreicht, wenn eine Szene die andere ablöst.
Daraus folgt, daß eine zu lang dauernde Szene als schleppend empfunden wird, weil auch der ununterbrochene Zeitfluß gemessen an den gewaltigen Zeiträumen, die wir mit einem Zeitsprung überbrücken können, besonders langatmig wirkt. Der Drehbuchautor kann eine Szene unterbrechen, indem er eine andere einfügt, dann aber wieder auf die Ausgangsszene zurückkommt. Inzwischen ist jedoch Zeit verstrichen, und dies gilt es zu beachten. Der Autor darf die erste Szene nicht an dem Punkt aufgreifen, an dem

er sie unterbrochen hat, sondern erst zu einem späteren Zeitpunkt. Die Differenz sollte zumindest dem Zeitraum der eingefügten Szene entsprechen, darf aber länger sein, da ja an der Nahtstelle zwischen zwei Szenen beliebig viel Zeit verstreichen kann.
Wieviel Zeit übersprungen wird, hat Konsequenzen für die Geschichte. Eine der Hauptauswirkungen immer weiter voranschreitender Zeit ist die Tatsache, daß wir vergessen. Zeit heilt Wunden, läßt uns über Ärgernisse in der Vergangenheit lachen. Man beleidigt uns, und eine Stunde später sind wir immer noch verärgert. Ein Jahr später haben wir den Vorfall vielleicht schon vergessen. Wird zwischen zwei Szenen nur ein Tag übersprungen, sind die Ereignisse der vorangegangenen Szene für Zuschauer und Schauspieler immer noch akut und präsent. Liegt jedoch ein ganzes Jahr dazwischen, sind die vergangenen Ereignisse zwar dem Zuschauer in lebhafter Erinnerung – für ihn ist ja nur eine Sekunde vergangen –, doch für die Figuren der Geschichte sind sie nicht mehr relevant. Bei ihnen hat der gewaltige Zeitsprung die momentane Wirkung von Wut, Ärger, Freude oder Trauer ausgelöscht. Nur die tiefen Emotionen können über einen langen Zeitraum hinweg bestehen. Ein Film mit großen Zeitsprüngen zwischen den Szenen erhält epischen und nicht dramatischen Charakter. Der Film kann nur gelegentlich dramatische Züge aufweisen und zwar in solchen Szenenblöcken, die nicht durch lange Zeitsprünge getrennt sind.

Im Zusammenhang mit dem Begriff „Ort“ haben wir von seiner Funktion gesprochen, doch in Verbindung mit der Zeit sollte man eher von ihrem konventionellen Ablauf sprechen. Der 24-Stunden-Tag ist in bestimmte Abschnitte unterteilt, die wir jeweils auf ganz bestimmte Weise verleben. Der Tag wird primär für Arbeit und andere übliche Tätigkeiten genutzt, der Abend für Entspannung und die Nacht zum Schlafen. Dieser routinemäßige Ablauf gilt für alle Menschen und bietet daher eine ausgezeichnete Grundlage für dramatische Effekte, vor allem dann, wenn diese Routine durchbrochen wird.
Hierzu ein Beispiel: Es ist Nacht und ein Mann schläft in seinem Bett. Daran wäre nichts Außergewöhnliches. Schläft er jedoch am hellen Tage, so steht dieser Umstand im Gegensatz zur allgemein üblichen Zeiteinteilung. Diese Diskrepanz deutet vielleicht darauf hin, daß er Nachtschichtarbeiter ist oder aufgrund eines besonderen Ereignisses die Nacht über nicht geschlafen hatte.
Oder ein Mann will einem anderen höchst wichtige Neuigkeiten

überbringen. Wenn er diese Person am Tage, während der regulären Geschäftszeit aufsucht, deutet nichts auf die besondere Wichtigkeit seiner Nachricht, weil dies der übliche Zeitpunkt für derlei Gespräche ist. Will der Autor die Bedeutung der Nachricht hervorheben, so muß er dies ganz und gar über den Dialog ausdrücken. Ein guter Autor wird jedoch die Nacht als die für diese Szene geeignete Zeit wählen. Wenn ein Mann mitten in der Nacht in ein Haus eindringt und einen anderen aus dem Schlaf reißt, kann er nur etwas sehr Wichtiges mitzuteilen haben. Ansonsten hätte er es nicht für nötig befunden, ihn im Schlaf zu stören. Es bedarf keines Dialogs, um die Wichtigkeit der Nachricht hervorzuheben.

Ein Angestellter, der am Tage in seinem Büro sitzt, ist ein gewohnter Anblick. Sitzt derselbe Angestellte mitten in der Nacht im selben Büro, so entsteht eine Diskrepanz. Es kann nicht mit rechten Dingen zugehen – entweder er muß etwas aufarbeiten oder er fälscht die Geschäftsbücher oder er versucht, den Computer zu manipulieren, wie Peter Ustinov in *Hot Millions* (Drehbuch von Ira Wallach und Peter Ustinov).

Eine Eifersuchtsszene kann zu jeder beliebigen Tageszeit stattfinden. Wenn jedoch die eifersüchtige Frau die ganze Nacht wach bleibt, bis der Mann von seinen unbekannten Streifzügen nach Hause zurückkehrt, verstärkt dieser Zeitfaktor die Streitszene in erheblichem Maße.

Um eine Handlung auszuführen, benötigt man Zeit. Auch eine Entwicklung erfordert eine gewisse Zeit. Ist diese Handlung oder Entwicklung dann abgeschlossen, so bedeutet dies, daß eine bestimmte Zeitspanne verstrichen sein muß. Zeit ist erforderlich, will man einen Kuchen backen oder Wasser aufkochen. Und wenn Wasser kocht, so weiß man, daß es eine gewisse Zeit erhitzt wurde. Die Zeit, die in einen bestimmten Vorgang eingeflossen ist, hängt ganz von der Art dieses Vorganges ab. Manche Vorgänge dauern länger als andere. Dies wiederum bedeutet, daß man sich ausrechnen kann, wieviel Zeit insgesamt benötigt wird, wenn man weiß, um welchen Vorgang es sich handelt. Das bedeutet ebenso, daß man abschätzen kann, wieviel Zeit vergangen ist, wenn man lediglich den Abschluß einer Handlung erlebt.

In meinem Drehbuch zum Film *Hurricane Carla* empfangen in einer Szene mehrere Schiffe den SOS-Ruf eines Fischkutters. Durch den sinkenden Kutter ist ihnen eine Frist für die Rettungsaktion gesetzt. Nun wäre es möglich, daß die Schiffe mehr Zeit benötigen, um die Überlebenden zu erreichen, als ihnen durch diese Frist gegeben ist. Die ganze Spannung konzentriert sich somit auf die Frage: Kann eines der Schiffe den Ertrinkenden rechtzeitig zu Hilfe eilen? Fast jeder Actionfilm wirft diese Frage auf: Kommt der Held noch zur rechten Zeit, um alles zu retten? Ein Saboteur will z. B. einen Damm in die Luft sprengen. Er muß das Dynamit anbringen, die [illegible]

– für gute Ideen –

[illegible] beeinträchtigt. Zudem kämen wir nicht in den Genuß all der [illegible]üge, die Ort und Zeit einer Szene geben, da wir beide nicht identifizieren könnten.

Die Exposition von Ort und Zeit wird somit zu einem wichtigen filmischen Problem. Der Romanautor kann den Ort eines Geschehens in wenigen Worten einführen, z. B. „Er ging ins Museum" oder „Er schlief in Jacks Haus". Das Theater kennt keine derart direkten Mittel, um Ort und Zeit der einzelnen Szenen vorzustellen. Wir können uns jedoch im Theaterprogramm genau informieren, wann und wo jede Szene spielt – Erster Akt: Wohnzimmer in Herrn Claytons Haus. Zweiter Akt: Einige Stunden später. Dritter Akt: Evelyns Schönheitssalon.

Der Film besitzt nicht einmal diese primitiven Einführungsmöglichkeiten, abgesehen vielleicht von Zwischentiteln, die heute kaum noch verwendet werden. Außerdem setzt sich ein Film durchschnittlicher Länge aus ca. 30 Szenen zusammen, verglichen mit nur drei bis fünf Szenen im Bühnenstück. Dies vergrößert unsere Schwierigkeiten um ein Vielfaches, denn jede Art von Einführung beansprucht schließlich Raum. Und die Notwendigkeit, in ungefähr

30 Szenen Ort und Zeit erklären zu müssen, läßt den übrigen Raum, den wir für den Film zur Verfügung haben, langsam aber sicher vor unseren Augen schwinden. Wen mag es da noch verwundern, daß viele Drehbuchautoren in ihrer Verzweiflung oder mangels besseren Wissens die Exposition von Ort und Zeit gänzlich vernachlässigen.

Untersuchen wir also, wie eine Exposition erfolgen sollte. Die entsprechende Information kann vorab, in einer früheren Szene, oder gleich zu Beginn der Szene oder aber in ihrem späteren Verlauf gegeben werden. Jede dieser Möglichkeiten läßt sich anwenden, sofern wir uns der Auswirkungen dieses Timings auf Geschichte und Publikum bewußt sind.
Im ersten Fall wird der Zuschauer auf den Ort, an dem die Folgeszene stattfindet, vorab vorbereitet. Sehen wir diese Szene dann, so ist uns bereits bekannt, wo sie spielt. Ein Mann kann z. B. zu einem anderen sagen: „Laß uns zu Dick nach Hause gehen." Diese Vorbereitung auf einen bestimmten Ort erweckt das Interesse des Zuschauers. Er erwartet, daß ihm ein bereits angekündigter Ort gezeigt wird.
Mehrere Methoden stehen zur Verfügung, um den Ort zu Beginn einer Szene einzuführen. In den meisten Fällen ist sehr schnell erkennbar, welchen Ort die Dekoration darstellen soll. Daher muß der Regisseur lediglich in einer Totalen die gesamte Dekoration am Anfang der Szene zeigen.
Wenn eine Requisite oder ein Objekt charakterisierend genug ist, kann dadurch bereits eine Ortsbeschreibung erfolgen. Eine Speisekarte weist darauf hin, daß wir uns in einem Restaurant befinden, eine Photographie mit Widmung zeigt, daß es sich um die Wohnung eines Freundes handelt. Operationsinstrumente lassen auf ein Krankenhaus schließen. Derartige Methoden der Ortseinführung sind besonders hilfreich, wenn aus Gründen der Sparsamkeit nur Teile der Dekoration aufgebaut werden können.
Auch Dialoge, Geräusche oder Handlungen der Figuren können einen Ort einführen und beschreiben.
Das Zusammenspiel *aller* Informationsquellen bietet eine weitere Möglichkeit zur Exposition des Ortes. Diese ist so gut wie unvermeidlich, weil sich die Kamera eben nicht ständig auf eine einzige Requisite bzw. ein Objekt konzentrieren kann, sondern von Dekoration zu Figur, von Figur zu Requisite usw. wechselt. Wir können einen Ort ja nur dann richtig einordnen, wenn uns mehr als eine

charakterisierende Komponente gezeigt wird. So kann die Dekoration den Ort z. B. als Wohnzimmer vorstellen. Eine Requisite, wie etwa eine wertvolle Marmorbüste, beschreibt dann, wie der Ort ist, nämlich in unserem Fall ein stilvoll eingerichtetes Wohnzimmer. Das Verhalten einer Figur, die z. B. ihren Gästen etwas zu trinken anbietet, gibt ferner zu verstehen, daß sich dieses Wohnzimmer in ihrer Wohnung befindet. Über den Dialog können ergänzende Informationen geliefert werden.

Nun ist es keineswegs erforderlich, daß alle Informationen über einen Ort sofort oder ganz am Anfang vermittelt werden. Was unter allen Umständen klar sein muß, ist lediglich, um welchen Ort es sich handelt, weil man damit gleichzeitig die Funktion des Ortes mitliefert. Die weiteren Informationen werden eingestreut, wenn sich ein günstiger Augenblick bietet.

Somit können wir durch eine entsprechende Gestaltung des Ortes vorab bereits einen oder zwei Anhaltspunkte liefern, später, in der eigentlichen Exposition zu Beginn der Szene, weitere Elemente hinzufügen und schließlich Details im Verlauf der Szene ergänzen.

Läßt man die Notwendigkeit außer acht, einen Ort einzuführen und zu beschreiben, so wirkt sich dies negativ aus. Ganz gleich, wie interessant die Szenenhandlung auch sein mag, unser Verständnis kann entschieden beeinträchtigt werden, solange man uns den Ort des Geschehens verschweigt. Wir werden sofort neugierig, bewußt oder unbewußt, und fragen: Wo befinden wir uns eigentlich? Nun sei es dem Drehbuchautor zwar zugestanden, diese Neugierde zu erwecken, indem er zu Beginn Ortsinformationen zurückhält, jedoch nur unter der Bedingung, daß er zu einem späteren Zeitpunkt die erforderlichen Fakten präsentiert.

In dem Film *Cavalcade* wurde hierzu ein höchst wirksames Vorgehen gewählt. Auf einem Schiff findet eine Liebesszene statt. Die beiden jungen Leute stehen an Deck und schmieden Pläne für die Zukunft. Am Ende der Szene gehen sie von Deck und der Blick fällt auf einen Rettungsring, der hinter ihnen hängt. Auf diesem Rettungsring steht der Name des Schiffes – „Titanic“. Hier hat die Einführung des Ortes eine plötzliche und schockierende Wirkung.

## Exposition der Zeit

Es reicht völlig aus, einen bestimmten Ort einmal vorzustellen, denn dieser Ort bleibt derselbe. Spielen mehrere Szenen im Verlauf der Geschichte an jenem Ort, ist nur eine einmalige Beschreibung in einer Szene erforderlich. Der Zuschauer erkennt diesen Ort dann in den Folgeszenen wieder. Dies wiederum bedeutet, daß wir gegen Filmende immer seltener mit der Notwendigkeit der Exposition des Ortes konfrontiert sind, da stets dieselben Orte gezeigt werden. Wir können daher unsere ungeteilte Aufmerksamkeit der Handlung widmen, weil uns weder eine vorhandene noch eine fehlende Ortsbeschreibung ablenken.

Dies gilt nicht für die Zeit, die in stetem Wandel begriffen ist und daher immer wieder beschrieben werden muß. Die Notwendigkeit einer *präzisen* Exposition ist bei der Zeit jedoch weniger zwingend als beim Ort. Mit Ausnahme der besonders gekennzeichneten Rückblicke findet jede Szene bekanntermaßen zu einem späteren Zeitpunkt als die vorherige Szene statt. Die Frage ist daher nur: Um *wieviel* später findet sie statt?

Darauf gibt es zwei Antworten: Entweder die Zeit, zu der die erste Szene spielt, und die der zweiten Szene werden getrennt bekanntgegeben, womit automatisch der zwischen den beiden Szenen verstrichene Zeitraum festgelegt ist, oder wir erklären, zu welcher Zeit die erste Szene spielt und wie groß der Zeitsprung von der ersten zur zweiten Szene ist; damit wäre auch die Zeit der zweiten Szene bestimmt. Auf diese Weise sind wir stets darüber im Bilde, wie alle Szenen des Filmes zeitlich miteinander in Verbindung stehen.

Nun benötigen wir noch einen Ausgangspunkt, d. h. die Zeit, in der die allererste Szene spielt, muß genannt werden. Stilrichtung, Kleidung, Ausstattung und Requisiten geben zu erkennen, in welchem Jahr das Geschehen im Film beginnt. In einem historischen Film lassen die Kostüme auf die jeweilige Zeitepoche schließen. Oft erweist es sich als hilfreich, im Film ein Ereignis anzusprechen, das im Verlauf der Jahrhunderte ein eindeutiges Kennzeichen für eine bestimmte Zeit ist, beispielsweise die Erfindung des Automobils, der amerikanische Bürgerkrieg oder die beiden Weltkriege.

Zeit, unsichtbar und zugleich abstrakt, kann nur durch ihre konkreten, sichtbaren und jeweils typischen Merkmale verdeutlicht werden.

Da ein Vorgang oder eine Entwicklung immer ein gewisses Maß an

Zeit beanspruchen, läßt sich ein Zeitsprung vornehmen, indem das Endergebnis oder die Fortsetzung dieses Vorganges oder der Entwicklung gezeigt werden. Beides läßt sich im Film sehr leicht durchführen und gibt uns schließlich ein weiteres Mittel an die Hand, über die Zeit zu informieren.

Die Folge von Tag auf Nacht und von Nacht zu Morgen bezeichnen wir als Entwicklung, ebenso wie den Wechsel der Jahreszeiten. Zwischen einer im Frühling und einer im Herbst spielenden Szene wird ein Zeitraum von mindestens einem halben Jahr übersprungen.

Die Beurteilung von Zeit erfolgt vor allem im Unterbewußtsein. Um den durch eine Handlung manifestierten Zeitsprung zu verstehen, müssen wir wissen, wieviel Zeit diese Handlung in Anspruch nimmt. Wenn z. B. ein Mann erklärt: „Ich gehe nach Hause, sobald ich diesen Brief geschrieben habe", – so sagt uns unser Verstand, daß nicht zu viel Zeit vergangen sein kann, wenn er zu Hause ankommt. Meint jedoch ein Komponist: „Ich warte auf eine Inspiration" –, sind wir außerstande, Schätzungen über die von ihm benötigte Zeit anzustellen, weil es sich ganz einfach unserem Wissen entzieht, wie lange dieser Vorgang dauert.

Es gilt zu beachten, daß die Verbindung zwischen Zeit und Vorgang einerseits Informationsträger ist, uns andererseits jedoch mit einer unliebsamen Auflage konfrontiert. Sollten wir z. B. wissen, ein Mann benötigt eine Stunde, um ins Büro zu gelangen, so können wir ihn unmöglich früher dort ankommen lassen, auch wenn dies vom erzählerischen Standpunkt aus wünschenswert wäre. Wir können nicht zeigen, wie nach einem Arzt telephoniert wird und diesen noch in derselben Szene auf der Bildfläche erscheinen lassen; es muß vielmehr ein Zeitsprung mit anschließender Ankunft des Doktors in der nächsten Szene erfolgen. Noch interessanter wird dieses Problem bei zwei Vorgängen, die sich über unterschiedlich lange Zeiträume erstrecken. Zwei Männer, die sich demselben Ziel nähern, können unmöglich zur selben Zeit dort ankommen, wenn sie von verschiedenen Ausgangspunkten starten. Derartige Hindernisse erschweren häufig den Erzählaufbau und führen ebenso häufig – aus Unachtsamkeit – zu wahrlich absurden Ergebnissen.

Anstelle des Zeitsprungs zwischen zwei Szenen kann die Möglichkeit der direkten und ausdrücklichen Zeitbestimmung in der Folgeszene gewählt werden. Hierbei läßt sich der Dialog zu Hilfe nehmen. Ansonsten geht man genauso wie bei der Exposition des

Ortes vor. Auf die jeweilige Zeit einer Szene kann vorab eingestimmt werden, oder sie wird zu Beginn der Szene bekanntgegeben, oder aber man hebt sich die Mitteilung für einen späteren Zeitpunkt in der Szene auf.

## Der Rhythmus von Zeitsprüngen

Manchmal haben wir aufgrund einer Handlung oder Entwicklung, die zwischen dem Ende einer Szene und dem Beginn der Folgeszene stattfindet, eine ungefähre Vorstellung von der dabei verstrichenen Zeit. Dann gibt es jedoch Szenenwechsel, deren Nahtstellen keinerlei Handlung oder Entwicklung enthalten. Wir versuchen daher, Mittel und Wege zu finden, diese unbestimmten Zeitsprünge in ein Verhältnis zu jenen zu setzen, deren Länge bereits bekannt ist. Die beiden Zeitpunkte, zu denen die erste und die letzte Szene eines Films spielen, bestimmen den im Film abgedeckten, gesamten Zeitraum. Dies können 24 Stunden oder aber mehrere Jahre sein. Auf dem gesamten Zeitraum verteilen sich die 30 Filmszenen. Der gesamte Zeitraum, über den sich eine Filmgeschichte erstreckt, kann in Form einer geraden Linie dargestellt werden.

X____________________________________________X

Entlang dieser Linie sind die einzelnen Szenen durch x gekennzeichnet. Die Abstände zwischen jedem x geben an, wie groß die Zeitsprünge zwischen den einzelnen Szenen sind. Sind diese Abstände allzu unregelmäßig, so verstößt dies gegen unser ästhetisches Empfinden; wenn die Filmszenen in vollkommen unregelmäßigen Abständen aufeinanderfolgen, würde dies auf ähnliche Weise Verwirrung und Unverständnis auslösen.

X xx x x xx x x x x xx x xx x X

Um dies zu vermeiden, sollte man ein gewisses Muster schaffen, was jedoch nicht heißen soll, in einer Geschichte, die 30 Jahre abdeckt, müßten zwischen allen Szenen Einjahresintervalle liegen. Vielmehr gibt es unterschiedliche Muster, die als Anleitungen dienen sollten und die sich je nach Geschichte und dem darin abgehandelten Zeitraum logisch entwickeln lassen. Beträgt die gesamte Zeit im Film nur wenige Tage, so bieten sich jeweils gleiche

Szenenabstände an. Ist die Zeitdauer hingegen sehr groß, ließen sich mehrere Szenenblöcke bilden, die in gleichen Abständen aufeinanderfolgen, wobei auch zwischen den einzelnen Szenen eines Blocks jeweils ein bestimmtes, gleiches Intervall liegt. Ein anderes Muster könnte diese Abstände zwischen den Szenen stetig größer werden lassen; oder der umgekehrte Fall, zu Beginn lange Zeitintervalle, die immer kürzer werden. In einem Film lassen sich sogar zwei verschiedene Muster verwenden.
Im folgenden sehen Sie graphische Darstellungen solcher Muster abgebildet.

X X X X X X
XXXX XXXX XXXX XXXX XXXX
X X X X X X
X X X X X X X
XXXXX XXX X X X XX XX

Diese Beispiele sind wahrhaftig nur einige wenige Mustervarianten. Es gibt weitaus mehr Möglichkeiten. Doch betrachten Sie nur einmal den Unterschied zwischen der unregelmäßigen Szenenanordnung und den ästhetisch wirkenden Mustern.
Ein gewisser Rhythmus ist unbedingt vonnöten, um die Phantasie des Zuschauers anzuregen. Hat sich das Publikum während der ersten 15 Minuten des Films erst einmal an ein solches Muster gewöhnt, so wird es all die folgenden Zeitsprünge vorausahnen können und keinerlei Verständnisprobleme haben.
Kann ein Drehbuchautor diesen Rhythmus nicht herstellen, so ergibt sich für ihn folgendes Dilemma: Entweder er muß so viel Raum auf die Zeiteinführung jeder Szene verwenden, daß nicht genug für anderes übrigbleibt, oder er übergeht die Zeitinformationen und stürzt damit das Publikum in vollständige Verwirrung.

Auf unser eigenes Leben rückblickend, stellen wir fest, daß alle herausragenden Vorkommnisse in einem gewissen zeitlichen Rhythmus stattfanden. Ereignisse wie Geburt, erste Sprechversuche, erster Schultag, Schulabschluß, erster Arbeitsplatz, Heirat, erstes Kind geben unserem Leben ein gewisses Schema. Betrachten wir die Abstände zwischen diesen Ereignissen unter dem zeitlichen Aspekt, so erkennen wir, daß sie am Anfang noch kurz, dann aber immer länger sind. Die größten Zeitabstände liegen in der zweiten Lebenshälfte, das letzte stattfindende Ereignis ist der Tod.

KAPITEL 5

# Auswahl der Informationen

Wir wissen bereits, welche Mittel dem Film zur Präsentation von Informationen zur Verfügung stehen. Unser nächstes Thema ist die Untersuchung der Funktion von Informationen.

Eine Geschichte ist zu verstehen als Folge von Einzelinformationen. Der Geschichtenerzähler gibt dem Zuhörer Auskunft über Personen und Ereignisse.

Aufgrund formaler Unterschiede gehen Roman, Theater und Film anders mit Informationen um. Wenngleich die Vielfalt der Romantypen es erschwert, in diesem Zusammenhang Regeln für den Roman herzuleiten, so läßt sich doch mit Gewißheit sagen, daß der Roman die gesamte Informationsfülle einer Geschichte wiedergeben kann. Er besitzt die Möglichkeit, uns alles über seine Figuren, deren Charakter, Vergangenheit, Gedanken und Handeln zu erzählen, uns sogar Epoche, Hintergründe, Sitten und Gebräuche zu beschreiben. Man denke dabei nur an das gigantische Gemälde, das ein Roman wie *Gone with the Wind (Vom Winde verweht)* schaffen konnte.

Im Theaterstück hat der Bühnenautor lediglich bei Dialogen eine gewisse Möglichkeit, die Informationen auszuwählen, die er dem Publikum mitteilen möchte. Er läßt die Darsteller über Dinge sprechen, die sich bereits ereignet haben oder noch ereignen werden. Er kann jedoch keinerlei Informationen über Ereignisse, die auf der Bühne stattfinden, vor dem Zuschauer verbergen.

Im Film beruhen alle Informationen auf Selektion. Natürlich findet auch in Roman und Theaterstück eine gewisse Informationsauswahl statt. Beim Schreiben eines Filmdrehbuches kommt ihr allerdings eine größere Bedeutung zu.

Wir haben bereits festgestellt, daß die Kamera nur bestimmte Ausschnitte des Ganzen erfaßt und somit eine Informationsauswahl trifft. Ferner wissen wir, daß der Film nicht die ganze Geschichte zeigt, sondern nur bestimmte Szenen, d. h. sich auf Teile der gesamten Geschichte konzentriert. Aus der Fülle an Fakten greift der Film einige Tatsachen heraus, die erzählt werden, andere, die er lediglich andeuten will, und wieder andere, die unerwähnt bleiben.

Wie ist bei einer solchen Selektion nun vorzugehen?

Vorab sei angemerkt, daß wir bei unserer Informationsauswahl nicht ganz frei sind, sie hängt nicht ausschließlich vom Urteil des Autors ab, sondern auch von den Erfordernissen der Geschichte. Fast jede Information, die der Autor für die Zuschauer bestimmt, zieht weitere, unbedingt erforderliche Informationen nach sich, eine Tatsache, die sich als Kette von Erklärungen bezeichnen läßt. Der Autor sollte daher genügend Anhaltspunkte liefern, die dem Publikum ein vollständiges Verstehen der Geschichte ermöglichen. Diese für das Verständnis erforderlichen Anhaltspunkte dürfen dem Zuschauer niemals in unklarer oder vager Form präsentiert werden.

Aristoteles sagte dazu: „Wenn die Handlungsstränge sich klar und verständlich durch die noch so lange Geschichte ziehen, so wird diese Geschichte gerade mit zunehmendem Umfang um so mehr an Schönheit gewinnen." Es versteht sich von selbst, daß ein Autor bei solch einer umfangreichen Geschichte über mehr Figuren und Ereignisse erzählen muß als bei einer kleinen, nichtssagenden Geschichte. Trotzdem gelingt ihm dies, da im Film eben nicht die komplette Informationsfülle auf der Leinwand gezeigt werden muß. Durch fachmännische Selektion kann der Autor eine komplizierte Geschichte mit der gleichen Anzahl von Informationen erzählen, die in einer nichtssagenden Geschichte enthalten sind, bei welcher jedoch die Information schlecht ausgewählt wurde.

Voraussetzung für die richtige Informationsauswahl ist vorab die Kenntnis aller Fakten über die Hauptfiguren und das Geschehen. Obgleich die Geschichte in der Endfassung nur in Ausschnitten erzählt wird, kann sich der Drehbuchautor unmöglich nur über Teile der Geschichte Gedanken machen. Wenn dies so wäre, könnte er ja die falschen Informationen für die Endform auswählen, und es läge eine Fehlselektion vor.

Da der Autor nicht alle die Geschichte betreffenden Informationen geben kann, muß er jene Fakten herausgreifen, die wichtig sind. Es gibt keine allgemeingültige Definition, die besagt, was wichtig ist. Dies variiert von Geschichte zu Geschichte. Erzählt man uns von einem Mann, der seine Frau verläßt, so ist die Tatsache, daß er gerne Tennis spielt, recht belanglos. Viel wichtiger wäre es zu wissen, daß er ihr kein Unterhaltsgeld zahlen möchte. In einer anderen Geschichte könnte die Charakterisierung eines Mannes als Tennisspieler durchaus von Bedeutung sein. Bewirbt man sich um einen Arbeitsplatz in einer Flugzeugfabrik, so müssen andere Formulare ausgefüllt werden als bei der Eröffnung eines Bankkontos, weil logischerweise Fabrikleitung und Bank an ganz unterschiedlichen Fakten interessiert sind.

Durch die Reduzierung der gesamten Informationen auf das Wesentliche kann ein guter Drehbuchautor die Geschichte auf engerem Raum erzählen als ein Autor, der nicht imstande ist, die wichtigsten Fakten herauszufiltern.

Zur Beschreibung eines Ereignisses kann der Autor entweder zu wenig Informationen oder die korrekte Anzahl an Fakten oder aber zu viel Informationen geben. Wir werden noch sehen, daß die korrekte Anzahl vermittelter Fakten nicht gleichbedeutend ist mit der für das Verständnis einer Szene erforderlichen Anzahl von Fakten. Um das gesamte Potential einer Situation auszuschöpfen, müssen wir diese nicht nur verständlich machen, sondern auch so wirkungsvoll wie möglich gestalten.
Stellen wir uns dazu folgende Szene vor: Ein Mann verläßt seine Frau und möchte sich scheiden lassen. Er erklärt ihr, daß er einen Rechtsanwalt aufsuchen wird und geht aus dem Zimmer. Wenn auch die Bedeutung dieser Szene klar ist – ein Umstand, der den Autor glauben läßt, er habe ausreichend Information gegeben – so ist sie doch keinesfalls besonders faszinierend. Der Zuschauer kennt immer noch zu wenig Fakten.
Nehmen wir daher an, der bisherige Verlauf der Geschichte hätte uns weitere Informationen zu dieser Szene gegeben. Wir könnten zuvor erfahren haben, daß die Frau ihren Mann sehr liebt, und die Szene würde dadurch an Ausdruckskraft gewinnen. Oder wir kennen den Grund, warum er seine Frau verläßt: er liebt eine andere; damit wäre also Eifersucht mit im Spiel. Der Mann könnte sich von seiner Frau trennen und kein Geld für ihren Unterhalt zahlen wollen; der Zuschauer würde verärgert auf ihn reagieren. Wenn wir wissen, daß sie ein Kind von ihm erwartet, empfinden wir Mitleid. Hat die Frau gegen den Willen ihrer Eltern geheiratet und bereitwillig den Schutz ihres Elternhauses aufgegeben, um bei ihm zu sein, so bedauern wir sie. Wenn der Zuschauer die zusätzlichen Informationen nicht kennt, nimmt er die Szene gelassen zur Kenntnis. Kommen diese Fakten jedoch hinzu, werden in ihm starke Emotionen ausgelöst. Die eigentliche Szene kann in beiden Fällen gleich gespielt sein; Dialog, Handlung, Schauspieler können identisch sein. Die Szene ohne Zusatzinformationen ist an sich vollkommen klar und verständlich. Verfügt der Zuschauer jedoch über all die Vorkenntnisse noch bevor die Szene stattfindet, so wird er weit stärker beeindruckt sein als ein Zuschauer ohne diese Vorinformationen.

Betrachten wir ein zweites Beispiel, eine Szene ohne Dialog, die an sich keinerlei Verständnisprobleme aufwirft. Ein Mann verliert tausend Dollar in einem Spielsalon. Na und? – ist man fast versucht zu ergänzen. An der Szene läßt sich beim besten Willen nichts Außergewöhnliches entdecken. Sollte es sich bei diesem Mann um einen Millionär handeln, kann er den erlittenen Verlust verschmerzen. Wenn wir jedoch wissen, daß er arm wie eine Kirchenmaus ist und soeben seinen letzten Dollar verspielt hat, erhält die Szene eine gewisse Dramatik. Sollte mit den tausend Dollar eine Operation bezahlt werden, um das Leben seines kranken Jungen zu retten, so kommt die Tragik dieser Szene zum Ausdruck, ohne daß auch nur ein einziges Wort gesprochen wird. Wir müssen uns über folgendes im klaren sein – nicht die Tatsache, daß jemand tausend Dollar verspielt, macht die Szene interessant, sondern die Informationen, die zu diesem Vorgang gehören.

Oft sind gar nicht so viele Informationen notwendig, um die Wirkung einer Szene zu verändern oder zu verbessern. Ein kleines Wort wie „einzig" kann manchmal sehr wertvoll und, wie etwa in folgender Szene, der Dramatik förderlich sein. Ein kleines Mädchen wird von einem Auto überfahren. Freunde überbringen der Mutter die schreckliche Nachricht. Wenn wir wissen, daß das tote Kind ihre Tochter ist, so fühlen wir mit der Mutter. Doch um wieviel größer empfänden wir die Tragödie, teilte man uns mit, das Mädchen sei ihr „einziges" Kind.

Zusammenfassend läßt sich somit sagen: Eine Geschichte, die zu wenig Information enthüllt, kann niemals interessant, ergreifend oder dramatisch sein. Zu viele Informationen wirken sich jedoch ebenso negativ aus; bei einer Überdosis an Fakten zu einem Ereignis bleibt uns nicht genug Raum für ausreichende Informationen zu anderen Vorfällen. Außerdem schleichen sich notgedrungen unwichtige Informationen ein, die keinerlei Beitrag zum Verständnis oder zur Einordnung einer Szene leisten. Zu viele Fakten komplizieren eine Szene und verderben ihre Dramatik.

Wenn wir nun das richtige Maß an Informationen gefunden haben, können wir zur nächsten Frage übergehen. Zu welchem Zeitpunkt in der Geschichte sollten diese Tatsachen mitgeteilt werden?

Bei Filmbeginn weiß der Zuschauer nichts. Im Verlauf der erzählten Geschichte werden Informationen zusammengetragen, am Filmende schließlich weiß er alles oder zumindest das Wichtigste.

Informationen können sich ansammeln, weil jede Auskunft so lange von Bestand ist, bis sie durch eine neue Tatsache abgelöst wird, die wiederum die alte Information hinfällig werden läßt. Diese Beständigkeit der Informationen bedeutet zweierlei. Zum einen, daß wir unserer Informationspflicht zu Beginn der Geschichte in stärkerem Maße nachkommen müssen als gegen Ende. Da der Zuschauer anfangs überhaupt nichts weiß, möchte man ihn gerne sofort mit möglichst vielen Fakten eindecken. Denn erst wenn er ein bestimmtes Quantum an Wissen zusammengetragen hat, ist er in der Lage, emotional zu reagieren.

Folglich ist der erste Teil jeder Geschichte der Übermittlung solcher Tatsachen gewidmet, die das Publikum auf die anschließenden Szenen voller Dramatik einstimmen sollen. Es ist gewiß keine leichte Aufgabe, alle Hauptinformationen zu liefern, ohne dabei ein zu langsames Erzähltempo oder gar Langeweile zu erzeugen. Gerade an der gelungenen Lösung dieses Problems erkennt man den erfahrenen Drehbuchautor. Für so manchen schlechten Autor ist es ein Glück, daß jedes Publikum zu Beginn eines Filmes wohlgesonnen und guten Willens ist und so die beschwerlichen „ersten Schritte" in Kauf nimmt.

Die zweite Auswirkung der Beständigkeit von Informationen könnte man folgendermaßen beschreiben: Auch wenn eine Information erst zu einem späteren Zeitpunkt der Geschichte benötigt wird, kann sie früher gegeben werden, da sie ja ihre Gültigkeit behält. Im Fachjargon heißt das, „man sät Informationen". Dies hat den Vorteil, daß die Information in einem günstigen Augenblick gesät und die Frucht zu einem späteren, relevanten Zeitpunkt geerntet werden kann. Dazu ein Beispiel: Wir erfahren zu irgendeinem Zeitpunkt der Geschichte, daß ein Mann in volltrunkenem Zustand zu Aggressivität und Brutalität neigt. Sehen wir dann, wie eine andere Person diesem Mann mehr und mehr Alkohol einflößt, erkennen wir die Gefahr, der diese andere Person ausgesetzt ist, sprich, wir ernten die Frucht, die zuvor gesät wurde.

Zu Beginn der Geschichte wird der Autor die Informationen säen, die ihm später von Nutzen sein können. Im letzten Teil hingegen wird er nach Möglichkeit keine neuen Tatsachen einführen, sondern versuchen, mit den bereits vorhandenen auszukommen.

Doch gelegentlich wird man eine Information genau dann liefern, wenn sie benötigt wird. Dieses Vorgehen läßt sich als Enthüllung von Information bezeichnen. Eine besonders starke Wirkung wird erzeugt, wenn Auskunft über eine Tatsache gegeben wird, die eng mit einer anderen verbunden ist; sollten diese beiden Tatsachen

zudem noch gegensätzlicher Natur sein, ist der erzielte Effekt um so stärker. Hierzu ein Beispiel: Kurz vor der Trauung erfahren wir, daß der künftige Ehemann seinen Arbeitsplatz oder sein gesamtes Vermögen verloren hat. Der durch diese Enthüllung erzielte Effekt stellt sich gerade zum richtigen Zeitpunkt ein. Wäre diese Information früher gesät worden, hätte sie bereits an Drall und Effet verlieren können.
Versäumt es der Autor, Information zu säen oder zum erforderlichen Zeitpunkt zu enthüllen, so werden dem Zuschauer Tatsachen vorenthalten. Dies ist keinesfalls mit falscher oder mißlungener Informationsvermittlung zu verwechseln. Für einen solchen Fehler gibt es keine Entschuldigung, er hat keinerlei tieferen Sinn. Er hat zur Folge, daß der Zuschauer der Handlung nicht mehr folgen kann oder, aus unzureichender Sachkenntnis, keine Möglichkeit hat, einen Sachverhalt richtig zu beurteilen bzw. emotional auf ihn zu reagieren.
Das Zurückhalten von Informationen erweckt in jedem Fall die Neugierde des Zuschauers. Neugierig sein heißt auch, wißbegierig sein. Somit kann der Autor Interesse beim Publikum hervorrufen, wenn er es neugierig macht. Er muß sich jedoch dessen bewußt sein, daß er den Zuschauer somit daran hindert, das Ereignis in dem Augenblick, in dem es stattfindet, voll und ganz zu verstehen, und folglich viele Emotionen und Gefühle verlorengehen.
Bislang sind wir ganz selbstverständlich von Informationen ausgegangen, die allesamt korrekt und wahrheitsgetreu sein müssen. Die Geschichte kann uns jedoch auch Fehlinformationen zukommen lassen. Da der Zuschauer im Prinzip eine gutgläubige Seele ist, könnte man ihn leicht irreführen, ihn beispielsweise glauben lassen, daß eine bestimmte Person der Mörder sei, während sie in Wahrheit unschuldig ist. Oder ihm im umgekehrten Fall einen Ganoven in der Maske des Biedermannes präsentieren. In solchen Fällen ist es jedoch unbedingt erforderlich, diese Fehlinformation letztlich zu korrigieren und, ganz gleich wie spät, doch noch die richtige Auskunft zu geben. Wenn der Autor für diese Enthüllung den günstigsten Augenblick wählt, kann er damit höchst wirkungsvolle Effekte erzielen.

Zum Abschluß dieses Kapitels läßt sich durchaus sagen, daß eine geschickte Informationsauswahl eine Geschichte interessanter macht, als sie eigentlich ist. Wir geben dem Zuschauer nicht alle Fakten preis, und die Geschichte wird packender und wirkungsvoller. Wir liefern eine Information genau im entscheidenden Augenblick, und dem Zuschauer wird ein Überraschungsschock versetzt. Wir halten Information zurück, und das Publikum reagiert neugierig. Wir lassen den Zuschauer an eine Fehlinformation glauben, enthüllen die richtige Auskunft im passenden Moment und erzielen so einen neuen Effekt, der nicht durch die Ereigniskette an sich, sondern durch die Erzählweise erzeugt wird. Somit kann die Geschichte für das Publikum interessanter sein als für den Drehbuchautor, dessen Wissen sich ja permanent über die gesamte Faktenfülle erstreckt.

KAPITEL 6

# Verteilung der Informationen

Im vorangegangenen Kapitel wurden nicht alle Funktionen, die eine Information erfüllen kann, behandelt. Wir haben bisher nur die Informationen in Betracht gezogen, die dem Zuschauer vermittelt werden müssen. Nun gibt es jedoch in einer Geschichte verschiedene Figuren, die jeweils einen anderen Wissensstand über das sich ereignende Geschehen besitzen und deren Kenntnisse sich auch noch von denen des Publikums unterscheiden.
Diese Verteilung des Wissens unterliegt zwar höchst komplizierten Gesetzmäßigkeiten, sollte jedoch abgehandelt und verstanden werden. Wir gehen dabei von folgender Annahme aus: A ermordet B. C war Zeuge des Mordes, verfügt also über das gleiche Wissen wie A. D und E hingegen wissen gar nichts über das Geschehen. Ist der Mord auch den Zuschauern gezeigt worden, so sind diese auf dem gleichen Wissensstand wie A und C. War dies nicht der Fall, wissen sie ebensoviel wie D und E, nämlich nichts.
Diese Verteilung von Wissen und Nichtwissen verstärkt die Notwendigkeit und auch die Auswirkungen der Informationsvermittlung. C könnte über die korrekten, D über gar keine und E über Fehlinformationen verfügen. Ferner kennt vielleicht auch das Publikum ebenso wie C die korrekten Fakten, während E nach wie vor falsch informiert ist. Oder aber das Publikum ist das Opfer von falschen Informationen, wohingegen die Filmfiguren die Wahrheit kennen. Diese und mehrere Kombinationen sind möglich, wobei jede die Geschichte anders beeinflußt.
Nehmen wir weiter an, C sei ein Detektiv und wäre der einzige, der den Mörder kennt. Die anderen Figuren und die Zuschauer wissen jedoch nicht, wer den Mord beging. Oder wir nehmen an, daß der Mörder dem Detektiv eine tödliche Falle stellt. Das Publikum wird Zeuge seiner Vorbereitungen und kennt seine Absichten, doch der Detektiv ahnt nichts. Während dieser im Begriff ist, völlig ahnungslos in die Falle zu gehen, möchte das Publikum, welches ja informiert ist, den Detektiv gerne warnen und zittert vor Angst mit. Doch gesetzt den Fall, daß weder Publikum noch Detektiv von dieser Falle wissen, werden beide gleichermaßen überrascht sein, wenn die Falle zuschnappt.
Der Unterschied zwischen Informationen, die den Figuren und In-

formationen, die dem Zuschauer vorenthalten werden, läßt sich folgendermaßen verdeutlichen. Solange eine Figur keine Informationen zu einer uns bereits bekannten Tatsache erhält, kann sie nicht darauf reagieren. Ihre Reaktion findet erst dann statt, wenn ihr diese Informationen zugehen. Oder aber eine Figur reagiert, und der Zuschauer tappt nun völlig im dunkeln. Dieser Umstand würde wiederum seine Neugierde wecken.
Die Zuschauer beobachten einen Dieb, der einen Wagen stiehlt. Eine andere Filmfigur, die nicht Zeuge dieses Diebstahls war, kann nun nicht dem Dieb hinterherjagen, es sei denn, sie wurde von seinem Vergehen unterrichtet. Wenn wir jener Figur diese Information nicht geben und sie trotzdem so reagiert, als wisse sie Bescheid, wird das Publikum zu Recht die Frage stellen: Wie konnte sie nur davon wissen?
Diese Publikumsreaktion läßt sich wiederum auf bestimmte Weise ausnutzen. Der Zuschauer nimmt an, daß eine Filmfigur über gewisse Informationen nicht verfügt. Sie handelt jedoch, als ob dies der Fall wäre und enthüllt später, daß sie schon die ganze Zeit Bescheid wußte.

Eine Figur kann bereits Dinge wissen, die der Zuschauer noch nicht kennt. Oder das Publikum verfügt über Informationen, die der Filmfigur fehlen. Oder aber beide sind auf dem gleichen Wissensstand. Von diesen drei Varianten lassen sich drei verschiedene Methoden ableiten, Informationen zu vermitteln.
In der dritten Variante werden Publikum und Filmfigur gleichzeitig informiert. Beide beobachten einen bestimmten Vorfall und gewinnen daraus die gleichen Erkenntnisse. Oder eine bestimmte Tatsache wird der Figur und damit gleichzeitig dem Zuschauer mitgeteilt. In der zweiten Variante – Zuschauer verfügt über Informationen, die dem Darsteller fehlen – muß der Figur irgendwann diese fehlende Information nachgereicht werden. Nachteil und Gefahr der späten Enthüllung ist jedoch, daß das Publikum ungeduldig wird, wenn die Fakten, die es längst kennt, dem Schauspieler noch mitgeteilt werden müssen. Diese Tatsachenenthüllung langweilt den Zuschauer, weil er in vorangegangenen Szenen die entsprechenden Vorkenntnisse ja bereits erhalten hat. Sie kann nur dann interessant werden, wenn der Reaktion einer zweiten Figur auf diese Tatsachenenthüllung besondere Bedeutung zukommt. In allen anderen Fällen muß der Autor jedoch, um bei derartigen Wiederholungen keine Langeweile aufkommen zu lassen, nach indi-

rekten Möglichkeiten suchen, wie die Figur durch andere Darsteller informiert werden kann. Häufig erfolgt das Inkenntnissetzen während des Zeitsprungs zwischen zwei Szenen.
Bei der ersten Variante – Schauspieler verfügt über Informationen, die das Publikum nicht kennt – stoßen wir auf andere Probleme. Wie kann der Autor dem Publikum etwas mitteilen, das seine Figuren bereits wissen? Die Darsteller können sich wohl kaum ein zweites Mal gegenseitig informieren, um dann endlich auch das Publikum an ihrem Wissen teilhaben zu lassen. Oft verwendet der Autor dazu eine Figur, die ebenso wie der Zuschauer noch nicht im Bilde ist, die also noch informiert werden kann, und gelegentlich lassen sich fehlende Informationen durch entsprechende Dialoge oder bestimmte Handlungen vermitteln. Diese Methode erfordert jedoch in den meisten Fällen große Mühen und Anstrengungen seitens des Autors.

Die Verteilung von Information kann schließlich zu Mißverständnissen führen; ihnen kommt besonders große Bedeutung zu, wenn es darum geht, komische Effekte zu erzielen. Auf diese Weise herbeigeführte Mißverständnisse sind lediglich das „Quidproquo" der alten „Commedia dell'arte". So glaubt z. B. eine Filmfigur, daß ein anderer Darsteller der Bruder einer Frau sei, während sie in Wirklichkeit mit ihm verheiratet ist. Oder aber ein Opfer denkt, es unterhalte sich gerade mit einem Detektiv, spricht jedoch in Wirklichkeit mit dem Gangsterboss. Shakespeares *Comedy of Errors (Komödie der Irrungen)* besteht aus solch einer Kette von Mißverständnissen, die sich aus einer bestimmten Verteilung von Informationen ergeben. Wenn auch das Publikum einem Irrtum unterliegt, wird der große Effekt erst mit der Enthüllung der Wahrheit erzielt. Wenn jedoch das Publikum die Wahrheit kennt, während sich die Filmfiguren aufgrund des Mißverständnisses abmühen müssen, kann der Zuschauer das Verwirrspiel genießen. Das Bühnenstück *Kiss and Tell* basiert fast ausschließlich auf einem solchen Mißverständnis. Die Eltern glauben, ihre Tochter sei schwanger, während diese nur versucht, ihre verheiratete Freundin zu decken.
Durch Mißverständnisse bewirkte komische Effekte werden sehr häufig verwendet. Man läßt uns in dem Glauben, daß ein Darsteller über seine Frau spricht, wo er doch in Wirklichkeit sein Pferd meint. Das Lachen der Zuschauer über die Darbietungen von Varieté-Komödianten ist zumeist Ergebnis eines Mißverständnisses, das durch eine bestimmte Informationsverteilung zustande kommt.

Die Verteilung von Informationen erfordert die volle Konzentration des Drehbuchautors. Wird sie richtig und geschickt vorgenommen, lassen sich zusätzliche Effekte erzielen, die die Geschichte interessanter gestalten können, als sie vielleicht wirklich ist.

KAPITEL 7

# Neue Methoden des Drehbuchschreibens

Bei unserer Untersuchung der physischen Merkmale der Filmform haben wir Raum-, Bild- und Zeitkonzepte, Ausdrucksmittel, Bilderweiterung und -komposition, die Szene mit ihren Orts- und Zeitkomponenten sowie den Zeitsprung und die Auswahl und Verteilung von Informationen betrachtet. Schon die Auflistung dieser Faktoren beweist hinreichend, daß der Film eine neue und originelle Art des Geschichtenerzählens darstellt, die sich von anderen Formen ebenso unterscheidet wie die Oper von der Kurzgeschichte oder das Theaterstück vom Roman. Diese neue Erzählform darf somit nicht mehr als leichte Abwandlung bereits etablierter Erzählmethoden degradiert werden. Anstatt sie mit den Vorschriften und Vorurteilen anderer Künste zu überladen, sollte ihr ein selbständiges Dasein und eine eigene Form zugestanden werden. Um diesem Anspruch noch mehr Nachdruck zu verleihen, erscheint es sinnvoll, einen Vergleich zwischen den physischen Merkmalen der drei Haupterzählformen anzustellen.

Ihre Ähnlichkeiten werden zuweilen überschätzt; doch ebenso häufig werden auch ihre Unterschiede überbewertet. Es gibt relativ wenig Autoren, die mit allen drei Medien gleichermaßen vertraut sind. Die Vorliebe eines Autors für eine bestimmte Erzählform muß nicht unbedingt mit seiner größeren Erfahrung im Umgang mit dem einen oder anderen Medium zusammenhängen. Andere Faktoren, wie etwa sein Temperament, können eine Rolle spielen, wenn er einer bestimmten Erzählform den Vorzug gibt.

Die auf der nächsten Seite abgebildete Tabelle soll eine Beurteilung der Unterschiede zwischen den drei Erzählformen erleichtern. Obgleich nur die physischen Merkmale berücksichtigt wurden, sollte man beachten, daß deren Unterschiede die weitaus wesentlicheren Unterschiede im dramaturgischen Aufbau von Roman, Bühnenstück und Film bedingen.

Wägt man die einzelnen Angaben der Übersicht gegeneinander ab, kommt man zu folgendem Ergebnis: Der Roman ist eine ziemlich „formlose" Sache, die dem Schriftsteller sehr viel Spielraum läßt. Das Theaterstück hingegen bietet kaum Freiheiten; der Autor unterliegt bei seiner Arbeit genauen Gesetzmäßigkeiten. Der Film schließlich scheint, laut Übersicht, eine Art Sprößling von Roman

| VERGLEICHSTABELLE | | | |
|---|---|---|---|
| | Roman | Theater | Film |
| *Länge:* | unbestimmt 1–10 Bände | 120–150 Min. | 80–180 Min. |
| *Präsentation der Ereignisse:* | erzählt | finden statt | finden statt |
| *Anzahl der Szenen:* | unbegrenzt | begrenzt ca. 3–10 | begrenzt ca. 30 |
| *Anzahl der Figuren:* | unbegrenzt | begrenzt | mit gewissen Einschränkungen |
| *Verwendung von Zeit:* | keine Auflagen | keine Auflagen | keine Auflagen |
| *zeitliche Entwicklung:* | keine Auflagen, vorwärts rückwärts | vorwärts Rückblick | vorwärts Rückblick Vorausblende |
| *Zeitsprung:* | unwichtig | unwichtig | wichtig |
| *Ortswahl:* | keine Auflagen | begrenzt | keine Auflagen |
| *Verwendung von Dialog:* | je nach Wunsch | maximal | teilweise |
| *Gedanken der Figuren:* | beschrieben | vorenthalten | vorenthalten |
| *Gedanken des Autors:* | beschrieben | fehlen | fehlen |
| *Verbindung zwischen Szenen:* | deskriptiv | unnötig | fehlt |
| *Exposition von Ort und Zeit:* | deskriptiv | mittels Theaterprogramm | keine direkten Mittel außer Zwischentitel |
| *Exposition der Motive:* | deskriptiv (psychologisch) | durch Ereignisse | durch Ereignisse |
| *Bildausweitung:* | fehlt | fehlt | wichtig |
| *dem Publikum zur Verfügung stehende Zeit:* | unbegrenzt | eine Aufführung | eine Aufführung |
| *„nochmaliges Lesen“:* | möglich | nicht möglich | nicht möglich |

und Theaterstück zu sein, wobei er nicht nur typische Charakteristika seiner beiden „Vorbilder“ besitzt, sondern bisweilen auch neue Ausdrucksmöglichkeiten schafft.

Vom Roman hat der Film die örtliche und zeitliche Ungebundenheit geerbt, vom Theater die festgelegte Länge einer Aufführung, die visuelle Darstellung von Ereignissen, die Unmöglichkeit, Gedanken der Figuren und des Autors wiederzugeben, das Fehlen von beschreibenden, erklärenden und verbindenden Erzählpassagen. Wie im Theater muß auch das Filmpublikum von seinen Rängen aus die Geschichte in einer einzigen fortlaufenden Aufführung begreifen.

Zu den neuen, eigenständigen Charakteristika des Films zählen die filmischen Informationsquellen, die sich von denen des Romans und des Theaterstücks unterscheiden; die im Vergleich zum Theater größere, doch gegenüber dem Roman begrenztere Anzahl der Szenen, die problematische Auswahl von Informationen, die Entscheidungen, die hinsichtlich der Bildausweitung getroffen werden müssen und die Verwendung von Zeitsprüngen.

Ungeachtet so mancher Ähnlichkeit ist der Film eine neue Erzählform und steht in keinerlei Abhängigkeitsverhältnis zu Roman oder Theater. Nicht als Definition, sondern lediglich als Veranschaulichung ließe sich sagen: Der Film ist eine Bühne, die sich an jeden Schauplatz der Welt bewegen kann, der vom Romanautor ausgewählt sein könnte. Damit ist zum Ausdruck gebracht, daß der Film ein dramatisches Konzept besitzen muß und zugleich epische Ausmaße annehmen kann. Das jeweils richtige Maß zu finden, ist das große Problem beim Drehbuchschreiben.

Ein Autor, der sein erstes Filmdrehbuch schreibt, sollte nicht meinen, daß er im Begriff ist, die Bekanntschaft mit einer perfekten Kunstform zu machen. Seine Illusionen über die großen Freiheiten des Mediums Film weichen sehr schnell der Realität, und er muß erkennen, daß er mit einer Erfindung konfrontiert ist, der große Vorzüge und etliche Unzulänglichkeiten in die Wiege gelegt wurden. Er wird zwischen zwei Extremen hin- und hergerissen sein und sich in einem steten Dilemma von Wünschen und Enttäuschungen befinden. Die Möglichkeiten und Grenzen des Mediums Film fangen sich gegenseitig auf und schränken sich gegenseitig ein. In jeder Szene tragen sie einen Existenzkampf aus.

Der Film bietet viele Möglichkeiten, die, gerade weil sie existieren, danach verlangen, genutzt zu werden. Doch die eigenartige Form dieser neuen Kunst beinhaltet viele Hindernisse, die die erfolgreiche Nutzung all seiner Möglichkeiten erschweren. Obgleich sie so viele Ausdrucksmittel kennt, fehlen ihr doch die wichtigsten. Obgleich keine Orts- und Zeitauflagen existieren, stellt uns die Beschreibung von Ort und Zeit vor große Probleme. Obgleich im Film viele Figuren eingeführt werden können, fehlt das wichtigste Mittel der Charakterisierung, die Beschreibung ihrer Gedanken. Obgleich sich viele Ereignisse zeigen lassen, ist es problematisch, sie klar und verständlich zu präsentieren, weil keine beschreibenden oder erklärenden Sätze zu Hilfe genommen werden können. Obgleich der Film eine Szenenauswahl ermöglicht, erweist es sich als schwierig, diese Szenen zu verbinden. Und obgleich der Film eine umfangreiche und abwechslungsreiche Geschichte erzählen kann, muß er sich auf die ihm zur Verfügung stehende Länge beschränken.

Dies soll jedoch den Drehbuchautor um so mehr motivieren, das Wesen des Films sorgfältig zu studieren, damit er schließlich diese Unzulänglichkeiten meistern kann.

# TEIL II

# DER DRAMATURGISCHE AUFBAU

Da wir inzwischen wissen, *womit* der Film seine Geschichte erzählt, lautet unsere nächste Frage: *Auf welche Weise* muß die Geschichte erzählt werden?
Es wäre falsch anzunehmen, nur das Drama benötige einen dramaturgischen Aufbau. Das Wort „Drama" stammt aus dem Griechischen, und „dran" bedeutet nichts anderes als „Handlung". Folglich muß jede Kunstform, die eine Geschichte erzählt, einen gewissen dramaturgischen Aufbau haben, ganz gleich, ob es sich dabei um eine Komödie oder um eine Abenteuergeschichte, um ein Drama oder eine Psycho-Tragödie, um Oper oder Ballett, um ein Gemälde oder eine Pantomime, um eine Symphonie oder ein Gedicht, um eine Kurzgeschichte oder ein Bühnenstück handelt.
Geschichten spuken in den Köpfen vieler Menschen, und es können durchaus gute Geschichten sein, die auf persönlichen Erfahrungen beruhen. Doch den meisten Menschen fehlt es an fundierten oder intuitiven Kenntnissen, wie solche Geschichten erzählt werden müssen. Der starke Eindruck, den ein Ereignis hinterläßt, oder die Auswirkung eines Erlebnisses, ja selbst die Ehrlichkeit und Aufrichtigkeit des Autors allein reichen nicht aus, um ihn als Geschichtenerzähler zu qualifizieren. Rechtsanwälte, Richter und Ärzte wissen, wie schwierig es ist, von einer Person bestimmte Fakten zu einem Vorfall zu erhalten, selbst wenn diese Person gar nichts verbergen möchte. Ja, gerade dann kann es am schwierigsten sein, wenn jemand trotz des sehnlichen Wunsches, alles über einen Gerichts- oder Krankheitsfall zu berichten, außerstande ist, die Geschichte verständlich zu erzählen, weil ein „dramaturgischer Aufbau" fehlt.
Die folgende Situation haben wir sicher schon alle einmal erlebt: Jemand erzählt ein paar Leuten einen Witz und erntet schallendes Gelächter, wohingegen derselbe Witz bei einer anderen Gelegenheit von jemand anderem erzählt nur peinliches Schweigen bewirkt. In beiden Fällen wurde nun zwar derselbe Witz erzählt, die unterschiedlichen Reaktionen, Gelächter oder Langeweile, hingen jedoch davon ab, *wie* der Witz erzählt wurde, sprich, wie er konstruiert war.
Wenn ein und dieselbe Geschichte von zwei verschiedenen Autoren bearbeitet wird, kann sie einmal äußerst interessant und einmal sterbenslangweilig sein. Würden wir die erzählten Ereignisse und

handelnden Figuren der beiden Geschichten eingehender untersuchen, könnten wir dabei durchaus feststellen, daß sie jeweils identisch sind. Die Andersartigkeit liegt vielmehr auch hier in der Qualität des dramaturgischen Aufbaus begründet.

Dies ist der richtige Zeitpunkt, um den Unterschied zwischen Geschichte und dramaturgischem Aufbau zu definieren. Die Geschichte ist das eigentliche Geschehen. Der dramaturgische Aufbau ist die Art und Weise, wie diese Geschichte erzählt wird. Die Geschichte ist so abwechslungsreich wie das Leben und die Welt. Für den dramaturgischen Aufbau gilt eine begrenzte Anzahl von Regeln, durch deren Beherzigung sich gewisse Effekte erzielen lassen. Die Geschichte entspringt der Phantasie des Autors, der dramaturgische Aufbau ist Ergebnis seiner Erzähltechnik. Die Geschichte ist die Schöpfung, die dramaturgische Konzeption die Form, in die diese Schöpfung gegossen werden muß.
Gelegentlich werden die beiden verwechselt. Man meint, daß die Geschichte vorschriftsgemäß wissenschaftlich seziert werden kann. Dies ist jedoch unmöglich, sie ist die freie, ungebundene und unwägbare Schöpfung eines kreativen Geistes. Fast mathematisch genau hingegen läßt sich der dramaturgische Aufbau bestimmen. Seine Gesetzmäßigkeiten können auf eine Vielfalt von Geschichten angewandt werden. Wollten wir jedoch Regeln für die Geschichte finden, so müßte man ebensoviele Regeln aufstellen wie es Geschichten gibt, also Millionen und Abermillionen. Die Grundprinzipien für die dramaturgische Konzeption lassen sich jedoch auf einige wenige reduzieren.
Manche Leute sind der Auffassung, der dramaturgische Aufbau sei das Wichtigste; dieser mag jedoch noch so ausgeklügelt sein, ohne eine gute Geschichte ist er nichts weiter als eine leere Hülle. Andere wiederum bezeichnen die dramaturgische Konzeption verächtlich als etwas Künstliches und räumen allein der Geschichte Priorität ein. Doch eine Geschichte ohne entsprechenden Aufbau ist einfach ein Chaos. Sie befindet sich im gleichen Zustand wie die Welt, noch bevor der Schöpfer Ordnung in sie gebracht hatte, und aufgrund dieses chaotischen Zustands kann die Geschichte ihren Hauptzweck nicht erfüllen, nämlich vom Zuhörer verstanden zu werden.
Der dramaturgische Aufbau ist nicht identisch mit dem Plot einer Geschichte. Laut Aristoteles ist ein Plot die Anordnung der Geschehnisse in einer Geschichte. Die dramaturgische Konzeption

hingegen hat eine weitreichendere Funktion, umfaßt einen größeren Aufgabenbereich. Sie paßt die Geschehnisse der Geschichte an die Form an, in der sie erzählt werden müssen, ordnet sie so an, daß die bestmögliche Wirkung auf den Zuschauer erzielt wird.

Der dramaturgische Aufbau wird somit von drei Faktoren bestimmt und beeinflußt: von der Form, dem Geschehen in der Geschichte (identisch mit der Realität) und den Besonderheiten des Denkens und Empfindens der Zuschauer.
Von all diesen Faktoren haben wir bislang nur den ersten, also die Form, eingehender untersucht. Manchmal wird fälschlicherweise angenommen, daß die dramaturgische Konzeption lediglich die Anordnung der einzelnen Geschehnisse in einer Geschichte betrifft. Da jedoch jede Kunstform andere physische Merkmale besitzt, die diese Geschehnisse auf unterschiedliche Weise in Relation zueinander setzen, ist für jede Erzählform eine spezifische dramaturgische Konzeption erforderlich. Als Beweis könnten wir uns eine Geschichte vornehmen und diese in den verschiedenen Kunstformen erzählen. Man versuche etwa, die Geschichte von *Scheherazade* in den folgenden Kunstformen auszudrücken: Malerei, symphonisches tonales Gedicht, Roman, Bühnenstück, Oper, Ballett und Film. Hier wird deutlich, daß die Geschichte jedesmal neu konstruiert werden müßte, auch wenn die Fakten jeweils unverändert blieben.
Lessing wies im 18. Jahrhundert in seiner Abhandlung *Laokoon* als erster auf dieses interessante Phänomen hin und untersuchte die Unterschiede zwischen Malerei und Dichtung. Er fand heraus, daß ein Gemälde die jeweiligen Objekte gleichzeitig präsentiert, während sie in der Dichtung nacheinander beschrieben werden. Die Malerei zeigt das Nebeneinander, die Dichtung läßt Wort auf Wort und Seite auf Seite folgen. Daraus folgert Lessing, daß der Maler einen Krieger in voller Montur abbilden kann, wohingegen der Dichter einen Fehler beginge, wenn er diesen Krieger mit den Worten beschreiben würde: Er hat einen Helm auf dem Kopf, einen Schild in seiner linken und ein Schwert in seiner rechten Hand. Seltsamerweise sind sich nur wenige Schriftsteller dieser Fehlerquelle bewußt und fragen sich hinterher, weshalb ihre Beschreibungen so langweilig sind. Die Ursache ist ein falsches Vorgehen, d. h. in einer „konsekutiven“ Kunstform mehrere Eindrücke gleichzeitig vermitteln zu wollen.
Lessing erklärt weiter, daß der Dichter Handlung einsetzen müsse,

die immer konsekutiv abläuft, um den gleichen Gesamteindruck zu erzeugen, den der Maler durch das gleichzeitige Nebeneinander erzielen kann. Lessing führt das klassische Beispiel von Homer an, dem ersten und wohl auch größten epischen Dichter; anstatt zu sagen, „der Krieger trägt einen Helm, einen Schild und ein Schwert", beschreibt Homer, wie dieser Krieger nach dem Helm greift und ihn aufsetzt, dann den Schild von der Wand nimmt und anschließend nach seinem Schwert greift. In beiden Fällen ergibt sich für uns der gleiche Gesamteindruck, doch Homer verwendet aufeinanderfolgende Handlungen und paßt seine Erzählmethode der konsekutiven Aneinanderreihung von Worten an.
Am deutlichsten zeigt sich der Einfluß der äußeren Form auf die Art und Weise, wie die Geschichte erzählt wird, im Theaterstück; hier ist dieser Einfluß schon immer so gewaltig gewesen, daß auch das Konzept des dramaturgischen Aufbaus als erstes für das Theater entwickelt wurde. Da die physischen Grenzen der Bühne den Erzählfluß in solchem Maße hemmen, kommt dem dramaturgischen Aufbau in der Bühnenkunst natürlich ganz besondere Bedeutung zu. Im Film existiert diese Enge des Theaters nicht. Die freie Wahl des Ortes und der Zeit lassen die Filmgeschichte natürlicher wirken, da sie in geringerem Maße in eine starre, unbewegliche Form eingezwängt wird. Obgleich also ihr dramaturgischer Aufbau weniger aufdringlich ist, wäre es vollkommen falsch anzunehmen, er sei darum auch weniger wichtig. Ganz im Gegenteil, Filmdramaturgie mag zwar abstrakt sein, folgt aber dennoch strikten Gesetzmäßigkeiten. Es erweist sich zudem – im Vergleich zum Theater – als weitaus schwieriger, den filmdramaturgischen Aufbau genau zu bestimmen und die zugrundeliegenden Gesetzmäßigkeiten zu befolgen.

KAPITEL 1

# Charakterisierung

Eine Geschichte erzählt von Menschen und deren Handeln. Manche Leute interessieren sich mehr für die „Menschen", d. h. für die Eigenschaften von Menschen, andere für deren „Handeln", also für ihre Aktivitäten. Manche Romanautoren sind vollauf zufrieden, wenn sie auf mehreren hundert Seiten eine Figur in allen Einzelheiten beschrieben haben. Und manche Filmproduzenten sind nur an Handlung interessiert und bezeichnen Charakterisierungen verächtlich als „psychologischen Firlefanz". Für die Filmgeschichte sind jedoch beide Elemente notwendig.

Handlung, losgelöst von den Handelnden, existiert nicht. Irgend jemand muß die Handlung ausführen. Dieser jemand ist der Mensch. Demzufolge muß uns ein Mensch vorgestellt werden, wollen wir sein Handeln verfolgen und begreifen. Andererseits ist es erst möglich, diesen Menschen zu verstehen, wenn er handelt. Erst seine Handlungen machen ihn zum lebendigen Wesen. Ob nun die Charakterisierung oder die Handlung Oberwasser haben sollte, ist letztlich Geschmackssache; doch der Film sollte keine von beiden Komponenten vernachlässigen oder ignorieren.

Beim Erfinden der Geschichte kann der Autor Charakterzüge von Menschen verwenden, die er kennt, oder aber sich neue Wesenszüge ausdenken. Häufig sind diese erfundenen Eigenschaften jedoch höchst irreal. Will der Autor daher solche aus der Luft gegriffenen Konstrukte vermeiden, muß er sich große Menschenkenntnis sowie psychologisches Wissen aneignen.

Das menschliche Verhalten scheint zwar unberechenbar, ist jedoch niemals zufällig. Und die Struktur des menschlichen Charakters ist eine Kombination vieler Faktoren; schon deshalb ist er in den seltensten Fällen unkompliziert oder eindeutig. Doch trotz seiner Komplexität, die ihn manchmal unlogisch erscheinen läßt, weist der Mensch eine gewisse Beständigkeit auf. Ein Mensch agiert oder reagiert in bestimmten Situationen auf ganz bestimmte Weise. Diese Verhaltensmuster sind nicht immer leicht zu durchschauen. Da sie das Ergebnis komplizierter Denkprozesse sind, können wir über so manche menschliche Verhaltensweise nur überrascht sein. Dies wäre z. B. der Fall, wenn ein guter Freund einer Frau mitteilt, ihr Mann sei bei einem Unfall ums Leben gekommen, und sie zu lachen anfängt, obgleich der tragische Tod ihres Mannes ihr schier das Herz bricht. Hier hätte doch jeder erwartet, daß die Frau nicht in Gelächter, sondern in Tränen ausbricht. Oft tritt die erwartete und scheinbar logische Reaktion nicht ein, und eine andere, angeblich weit hergeholte findet statt. Was wir benötigen, um das geheimnisumwobene menschliche Verhalten zu erklären, ist fundiertes psychologisches Wissen.

Die Psychologie, über die Tausende von Büchern geschrieben wurden, umfaßt jedoch einen so großen Bereich, daß wir erst gar nicht versuchen wollen, auch nur ein Teilgebiet auf diesen Seiten abzuhandeln. Dennoch sind psychologische Kenntnisse Voraussetzung für jeden Autor. Sie sind Gegenstand endloser Studien, entweder durch methodisches Vorgehen oder durch persönliche Beobachtungen. Ohne ein Wissen über die menschliche Natur sollte sich kein Autor an eine Geschichte wagen, die von Menschen handelt. Solches Wissen versetzt ihn jedoch nicht automatisch in die Lage, einen lebendigen Filmstoff zu entwickeln. Auch ein Professor der Psychologie oder eine Person mit überdurchschnittlicher Menschenkenntnis ist möglicherweise unfähig, einem Filmpublikum eine gute Charakterbeschreibung zu präsentieren. Denn dafür benötigt ein Autor Kenntnisse über *dramatische* Charakterisierung.

Das Problem ist somit nicht nur, eine plausible, lebensnahe Beschreibung zu geben, sondern diese auch einem Publikum verständlich zu machen. Es ist gewiß kein leichtes Unterfangen, Worte und Ereignisse auf dem Papier so anzuordnen, daß der Zuschauer den Eindruck gewinnt, es handle sich um lebendige Menschen, daß er von ihrer realen Existenz überzeugt ist und sie innerhalb der kurzen Zeitspanne von 120 Minuten als Freund oder Feind empfindet.
Dem durchschnittlichen Kinofilm nach zu urteilen, scheint diese Kunstform größere Schwierigkeiten zu haben, gelungene Charakterbeschreibungen zu erstellen, als jede andere Kunst. Die besten und fundiertesten Charakterisierungen finden sich im Roman. Man erinnere sich nur an die ungeheuer differenzierten Romanfiguren eines Dostojewski, an Balzacs ausdrucksstarke Charaktere, an die Lebendigkeit der Menschen in Hemingways Werken oder an die alles ergründenden Denkernaturen in James Joyce' Roman *Ulysses.*

Dieser Vorteil des Romans gegenüber dem Film hat nichts mit seinem größeren Umfang zu tun, sondern mit seiner Form, die eine Beschreibung der Gedanken von Romanfiguren ermöglicht und gewissermaßen eine dritte Dimension entstehen läßt. Darüber hinaus gibt der Roman auch die Gedanken des Autors wieder, der nicht nur Figuren beschreibt, sondern auch deren Motive und Handeln erklären kann.

Da der Film ohne diese Möglichkeiten auskommen muß, erweist sich die Charakterisierung als eine sehr schwierige Aufgabe. Die vielen fehlerhaften, unausgeglichenen, vagen oder gar fehlenden Charakterisierungen in durchschnittlichen Kinofilmen sind weder auf ein Versehen der Autoren und Produzenten zurückzuführen, noch wurden sie absichtlich so schlecht ausgeführt, um dem möglicherweise schlechten Geschmack des Publikums entgegenzukommen. Ganz im Gegenteil, in einigen der erfolgreichsten Filme geht man sehr gewissenhaft und genau mit Charakteren um. Die Schwierigkeiten der Figurenbeschreibung ergeben sich ausschließlich aus der Beschaffenheit des Mediums Films und sie sind so erheblich, daß nur die Autoren, die auch Meister der Dramaturgie sind, Figuren zum Leben erwecken können. Die anderen werden entweder falsch charakterisieren oder, was noch häufiger der Fall ist, auf stereotype Figuren zurückgreifen, wie etwa streitsüchtiger Ire, formeller Butler, gewiefter Winkeladvokat, zerstreuter Professor, geiziger Millionär, rasender Reporter oder kesse Freundin. Unter Verwendung dieser allseits bekannten Klischees bringen die Autoren dann eine einigermaßen funktionierende Charakterisierung zustande, die sie keinerlei nennenswerte Anstrengungen kostet. Es versteht sich jedoch von selbst, daß dies nur ein kläglicher Ersatz für die Ausdruckskraft einer echten Persönlichkeit ist.
Ein Autor wird sich in seinen Bestrebungen noch stärker einem Klischee annähern, wenn die von ihm geschaffene Figur von einem Schauspieler gespielt wird, der durch sein bloßes Aussehen bereits einen Typ verkörpert. So manche Produzenten vertrauen bei Charakterisierungen ausschließlich auf die äußere Erscheinung ihrer Darsteller, ja fordern sogar vom Autor: Schreiben Sie mir einen Robert Redford-Typ in das Drehbuch oder so etwas wie Jill Clayburgh! Dies reicht jedoch in keiner Weise für eine Charakterisierung aus, und abgesehen davon könnte die durch das Aussehen des Darstellers erfolgte Charakterisierung mit der im Drehbuch angelegten Figur nicht übereinstimmen.

In einem Roman bleibt die äußere Erscheinung der Figuren stets mehr oder minder vage. Mag der Autor seine Personen noch so exakt beschreiben, der Leser wird sich immer sein eigenes Bild von deren Aussehen oder Verhalten machen. In seiner eigenen Phantasie fangen sie an, wirklich zu leben und dort werden sie in neuer Gestalt wiedergeboren. Eine einzige Romanfigur, deren Original der Autor schuf, wird in den Köpfen von Millionen Lesern in ebensovielen verschiedenen Varianten neu erschaffen.
Im Film sieht jeder dasselbe Bildnis des Darstellers, der eine bestimmte Rolle spielt. Die Großeinstellung ist absolut, elementar, klar und endgültig. Es bleibt kein Raum für Phantasie oder nuancierte Interpretation. Das Gesicht ist immer und überall dasselbe. Demzufolge wird ein Schauspieler aufgrund seiner äußeren Erscheinung besetzt, die die gleichen Merkmale wie seine Filmrolle aufweisen muß, oder aber die Rolle wurde seinem Aussehen angepaßt. Erschwerend mag hinzukommen, daß derselbe Darsteller bereits andere Rollen spielte und uns noch in Erinnerung ist, welchen Charakter sein Aussehen verkörpert. Ein und derselbe Schauspieler, jeweils leicht durch Make-up verändert, könnte einen dummen Detektiv gespielt haben oder einen Senator im alten Rom oder einen freundlichen Priester. Der durchschnittliche Film läßt logischerweise wenig Ambitionen erkennen, Charakteren subtilere Nuancen zu verleihen. Das Resultat? Stereotype Figurenbeschreibungen in den meisten Drehbüchern.
Trotz alledem sind diese zugegebenermaßen beträchtlichen Schwierigkeiten nicht unüberwindbar. Beweis dafür sind die vielen guten Filme mit guten Personenbeschreibungen. Untersuchen wir daher als nächstes das Problem der dramatischen Charakterisierung.

Vorab sei der Unterschied zwischen Charakterisierung, Charakter und Charakteristika erklärt. Die Charakterisierung erfaßt *alle* Fakten über einen Menschen, wobei sein Charakter nur *ein* Aspekt ist. Charakteristika sind die einzelnen Komponenten, die seinen Charakter bilden.

Um einen Menschen zu verstehen, müssen wir ausreichend über ihn informiert sein. Hat der Autor die vollständige Charakterisierung einer Person entworfen, teilt er diese Fakten dem Publikum mit. Manche dieser Daten müssen unbedingt genannt werden, um das Mindestmaß an Klarheit zu gewährleisten. Diese bezeichnen

wir als obligatorische Fakten. Den meisten Charakterisierungen, die einfach keine Lebenszeichen von sich geben wollen, mangelt es an so manchen obligatorischen Fakten.
Als erstes müssen wir das ungefähre Alter der Figur kennen, denn die Anzahl der Lebensjahre wirkt sich natürlich in beträchtlichem Maße auf das Verhalten einer Person aus. Ein alter und ein junger Mann werden in geschäftlichen Angelegenheiten, auf Liebe, auf alle Arten von Problemen unterschiedlich reagieren. Ebenso verhält sich ein junges Mädchen anders als eine Frau mittleren Alters oder eine Greisin. Weiß man daher, wie alt ein Mensch ist, werden damit bereits viele Informationen für die Charakterisierung geliefert. Diese Fakten lassen sich über das Aussehen von Schauspieler bzw. Schauspielerin problemlos vermitteln.
Jeder Mensch nimmt im Leben irgendeine Position ein, die man als seine Beschäftigung bezeichnen könnte, vorausgesetzt wir engen diesen Begriff nicht nur auf Beruf ein. Jede Hausfrau, selbst eine Ehefrau, die nichts anderes tut, außer verheiratet zu sein, geht einer Beschäftigung nach. Wer Playboy ist, hat eine Beschäftigung. Und ein Penner zeichnet sich gerade durch seine fehlende Beschäftigung aus. Ein Mann könnte Arbeiter, Professor, Künstler, Geschäftsmann, Schauspieler oder Naturwissenschaftler sein, eine Frau Tänzerin, Hausfrau, Dozentin oder Verkäuferin. Die Art der Beschäftigung sagt viel über einen Menschen aus. Ein Arbeiter führt ganz sicher ein anderes Leben als ein Naturwissenschaftler. Ein Werbefachmann geht anderen Dingen nach und hat andere Kenntnisse als ein Weinhändler, und das Leben eines Tabakimporteurs unterscheidet sich grundlegend von dem eines Bauern.
Die bloße Information über die Beschäftigung einer Person und somit über ihre Position in der Gesellschaft ist an sich schon sehr aussagekräftig. In den vergangenen Jahrzehnten stempelte man Menschen sehr schnell entweder als Fabrikarbeiter ab oder als Gutbürgerliche, als Geschäftsleute aus der Mittelschicht oder als Intellektuelle. Obgleich die Beschäftigung zur Charakterisierung beiträgt, kann damit keine endgültige und vollständige Aussage über einen Menschen gemacht werden, da dieser unabhängig von seiner Beschäftigung ein Individuum bleibt. Ebenso falsch wäre es jedoch, den Charakter dieser Person beschreiben zu wollen, ohne auch ihre Beschäftigung zu erwähnen.
Der nächste wichtige Faktor wäre die Beziehung eines Menschen zu anderen. Niemand lebt allein auf dieser Welt. Finden wir dennoch eine alleinstehende Person, die scheinbar keinerlei Verbin-

dung zu ihren Mitmenschen hat, so ist gerade diese Beziehungslosigkeit eine ungeheuer aufschlußreiche Information.
An erster Stelle stehen für uns Verwandtschaftsverhältnisse zu Vater, Mutter, Ehemann, Ehefrau, Söhnen, Töchtern, Onkel und Tante. Darüber hinaus unterhalten wir Beziehungen zu Freund oder Feind, zu Nachbarn, zu Arbeitskollegen, zu Menschen, die den gleichen Beruf ausüben wie wir; Arbeitgeber und Arbeitnehmer stehen in einem bestimmten Verhältnis zueinander, ebenso wie Verkäufer und Käufer. Es wäre zwecklos, alle Möglichkeiten aufzählen zu wollen. Tatsache bleibt jedoch, daß in einer Stadt mit Tausenden von Einwohnern, jeder einzelne in irgendeiner Beziehung zu anderen Menschen steht, welche ihrerseits viele verschiedenartige Verbindungen zu wieder anderen unterhalten; ein Mann kann z. B. gleichzeitig Sohn, Bruder und Arbeitnehmer sein.
Wissen wir, in welchem Verhältnis Personen zueinander stehen, so verfügen wir über spezifische Informationen. Von einem Vater wird gegenüber seinen Kindern eine andere Haltung erwartet als gegenüber Fremden, und dem verheirateten Mann unterstellt man ein anderes Verhalten als dem Junggesellen. Doch darüber hinaus sollten wir erkennen: Sobald eine solche Beziehung existiert, lassen sich zwischen den Persönlichkeiten zweier Menschen gerade aufgrund dieser Beziehung Verbindungen herstellen. Somit kann auch einer über den anderen Informationen vermitteln. Nehmen wir z. B. einen Angestellten, der weiß, er arbeitet für einen Gangster. Also wird auch er eine unehrliche Person sein. Oder: Von zwei Geschäftspartnern ist einer ein Gauner. Zweifellos fällt auch auf den anderen ein schlechtes Licht, falls er von den krummen Geschäften seines Partners gewußt hat. Oder: Ein Mann ist mit einer lasziven Frau verheiratet, was ja nicht unbedingt heißen muß, daß auch der Mann lasziv ist. Es sagt jedoch einiges über seinen Charakter aus, was durch weitere Informationen präzisiert werden sollte, wie etwa: der Mann liebt seine Frau über alles, obwohl ihr Benehmen ihm Höllenqualen bereitet.

Es ist unbedingt erforderlich, daß dem Publikum all diese obligatorischen Fakten genannt werden, wenn es die Charakterisierung der Figur als lebendig empfinden soll. Wir ergänzen diese Fakten durch weitere Tatsachen, und deren Auswahl erfolgt gemäß dem Prinzip der Informationsauswahl: Was ist wichtig? Und was jeweils wichtig ist, variiert natürlich von Geschichte zu Geschichte.
Es kann z. B. völlig genügen, „ein Weinhändler“ zu schreiben –

wobei es vielleicht doch vorteilhafter wäre, von einem „hinterhältigen“ oder einem „wohltätigen“ Weinhändler zu sprechen. Wir sollten niemals nur „Millionär“ sagen, sondern den Betreffenden präziser beschreiben: z. B., ob er zu seinem Vermögen durch Börsengeschäfte oder durch zwielichtige Spekulationen kam.
Zuweilen ist es sinnvoll, die Information, die bereits durch die Angabe der Beschäftigung vermittelt wird, noch weiter zu vertiefen. Betrachten wir z. B. einen Geschäftsführer. Diese Position beinhaltet, daß er für geschäftliche Entscheidungen verantwortlich ist. Dennoch könnte besonders darauf hingewiesen werden, daß er ein vielbeschäftigter Mann ist. Wenn wir einen Mann als „alt“ bezeichnen, fassen wir damit all die Merkmale zusammen, die hohes Alter kennzeichnen. Doch auch hier erwiese sich die vertiefende Information – ein müder, alter Mann oder ein geistig reger, alter Mann – als sinnvoll.
Andere Informationen könnten im Hinblick auf eine bestimmte Geschichte von Bedeutung sein, wie z. B. die Vergangenheit einer Person. Unter Umständen ist es wichtig zu wissen, daß eine berühmte Schauspielerin aus ärmlichen Verhältnissen stammt, daß ein Verbrecher in seiner Jugend immer geschlagen wurde, oder daß ein alter Landstreicher in jungen Jahren sehr gut ausgesehen hat. In manchen Fällen ist es jedoch vollkommen irrelevant, welche Vergangenheit eine Schauspielerin, ein Verbrecher oder ein heruntergekommener Landstreicher hatten, insbesondere, wenn diese Vergangenheit mit dem gegenwärtigen Handeln dieser Personen in keinem direkten Zusammenhang steht. Die Zukunftspläne eines Menschen könnten ebenfalls eine wichtige Rolle für die Charakterisierung spielen, da es schon einen Unterschied macht, ob ein Kaufhausangestellter in dieser Stellung weiterarbeiten möchte oder aber Abendkurse belegt und Maschinenbau studiert.
Solche zusätzlichen Informationen können die obligatorischen Fakten vertiefen und ergänzen oder verdoppeln. Damit lassen sich jedoch auch Widersprüche zu bereits genannten Fakten aufzeigen und klären. Wir wissen, daß ein Mann alt ist und erwarten einen gebrechlichen und müden Greis. Nun erfahren wir, wie lebhaft und jugendlich er ist. Die Gesamtinformation lautet jedoch nicht, er ist ein lebhafter und jugendlich wirkender Mann, sondern ein lebhafter, jugendlich wirkender, alter Mann.
Die Beschäftigung „Playboy“ läßt vermuten, daß dieser nicht arbeitet. Doch dann sehen wir ihn in den Hafendocks schwere Arbeit verrichten. Dies heißt nun nicht, daß er Hafenarbeiter ist, er bleibt

ein Playboy, der nun auch in den Docks arbeitet, und der Zuschauer kann aus dem Gegensatz stillschweigend seine Folgerungen ziehen.

Betrachten wir nun die wichtigste Komponente einer Charakterisierung, den Charakter des Menschen selbst. Es gibt zwar Millionen von Arbeitern, doch durch ihren jeweils individuellen Charakter ist keiner wie der andere. Ebenso gibt es viele Tausende von Professoren auf dieser Welt, und jeder von ihnen unterscheidet sich von den Kollegen ebenfalls durch seinen Charakter.
Der Film kann den Charakter eines Menschen nicht auf die gleiche Weise beschreiben wie der Roman. Der Filmautor kann nicht sagen, er ist brutal, schmutzig, geizig, mächtig, nervös, feige, eifersüchtig, schön oder häßlich, intelligent oder dumm, gut oder schlecht, denn der Autor hat nicht die Möglichkeit, im Film selbst zu Worte zu kommen. Er muß schon eine seiner Figuren diese Beschreibung vornehmen lassen. Doch die Aussagen der Figur könnten ja falsch sein, weil die Figur selbst schlecht oder dumm und daher nicht glaubhaft ist.
Anstatt zu beschreiben, muß der Film den Charakter einer Person zeigen. Seine Charakteristika müssen dem Zuschauer deutlich sichtbar vor Augen geführt werden. Charakter ist etwas, das latent existiert und erst im Handeln der Menschen zutage tritt. Um einen Charakter zu offenbaren, müssen wir somit den handelnden Menschen zeigen.
Unsere Charakteristika bestimmen, wie wir uns in gewissen Situationen entscheiden und dementsprechend handeln. Ein Mensch ist weder gut noch schlecht, agiert oder reagiert jedoch „gut“ oder „schlecht“. Und *weil* diese Person gut oder schlecht handelt, nennen wir sie so. Solange ein Mensch also weder agiert noch reagiert, können wir ihn auch nicht als „gut“ oder „schlecht“ bezeichnen, obgleich die jeweiligen Charakteristika latent vorhanden sind und sich im Augenblick der Entscheidung für eine bestimmte Handlungsweise sofort äußern würden. Ein Charakteristikum, eine Eigenschaft, wie Geiz, bedeutet, daß die Person kein Geld ausgeben will. Eine solche Eigenschaft kann in einem Menschen erst dann entdeckt werden, wenn man ihn auffordert, Geld für eine Sache auszugeben. Ein Feigling und ein Draufgänger können ihre Eigenschaften auch nur unter Beweis stellen, wenn sie vor der Entscheidung stehen, vor einer Gefahr wegzulaufen oder ihr ins Auge zu sehen.

Damit haben wir das sicherlich wichtigste Prinzip der dramaturgischen Einführung des Charakters hergeleitet. Film kann zwar keine Eigenschaften beschreiben, ist aber in der Lage, Handlungen zu zeigen. Da Charakteristika und Handeln untrennbar miteinander verbunden sind, läßt sich von der Handlung auf die Eigenschaft schließen, die diese Handlungsweise bestimmte.

Schreibt beispielsweise ein Lehrer während eines Bombenangriffes einen Brief, so offenbart sich sein ruhiger Charakter. Ein Mann, der nach einem Schlag ins Gesicht zu weinen anfängt, zeigt wenig Mumm. Wenn ein Ganove eine alte Witwe ausraubt, so treten seine niedere Gesinnung und Gemeinheit zutage. Menschen, die dumm daherreden, verraten damit nur ihre Dummheit.

Unter Handlung darf nicht nur die engere Bedeutung von „etwas tun“ verstanden werden. Denken, Fühlen oder Sprechen sind ebenso Handlungen wie Stehlen, Küssen oder Schlafen. In diesem Sinne kann Dialog sehr viel über den Charakter eines Sprechenden aussagen, da man Vorlieben und Abneigungen eines Menschen sehr gut daran erkennen kann, wie er über etwas spricht.

Um auf die Eigenschaft zu schließen, die ein gewisses Handeln bestimmt, muß der Zuschauer nicht unbedingt Zeuge des Handlungsverlaufs sein. Es genügt, wenn man ihm das Ergebnis einer Handlung oder die Absicht zu handeln zeigt. Damit öffnet sich ein weites Spektrum an Möglichkeiten der Charakterbeschreibung. Als David z. B. den Entschluß faßte, gegen Goliath anzutreten, bewies er seinen Mut, noch bevor der eigentliche Kampf begann. Da natürlich Entscheidungen nicht immer frei getroffen werden, können sie auch nicht immer klare Indizien für bestimmte Eigenschaften sein. Manchmal sagt eine irrelevante Nebenhandlung mehr über einen Charakter aus als Monumentalereignisse, in denen sich Mord- und Totschlag aneinanderreihen. Ein Mann kann auf seinem Nachhauseweg einem kleinen Hund einen Tritt versetzen. Eine Frau versucht, nach Beendigung ihres Telefonats Geldstücke aus dem Telefonautomaten zurückzubekommen. Ein Großindustrieller hält mitten auf der Straße inne und hebt ein Pfennigstück auf. Dieses scheinbar unwichtige Detail vermittelt eine wahre Fülle von Informationen; es läßt z. B. vermuten, daß er aus ärmlichen Verhältnissen stammt und beim Anblick der Münze an seine Kindheit erinnert wird, als er noch jeden Pfennig umdrehen mußte. Ebenso ließe sich damit zeigen, daß der Mann den Pfennig ehrt, weil er Grundlage seines jetzigen Reichtums ist. Während der Romanautor ausführlich den Charakter des Industriemagnaten beschreiben könnte, muß der Drehbuchautor nach ausdrucksstarken Handlungen Ausschau halten, um diesen Charakter für den Zuschauer aufzuschlüsseln. Die besten Autoren können mit winzigen Details atemberaubende Charakterbeschreibungen erzielen. Alles, was ein Mensch tut, verrät irgendeine seiner Eigenschaften. Graphologen können z. B. nur aufgrund kleiner Punkte, Kreise oder Linien in der Handschrift einer Person deren Charakter deuten.

Unsere Untersuchungen führen uns schließlich zu einer zweiten wichtigen Erkenntnis. Den Charakter einer Person kann man nicht nur an ihren eigenen Handlungen ablesen, sondern auch daran, was andere von ihr halten bzw. wie sie sich ihr gegenüber verhalten. Menschen können sich vor einem brutalen Mann ängstigen, einem mächtigen Mann mit Respekt begegnen, einen großen Künstler bewundern oder eine inkompetente Person verachten. Den Charme einer schönen Frau kann man am besten zum Ausdruck bringen, indem die Reaktionen anderer auf ihre Schönheit gezeigt werden; andere Frauen beneiden sie, und Männer bringen ihr Bewunderung entgegen. Wir könnten sogar behaupten, daß eine schöne Frau in jeder Geschichte die Aufmerksamkeit aller auf sich ziehen *muß,* gerade weil sie schön ist, ansonsten wäre die Charakterisierung in sich nicht schlüssig.
Der Charakter einer Person kann durch die Reaktionen anderer bereits beschrieben sein, wenn der Zuschauer sie zum ersten Mal sieht. Diese indirekte Form der Charakterisierung zählt sicherlich zu den wirkungsvollsten Methoden. Doch mit Nachdruck sei darauf hingewiesen, es handelt sich um eine *indirekte* Beschreibung: Nicht der Zuschauer selbst hat erkannt, welche Eigenschaften die Filmfigur besitzt, er sieht sie lediglich mit den Augen anderer Personen in der Geschichte, und deren Sichtweise hängt wiederum ganz von ihrem eigenen Charakter ab. Wenn z. B. ein Mensch die schlechten Eigenschaften eines anderen kritisiert, so könnten wir seinem Urteil vertrauen und den so heftig Kritisierten ebenfalls als schlechte Person abtun. Wissen wir jedoch, daß der Sprechende selbst eine üble Kreatur ist, dann werden wir das genaue Gegenteil von dem glauben, was er sagt, nämlich, wer von ihm schlechtgemacht wird, kann nur ein guter Mensch sein. Wenn eine bestimmte Frau von einem Mann verabscheut wird, den das Publikum bereits als gemeinen Schurken kennt, so heißt dies nicht unbedingt, daß diese Frau verabscheuungswürdig ist. Im Gegenteil, sie könnte eine herzensgute Person sein, gerade weil derjenige, der sie nicht

mag, selbst schlecht ist. Ferner wäre es möglich, gleich mehrere Personen unterschiedlich auf eine Figur reagieren zu lassen. Dadurch wirkt der Charakter dieser Figur umstritten und sie selbst wird für den Zuschauer interessanter.

Man muß jedoch unterscheiden zwischen dem Charakterzug eines Menschen und seinem vorübergehenden Gefühlszustand. Verärgert zu sein, ist keine Eigenschaft, sondern lediglich eine momentane Empfindung; es gibt keinen „verärgerten Charakter". Wenn wir uns in einer bestimmten Situation amüsieren, heißt das nicht, daß wir eine Frohnatur sind. Eine bittere Bemerkung fallen zu lassen, kann ein einmaliger Vorfall sein; sind die Aussagen einer Person jedoch ständig von großer Bitterkeit geprägt, wäre die Vermutung angebracht, daß sie ein verbitterter Mensch ist. Erst wenn jemand permanent traurig ist, läßt sich folgern, daß Melancholie zu seinen Wesensmerkmalen zählt, wohingegen eine an sich fröhliche Person nach einem tragischen Ereignis nur vorübergehend zu Trauer neigt.
Charaktereigenschaften unterscheiden sich somit von temporären Stimmungen durch ihre Beständigkeit. Demzufolge zeichnet sich der Charakter durch eine gewisse Kontinuität und Stetigkeit aus. Natürlich kann sich der Charakter eines Menschen auch ändern, doch diese Veränderungen finden nicht plötzlich statt. Vergegenwärtigen wir uns, daß das Wesen einer Person ab der frühesten Kindheit herangereift und Ergebnis vieler Lebensjahre ist. Es verfestigt sich ganz allmählich über einen langen Zeitraum. Selbst ein unberechenbarer Mensch weist eine gewisse Stetigkeit auf, er handelt nämlich *immer* auf unberechenbare Weise. Und wir wären höchst überrascht, würde er plötzlich normal agieren und reagieren.

Diese unbedingte Stetigkeit einer menschlichen Eigenschaft erschwert unsere Aufgabe, einen Charakter durch Handlungen zu beschreiben. Im Laufe einer Geschichte führt eine Person mehrere Handlungen aus. Da sie allesamt Charakteristika preisgeben, müssen sie so gewählt werden, daß eine in sich widerspruchsfreie und lückenlose Charakterisierung der Person gewährleistet ist.
Nun besteht ein Charakter natürlich nicht nur aus einem einzigen Wesenszug, wie etwa Geiz, Dummheit oder Gutmütigkeit. Er setzt sich aus vielen verschiedenen Eigenschaften zusammen. Ein Mensch kann zugleich gut, intelligent und geizig sein. Ein anderer

ist vielleicht fröhlich, eifersüchtig und kennt sich in vielen Dingen aus. Durch die verschiedenen Handlungen im Laufe einer Geschichte lassen sich somit mehrere Eigenschaften einer Figur nachweisen, die schließlich das Gesamtbild ergeben.
Doch sobald dem Zuschauer ein Wesenszug einer Figur präsentiert wurde, steht für ihn diese Eigenschaft als unumstößliche Tatsache fest. Sollten jedoch Folgehandlungen Gegenteiliges aufzeigen, erscheint der ganze Charakter unlogisch, es entsteht Verwirrung. Für den Autor kommt erschwerend hinzu, daß auch die Reaktionen der anderen Filmfiguren auf diese Person stets mit deren beschriebenen Wesenszügen vereinbar sein müssen. Hier beständig zu sein, ist noch schwieriger, da zusätzlich die verschiedenen Charaktere jener Figuren zu berücksichtigen sind. Vollkommen undenkbar wäre z. B. folgende Konstellation: Ein mutiger Mann ängstigt sich vor einem anderen, der bereits als Schwächling charakterisiert wurde. Die überraschende Angst des Mutigen würde nämlich die höchst widersprüchliche Information vermitteln, daß der Schwächling gefährlich sei.
Daraus ist zu ersehen, wie leicht man Gefahr läuft, in sich widersprüchliche Filmcharaktere zu schaffen. Einige Autoren betrachten ihre Filmfiguren nicht primär als menschliche Wesen, sondern einfach als Handlungsträger. Sie sehen sich – weil die Geschichte es so will – gezwungen, verschiedenen Figuren planlos bestimmte Handlungen zuzuteilen und ignorieren dabei die Tatsache, daß jede dieser Handlungen eine Eigenschaft übermittelt, und daß die verschiedenen Handlungen, die sie auf eine Person ausrichten, schließlich einen Charakter entstehen lassen, wie es ihn unmöglich geben kann. Ein guter Autor hingegen wird sich zunächst eine bestimmte Charakterisierung überlegen und erst dann entscheiden, durch welche Handlungen dieser Charakter zum Ausdruck kommen kann. Er wird so lange nach den unterschiedlichsten Handlungsweisen suchen, bis dem Zuschauer alle Eigenschaften beschrieben wurden.

Damit können wir unsere Untersuchungen über das Wesen der dramaturgischen Charakterisierung abschließen und zur praktischen Anwendung dieser Ergebnisse im Filmdrehbuch übergehen. Da eine Charakterisierung aus vielen Einzelfakten besteht, muß der Drehbuchautor jede dieser Tatsachen so auswählen, daß sie zusammen eine vollendete Einheit bilden. Hat er sich für einige Eigenschaften erst einmal entschieden, müssen alle noch folgenden Charakteristika mit diesen vereinbar sein.

Ferner gilt es, die gegenseitige Beeinflussung von Charakterisierung und Handlung zu beachten. Handlung legt den Charakter fest, doch ist er einmal festgelegt, bestimmt er alle weiteren Ereignisse. Charakterisierung und Geschichte können nicht unabhängig voneinander konzipiert werden, da zu leicht Fehler unterlaufen. So z. B. wenn der Autor seinen Helden als äußerst sympathisch charakterisiert, dabei aber vergißt, daß die Handlungen, die der Held ausführt, ihn feige, unehrlich und dumm erscheinen lassen. Kommt es ihm darauf an, ganz bestimmte Charakterisierungen zu zeigen, so muß er eben nach angemessenen Handlungssträngen suchen. Gilt sein Hauptinteresse dagegen einer bestimmten Handlungskette, muß er sich die entsprechenden Charakterisierungen überlegen. Nur so kann er seine Absichten verwirklichen.
Nicht zu unterschätzen ist dabei, wie unterschiedlich sich bestimmte Situationen auf verschiedene Charakterisierungen auswirken. Nehmen wir an, ein Naturwissenschaftler und ein Rockmusiker verlieben sich in eine Striptease-Tänzerin. Der Musiker wird wohl mit dieser ganzen Situation besser fertig werden als der dadurch zutiefst verwirrte Wissenschaftler. Dieser kann jedoch einem chemischen Problem mit sehr viel Selbstsicherheit begegnen, während der Rockmusiker in diesem Fall völlig hilflos wäre. Folglich sollte der Autor stets die richtige Charakterisierung wählen, um die von ihm konzipierten Situationen auch am besten zur Geltung zu bringen.
Die Charakterisierung der Hauptfiguren bestimmt die Qualität der gesamten Geschichte. Mit Charakteren aus *Wuthering Heights (Stürmische Höhen)* läßt sich keine Komödie im Stile von *You Can't Take It with You* hervorzaubern, ebenso kann eine religiöse Geschichte, wie *The Song of Bernadette (Das Lied von Bernadette)* niemals mit Figuren aus einem Gefängnisausbruchsdrama bestückt sein.

Daraus darf nicht die falsche Schlußfolgerung gezogen werden, daß wir möglichst ähnliche Charaktere für unsere Geschichte benötigen, um eine bestimmte Stimmung zu erzeugen. Die Figuren und ihre Eigenschaften müssen vielfältig sein. Da die Geschichte eine Fülle von verschiedenen Anforderungen stellt, bedarf es vielfältiger Charakterisierungen, die ihr gerecht werden. Shakespeare schuf für seine traurigsten Tragödien auch komische Figuren, nicht etwa, um seine tragischen Figuren ebenfalls komisch erscheinen zu lassen, sondern um die erforderliche Vielfalt an Wir-

kungen zu erreichen. Denn erst das Übergewicht eines Elements über andere erzeugt die jeweilige Stimmung.
Unter allen Umständen sollten in einer Geschichte zu große Ähnlichkeiten zwischen den einzelnen Charakteren vermieden werden; es entstünde zu große Verwirrung. Zu empfehlen sind vielmehr Kontraste, die Farbe und Leben in jede Figurenbeschreibung bringen. Solche Nuancierungen haben genau die gleiche Wirkung wie die Farbenpalette in der Malerei. Nehmen wir an, ein Gemälde enthält einen Blauton. Der Maler ist zwar mit der Qualität des Blaus zufrieden, möchte es aber noch mehr hervorstechen lassen. Zu diesem Zweck wird er es mit einem anderen Blauton oder mit kontrastierenden Farben umranden. Dies verleiht dem ursprünglichen Blauton jeweils eine neue Qualität, obgleich er selbst unverändert blieb.
Auf die gleiche Weise gewinnt die Charakterisierung einer geizigen, habgierigen Person an Profil, wenn man ihr einen großzügigen Betrunkenen gegenüberstellt. Ein Dieb kann als Kontrast zu einem ehrlichen Mann gezeigt werden. Eine schöne Frau im Alter von 30 erscheint in einem noch günstigeren Licht, wenn sie neben einer Greisin steht, deren Leben bald zu Ende sein wird, und einem kleinen Mädchen, das erst am Anfang seines Lebens steht.
Der Film *How Green Was My Valley (So grün war mein Tal)* enthält eine prächtige Vielfalt an Nuancen und Kontrasten. Er besitzt kaum Handlungsstränge, dafür jedoch eine ausgezeichnete Mischung an Charakteren. Er zeigt zunächst drei Generationen – den Vater, einen alten Mann, seine Söhne, die in der Blüte ihres Lebens stehen, sowie den jüngsten Sohn, der noch ein Kind ist; ferner die Mutter, eine alte Frau, ihre romantische Tochter sowie die eher realistische Frau eines ihrer Söhne. Daraus ergeben sich wiederum verschiedene Arten der Liebe: einmal die Liebe der Mutter zu ihren Kindern, dann die Liebe, die einer der Söhne für seine Frau empfindet, die romantische Liebe zwischen dem Pfarrer und der Tochter und die jugendliche Schwärmerei des jüngsten Sohnes für die Frau seines Bruders. Über allem steht die alte und treue Liebe zwischen Vater und Mutter. Auf der Grundlage dieser vollkommenen Auswahl an Charakterisierungen beschreibt der Film das Leben dieser unterschiedlichen Menschen. Der alte Vater ergibt sich in sein Schicksal in der Kohlenzeche, die Söhne rebellieren und das empfindsame Kind zerbricht fast bei seinem ersten Kontakt mit der Schule, lernt dann jedoch, sich durchzusetzen. Die glückliche Ehe endet mit dem Tod des Gatten, die unglückliche Ehe führt zur

Trennung, weil beide Partner zu verschieden sind. Jedes noch so kleine Ereignis spiegelt sich in dieser reichen Vielfalt an Charakterisierungen, gleichsam wie ein Lichtstrahl, der auf die vielen verschiedenen Facetten eines Diamanten fällt.

In unserer bunten Charakterpalette kommt den Nebenfiguren eine ähnlich wichtige Bedeutung zu wie den Hauptpersonen. Wie gut oder schlecht ein Film ist, zeigt sich auch daran, wie gut oder schlecht die Nebenfiguren beschrieben sind. Das Können von Drehbuchautor und Regisseur kann daran gemessen werden. Nicht, daß etwa singende Taxifahrer, Kellner, die beim Servieren von Mineralwasser ihre Witze machen, oder Butler mit unbeweglicher Miene besonders herausragende Charakterisierungen von Nebenfiguren wären! Wenn sie jedoch gut charakterisiert sind, kann durch das, was sie in bezug auf die Hauptfiguren tun oder sagen, oder einfach aufgrund der durch sie angereicherten Charakterpalette ein wichtiger Beitrag zur Beschreibung der Hauptcharaktere geleistet werden. Eine Sekretärin sollte nicht „nur Sekretärin" sein. Arbeitet sie etwa für einen wichtigen Mann, so ist sie vielleicht überarbeitet und nervös; erfordert ihre Stellung jedoch wenig Arbeitseinsatz, wird sie sich eher langweilen, was sich daran zeigt, daß sie während der Arbeitszeit einen Roman liest oder an einem Pullover strickt. Auch ein Chauffeur sollte nicht „nur Chauffeur" sein. Sind seine Arbeitgeber arrogante Menschen, so ist er vielleicht auch ein Snob. Ist sein Chef demokratisch gesinnt, so könnte er, als Angestellter, durch sein Auftreten diese Charakterisierung bereits vermitteln, noch bevor der Zuschauer den Chef zum ersten Mal sieht. Ein berühmter Astronom, stets geistesabwesend und in seine Gedanken vertieft, wirkt um so lebensechter, wenn man ihn in Kontrast zu seiner sehr nüchternen Putzfrau setzt, die versucht, sein Arbeitszimmer aufzuräumen. Die zwielichtige Vergangenheit einer Frau läßt sich durch den kleinen Hauch von Vertrautheit andeuten, mit der sie der Besitzer eines Etablissements, in dem sie früher häufig zu Gast war, begrüßt. Bei der Charakterisierung von Nebenfiguren sollten jedoch nur Typen bzw. deren typische Verhaltensweisen verwendet werden, da zu wenig Raum und Zeit zur Verfügung stehen, um komplexere Charaktere zu entwerfen.

Bei einem gründlichen Vergleich der ersten und zweiten Folianten von Shakespeares Werken stößt man auf unzählige Beispiele für Nebenrollen, auf die Shakespeare extrem große Sorgfalt verwendete. In einer ersten Fassung waren es nichts weiter als Gestalten, deren Anwesenheit zur Ausführung von Handlungen erforderlich war. Später gab er ihnen kurze, aber raffinierte Dialoge; mit diesen wenigen Zeilen charakterisierte er sie und hauchte ihnen wirkliches Leben ein.

Abschließend stellt sich uns das Problem, wie all die Informationen bezüglich der verschiedenen Charakterisierungen dem Publikum übermittelt werden sollten. Jede einzelne Figurenbeschreibung besteht aus vielen Fakten, die mitzuteilen sind, und für diese Mitteilung benötigt man Zeit und Raum. Aus diesem Grunde sind Produzenten und Autoren immer wieder versucht, jene „psychologischen Studien" zu meiden – mit dem Argument, sie hielten den Verlauf der Geschichte unnötigerweise auf, verlangsamten das Tempo und ließen den Film auf der Stelle treten. Es gibt jedoch Mittel und Wege, diese Schwierigkeiten zu meistern.

Müßten wir alle Fakten der Charakterisierung gleich zu Beginn liefern, so würde dies in der Tat den Film aufhalten. Dieses Problem stellt sich jedoch nicht, weil sich diese Fakten über die ganze Geschichte verteilen lassen, wobei die Informationen sukzessive zu den sich bietenden und passenden Gelegenheiten gegeben werden. Da es sich um einen allmählichen und kontinuierlichen Informationsprozeß handelt, ist die Bezeichnung „Exposition der Charaktere" eigentlich unangebracht. Viel treffender wäre es, von „Verdichtung der Charakterisierung" zu sprechen.

Logischerweise vermitteln wir zunächst die Tatsachen, die zum unmittelbaren und weiteren Verständnis der erzählten Ereignisse unbedingt erforderlich sind.

Läßt die äußere Erscheinung des Darstellers nicht auf seine Beschäftigung schließen, sollte diese Information andersweitig, jedoch so schnell wie möglich gegeben werden. Sie ist nicht etwa wichtiger als Fakten zum Charakter der Person, sondern einfach früher erforderlich, weil sie soviel über diese Figur aussagt, und weil ohne diese Information die weiteren Ereignisse unverständlich sein könnten.

Des weiteren gilt es zu beachten, daß sich Umstände schnell und drastisch, Charakteristika hingegen nur sehr langsam ändern. Ein Mensch kann seinen Arbeitsplatz verlieren, arm werden, zu Reichtum kommen oder sich scheiden lassen – und zwar binnen kürzester Zeit. Doch im Charakter dieses Menschen kann innerhalb des gleichen kurzen Zeitraums keine Veränderung von gut zu schlecht oder von dumm zu intelligent erfolgen. Umstände, die solchen Schwankungen unterworfen sind, müssen daher unverzüglich beschrieben werden, während wir uns bei Informationen zum Charakter Zeit lassen können. Das Publikum muß zunächst wissen, daß ein Mann ein wohlhabender Börsenmakler ist, bevor es von seiner Sparsamkeit in Kenntnis gesetzt wird; umgekehrt wäre das Verständnis erschwert.

Die allmähliche Verdichtung der Charakterisierung hat einen weiteren Vorteil. Durch das stete Ergänzen neuer Informationen über eine Person halten wir das Interesse des Publikums wach. Dieser Verdichtungsprozeß läßt sich mit der Arbeit des Malers vergleichen, der mit den Umrissen eines Porträts beginnt und nach und nach die Details einfügt, bis das Gesicht schließlich lebensecht erscheint.

Wir dürfen auch anders vorgehen, jedoch nur, wenn wir uns über die Konsequenzen im klaren sind, die bereits im Kapitel über die Informationsauswahl genannt wurden. Wir erinnern uns, Information läßt sich säen, zum erforderlichen Zeitpunkt enthüllen, sie kann zurückgehalten oder in Form von Fehlinformationen gegeben werden; Informationen lassen sich in unterschiedlichen Rationen zuteilen. Um dies zu veranschaulichen, stellen wir uns einen Mann vor, der gerade Unsummen von Geld ausgibt, ohne daß dabei seine Beschäftigung oder der Grund für seinen Reichtum verraten werden. Oder der Zuschauer wird informiert, ein Mann sei Arzt von Beruf, in Wirklichkeit ist er jedoch ein Viehdieb. Das Publikum weiß, eine Person spielt ausgezeichnet Tennis, eine andere Filmfigur weiß davon nichts. In *Ödipus* tötet ein Mann seinen Vater und heiratet seine Mutter, ohne zunächst zu wissen, daß er beider Sohn ist.

Ganz gleich, welche Methode wir im Einzelfall für die geeignetste halten, am Ende der Geschichte müssen alle Charakterisierungen verdichtet und abgeschlossen sein, d. h. spätestens dann muß der Zuschauer alle Fakten kennen. Viele Filme „treten" leider „auf der Stelle", nachdem die Hauptfakten, wie Geschlecht, Alter und Beschäftigung genannt wurden. Das Ergebnis ist kläglich, der Film flacht ab und wird langweilig. Alle interessanten Situationen verlieren an Effet, Handlungskette und Einzelhandlung wirken fade, weil die Zuschauer nicht am Typus, sondern nur noch an den Individuen Interesse zeigen können. Es ist belanglos geworden, was mit dem „Zahnarzt" geschieht, die Person X, welche zufällig Zahnarzt ist, steht im Vordergrund ihres Interesses.

Gute Drehbuchautoren zeichnen sich immer durch ihre hervorragenden Charakterisierungen aus. Auch die Erfolge, die Autoren wie Eugene O'Neill, Bernard Shaw, Arthur Miller, George Kaufman oder Moss Hart verbuchen konnten, sind größtenteils auf deren meisterhafte Beherrschung der Charakterisierung zurückzuführen. Die Qualitäten ihrer Arbeit, die sich aufgrund einer geschickten Auswahl an Figurenbeschreibungen ergeben, gehen weit über die in diesem Kapitel angesprochenen Möglichkeiten hinaus. Die wichtigste Regel, die es bei der Zusammenstellung von Charakterisierungen zu beachten gilt, haben wir jedoch noch nicht erwähnt. Sie lautet: Die Charakterisierungen sollten unter dem Gesichtspunkt ausgewählt werden, daß sie zusammen genommen Handlungen verursachen können. Bevor wir uns eingehend damit beschäftigen, sollten wir das Wesen der Handlung genauer kennenlernen.

KAPITEL 2

# Handlungsphasen

## Zukunft, Gegenwart, Vergangenheit

Jedes Verb läßt sich grammatikalisch in den drei Haupttempora Imperfekt, Präsens, Futur konjugieren – ich tötete, ich töte, ich werde töten. Ein Substantiv ist nicht an die Zeitform gebunden. „Haus", „Hund" oder „Haß" lassen sich also nicht konjugieren.
Ein Verb verdeutlicht Handlung. Folglich kann Handlung in den drei Zeitdimensionen konjugiert werden.
Aus filmdramaturgischer Sicht umfaßt die Geschichte die drei Zeitebenen Vergangenheit, Gegenwart und Zukunft.
Damit ist bereits eine grundlegende Erkenntnis gewonnen. Da im Film gezeigt wird, wie sich ein Geschehen gerade ereignet, mag es den Anschein haben, als sei nur die Gegenwart relevant. Der Eindruck ist jedoch falsch, denn auch Vergangenheit und Zukunft sind für die Geschichte von Bedeutung. „Ich beging einen Mord" – könnte z. B. eine Filmfigur erklären. Oder es wird gezeigt, wie sie gerade das Verbrechen begeht. Oder der Autor läßt sie sagen: „Ich werde ihn umbringen". Folglich können wir nicht nur Gegenwart, sondern auch Vergangenheit und Zukunft im Film ausdrücken.
Diese verschiedenen Zeitformen haben auf den Zuschauer unterschiedliche Wirkungen, sie erwecken jeweils andere Gefühle. In Erwartung eines schrecklichen Geschehens verspüren wir Angst; wird der Zuschauer Zeuge dieses Ereignisses, reagiert er entsetzt und ist schockiert; hat sich der Vorfall bereits ereignet, fühlt er Mitleid und ist schmerzlich berührt. Ahnt das Publikum, daß etwas Gutes bevorsteht, so harrt es hoffnungsvoll der Dinge; bewahrheitet sich dies, verspürt es zunächst Freude und später dann Zufriedenheit. Angesichts eines gerade stattfindenden oder bereits abgeschlossenen Geschehens kann unmöglich Angst oder Hoffnung empfunden werden. Ebensowenig wird man schon jetzt Entsetzen oder Vergnügen verspüren, wenn etwas erst in der Zukunft stattfindet. Bevor sich ein Vorfall überhaupt zugetragen hat, kann niemand Mitleid oder Zufriedenheit darüber zum Ausdruck bringen.
Bereits an diesen Beispielen läßt sich erkennen, welch wichtige Rolle Vergangenheit, Gegenwart und Zukunft für eine Geschichte spielen.

Die Reihenfolge der Zeiten lautet Zukunft – Gegenwart – Vergangenheit. Daher durchlaufen alle Handlungen zunächst die Zukunft, dann die Gegenwart und enden in der Vergangenheit. Ich werde ihn töten, ich töte ihn, ich habe ihn getötet.
Somit läßt sich niemals nur ein einzelnes Stadium ohne die beiden anderen Zeitformen berücksichtigen; alle drei Zeitdimensionen sind untrennbar miteinander verbunden. Bevor ich etwas unternehme, muß ich die Absicht dazu haben; dieser Absicht wird die Tat folgen, sprich, die Handlung, und nachdem die Handlung stattgefunden hat, existiert ein Tatbestand, ein Endergebnis. Umgekehrt läßt sich aus dem Endergebnis folgern, daß eine Handlung erforderlich war, um dorthin zu gelangen und der Handlung muß die Absicht, etwas zu tun, vorausgegangen sein.
Aus diesem Grund können sich zu einem bestimmten Zeitpunkt der Filmgeschichte verschiedene Handlungen in unterschiedlichen Zeitstadien befinden. A hört davon, daß B einen gewissen C getötet hat. Der Mord selbst ist eine Handlung, die in der Vergangenheit stattfand. A nimmt den Revolver aus der Schublade, er handelt in der Gegenwart. A hat die Absicht, B zu töten, d. h. er beabsichtigt, diese Handlung in der Zukunft auszuführen. Somit sind an einer Stelle der Szene alle drei Zeitdimensionen vertreten.

Diese drei Zeitformen weisen nun ganz bestimmte Merkmale auf. Eine für die Zukunft geplante Handlung registriert der Zuschauer als bevorstehendes Ereignis. Da Zeit von der Zukunft in die Gegenwart „schreitet“, erwartet er, daß dieses bevorstehende Ereignis zu gegebener Zeit in die Gegenwart „eintritt“ und dann stattfindet. In zweifacher Hinsicht ist jedoch ungewiß, wann der Übergang von der Zukunft in die Gegenwart erfolgt. Zum einen ist die Länge der Zukunft unbegrenzt; wir wissen nicht, wann das geplante Ereignis in die Gegenwart übergehen wird. Es könnte schon innerhalb des Bruchteils einer Sekunde geschehen, etwa wenn wir uns entschließen, jemanden sofort zu ohrfeigen. Oder es kann zwei Jahre dauern, bis sich uns die entsprechende Gelegenheit dazu bietet. Auch wenn letztlich nur der Bruchteil einer Sekunde zwischen Absicht und Handlung verstreicht, so war dennoch ein Plan vorhanden, in der Zukunft die Handlung auszuführen. Zum zweiten bleibt ungewiß, ob die Absicht, etwas zu tun, auch wirklich irgendwann zur Handlung führt. Es besteht die Möglichkeit, daß der Plan vereitelt wird. Wir mögen zwar die Absicht haben, jemanden zu ohrfeigen, doch unter Umständen nie die entsprechende Gelegenheit dazu.

Die Gegenwart klärt jene beiden ungewissen Faktoren. Wenn wir das tatsächliche Ereignis sehen, d. h. die Umsetzung der Absicht in die Tat, wissen wir automatisch, wann die Zukunft in die Gegenwart eingetreten ist. Ebenso sind unsere Zweifel hinsichtlich der Verwirklichung der Absicht beseitigt, weil wir ja sehen, wie die Handlung stattfindet. Die Gegenwart ist kein Zustand im eigentlichen Sinne, sondern lediglich die Linie, an der die Zukunft zur Vergangenheit wird. Während die Zukunft unendlich lang ist, dauert die Gegenwart kaum den Bruchteil einer Sekunde. Wir lassen einen Hammer fallen. Unsere Absicht, ihn fallen zu lassen, geht Zentimeter um Zentimeter ins Endergebnis über, also von der Zukunft über die Gegenwart in die Vergangenheit. Allgemein formuliert heißt dies, die Gegenwart vergeht so schnell, daß uns keine Zeit bleibt, die Handlung in ihrem genauen Verlauf wahrzunehmen und zu verstehen. Wir benötigen die Vorinformationen über Handlungsabsichten von Personen, um zu begreifen, was sie gerade tun. Genaues Wissen über die Zukunft muß also dem Ereignis vorangehen, soll dieses überhaupt verstanden werden.

Gleich der Zukunft ist auch die Vergangenheit unendlich. Jedes abgeschlossene Ereignis rückt Schritt um Schritt weiter in die Vergangenheit und somit stets weiter weg von uns, die wir immer in der Gegenwart bleiben. Es verliert Stück um Stück an Bedeutung. Der grundlegende Unterschied zwischen Vergangenheit und Zukunft besteht darin, daß ein Geschehen, sobald es vergangen ist, nie wieder in die Gegenwart zurück kann, während das bevorstehende Ereignis dort noch Zutritt hat.
Daher ist die Vergangenheit der Filmgeschichte für uns relativ uninteressant und nur insofern wertvoll, als sie zu Handlungsabsichten in der Zukunft motiviert. Die Gegenwart ist viel zu kurz und läßt uns keine Möglichkeit, Ereignisse in ihrem genauen Verlauf wahrzunehmen oder zu verstehen. Somit bleibt nur noch die Zukunft als wichtigste Zeitform in der Filmgeschichte.
Der weitverbreiteten Ansicht, daß die Gegenwart die eigentlich wichtige Zeitdimension sei, liegt ein Mißverständnis zugrunde; es interessiert zwar, wie die Zukunft in die Gegenwart eintritt, aber unser Hauptaugenmerk gilt auch dabei der Zukunft. Selbst die beiden Unsicherheitsfaktoren im Zusammenhang mit der Zukunft (ob und wann sie in die Gegenwart eintritt) erweisen sich nicht als Nachteil, sondern eher als Anreiz und Ansporn.

Die vorangegangenen Betrachtungen zu Vergangenheit, Gegenwart und Zukunft mögen nicht leicht zu verstehen sein, aber sie sind von größter Wichtigkeit. Wir stellen fest, daß die Zukunft die für uns relevante Zeit ist und werden im weiteren Verlauf noch erkennen, daß sie im Film eine weitaus bedeutendere Rolle spielt als in jeder anderen Erzählform. Dies ist eine neue Erkenntnis, die jeder gute Drehbuchautor unbedingt beherzigen sollte.

## Motiv, Absicht, Ziel

Da wir nun wissen, in welchem Verhältnis Vergangenheit, Gegenwart und Zukunft zueinander stehen, wenden wir uns weiteren Aspekten der Handlung zu.
Nehmen wir beispielsweise an, ein Mann wird getötet. Für diese Tat muß es logischerweise einen Grund geben.
Ein Handlungsmotiv kann zu einer Handlungsabsicht führen. Bevor wir handeln, müssen wir die Absicht haben zu handeln.
Einer Absicht liegt immer der Wunsch zugrunde, ein bestimmtes Ziel zu erreichen. Im obigen Beispiel wäre das Ziel des Mörders das Ableben der anderen Person. Jede Handlung führt zu einem Ergebnis, hinter jeder Absicht steckt ein Ziel. Es wäre unmöglich, etwas zu beabsichtigen, ohne dabei ein Ziel vor Augen zu haben.
Das Motiv kommt stets vor der Absicht und die Absicht kommt vor dem Ziel. Untersuchen wir also diese Faktoren in der hier genannten Reihenfolge.

## Das Motiv

Keine Handlung erfolgt ohne Grund. Handlungen können von Objekten und von Menschen ausgeführt werden. Löst sich ein Stein von einer Bergwand und fällt ins Tal hinab, so ist damit die Handlung eines Objekts erfolgt. Wird eine Person von einer anderen getötet, liegt menschliches Handeln vor. Handlungen von Objekten werden durch physikalische Gesetze verursacht, und menschliches Handeln wird durch den menschlichen Willen herbeigeführt. Bei Handlungen von Objekten sprechen wir von Ursachen, und bei Handlungen, die Menschen ausführen, von Motiven.
Es existiert eine direkte und klare Verbindung zwischen Ursache und Wirkung. Die Definition des Motivs als Ursache für menschli-

ches Handeln ist jedoch weniger eingängig. Erst die moderne Psychologie konnte nachweisen, daß sich jede Handlung, auch wenn sie noch so unwichtig oder zufällig ist, auf Motive zurückführen läßt. Diese Motive können in der entfernten Vergangenheit oder im Unterbewußtsein eines Menschen zu finden sein. Kein menschliches Wesen handelt ohne Motive.
Fragen wir uns also, was ist ein Motiv? Warum handelt ein Mensch?

Hat ein Mensch Schmerzen, schreitet er zur Tat, um diesen ein Ende zu bereiten. Verspürt er jedoch keinerlei Schmerz, so ist er mit seinem schmerzlosen Zustand vollauf zufrieden und wird nicht handeln. Sein Motiv ist somit der Schmerz.
Schmerz fühlt der Mensch dann, wenn er etwas möchte, das er nicht hat oder etwas nicht will, was er jedoch hat. Diese beiden Arten von Motiv bezeichnen wir als Affinität und Repulsion. Affinität ist der Wunsch, mit etwas verbunden zu sein, Repulsion das Verlangen, von etwas getrennt zu werden. Affinität bedeutet, daß ein Mensch etwas möchte und Repulsion, daß er etwas nicht will. Affinität könnte mit „Liebe", Repulsion mit „Haß" beschrieben werden.
Sowohl das „Nichthaben" einer Sache, die man möchte, als auch das „Haben" einer ungewollten Sache bedeutet Schmerz. Der Mensch ergreift die Initiative und handelt, um das Gewünschte zu besitzen oder das Ungewollte zu entfernen. Gelangt er schließlich in den Besitz des Gewünschten, endet sein Schmerz, und das Motiv für sein Handeln ist eliminiert. Hat der Mensch das Ungewollte abgestoßen, hört auch sein Schmerz auf und das Handlungsmotiv existiert nicht mehr.
Verspürt eine Person Hunger, empfindet sie Schmerz, weil es ihr an Nahrung fehlt. Hunger ist Schmerz, verursacht durch einen *Mangel.* Deshalb faßt die Person den Entschluß, etwas zu essen. Eine Person ist müde, weil sie nicht genug geschlafen hat. Müdigkeit ist Schmerz, verursacht durch einen *Mangel.* Also beabsichtigt die Person zu schlafen. Die Person „liebt" gewissermaßen Nahrung bzw. den Schlaf.
Wenn jemand jedoch friert, schmerzt ihn die Kälte. Frieren ist Schmerz, der durch etwas Ungewolltes, aber *Vorhandenes* verursacht wird. Daraus resultiert die Absicht, sich wieder aufzuwärmen. Schwitzt ein Mensch, so liegt dies an der Hitze. Schwitzen ist Schmerz, der von einer ungewollten *Gegebenheit* herrührt. Der

betreffende Mensch beabsichtigt daher, sich Kühlung zu verschaffen. Man könnte nun sagen: In dem einen Fall „haßt" der Mensch die Kälte und im anderen die Hitze.
Wir dürfen nicht glauben, daß Schmerz erst zugefügt werden muß, bevor er zum Motiv wird. Schon die Furcht vor Hunger läßt uns zu Taten schreiten, um von vornherein zu vermeiden, daß wir erst Hunger leiden müssen. Motiv für unsere Handlung ist nicht Schmerz, den wir bereits verspüren, sondern die Angst vor Schmerzen. Diese Furcht vor Schmerzen wird schon als Schmerz empfunden.

Die Hauptaffinität in unserem Leben ist die Liebe zweier Menschen füreinander und die Hauptrepulsion der Haß unter Feinden. Liebe läßt sich auffassen als Wunsch, mit einem anderen Menschen, der uns fehlt, vereint zu sein. In seinem *Symposium* erzählt Platon die folgende Geschichte über die Erschaffung der Menschen: Einst waren Mann und Frau ein einziges Wesen mit 4 Armen und 4 Beinen. Doch dann spaltete ein Gott dieses Wesen in zwei Hälften, in Mann und Frau. Seit jener Zeit ist jede Hälfte auf der Suche nach der anderen, von der sie getrennt wurde. Diese für uns aufschlußreiche Sage beschreibt also den Mann als fehlende Hälfte der Frau und umgekehrt. Die Absicht, dieses fehlende Teil zu ergänzen, empfinden wir als Liebe. Sie ist der Wunsch, den Schmerz über die Teilung in Mann und Frau zu überwinden. Liebe ist kein Zustand, sondern der unaufhörliche Kampf, den Schmerz zu besiegen. Sind die Liebenden vereint, so fehlt nichts mehr, und das Schmerz-Motiv hat seine Gültigkeit verloren. Da diese absolute Vereinigung von Liebenden über einen längeren Zeitraum nicht möglich ist, liegen Liebe und Schmerz so nahe beieinander – eine Tatsache, die von vielen Poeten immer wieder beklagt wird.
Feinde wollen sich gegenseitig ausschalten. In ihrem Fall wird Schmerz empfunden, nicht etwa, weil etwas fehlt, sondern weil etwas Unerwünschtes vorhanden ist. Wenn zwei Feinde aufeinandertreffen, entsteht das Motiv.
Schmerz, der durch Affinitätskraft verursacht wird, hat seinen Ursprung in einer Trennung der „sich liebenden" Teile, während der durch Repulsionskräfte herbeigeführte Schmerz auf das Zusammenführen von „sich hassenden" Teilen zurückgeht.

# Die Absicht

Um den Begriff „Absicht“ in seiner ganzen Bedeutung verstehen zu können, ist eine ausführliche Definition erforderlich.

Wenn wir einen Topf Wasser auf den Herd stellen, so hat die Hitze gewissermaßen die Absicht, das Wasser zum Kochen zu bringen. Läßt man von einer Bergspitze einen Stein ins Tal hinunterfallen, so hat der Stein die Absicht zu fallen. Fährt ein Zug mit 70 Meilen Geschwindigkeit pro Stunde, so beabsichtigt er, in diesem Tempo weiterzufahren, wohingegen das Reibungsgesetz seine Geschwindigkeit drosseln möchte.

Menschen können viele verschiedene Absichten haben: bewußte und unbewußte, freiwillige und unfreiwillige, direkte und indirekte, offensichtliche und versteckte, Absichten zu agieren oder zu reagieren. Wir müssen uns von der Vorstellung lösen, daß etwas stets bewußt und aus freien Stücken heraus beabsichtigt wird, daß ein Mensch etwas haben möchte und sich auch immer darüber im klaren ist.

Hier einige Beispiele, die bewußte und freiwillige Absichten veranschaulichen sollen. Jemand möchte nach New York reisen. Eine Frau will sich scheiden lassen. Ein Bankier möchte Gewinne in Millionen-Dollar-Höhe einstreichen. Ein Dieb will Vieh stehlen. Ein Mädchen hätte gern, daß man ihr den Rücken massiert, oder ein Junge will Fußball spielen. Obgleich die bewußte Absicht, d. h. die Durchsetzung des menschlichen Willens, die wichtigste und wertvollste Art der Absicht für eine Geschichte ist, dürfen wir uns nicht ausschließlich auf sie beschränken.

Wenn ein Mann verletzt wird, so beabsichtigt er zu bluten. Befindet sich ein Mensch in einem Haus, das in Flammen steht, hat er die Absicht wegzulaufen. Wir sollten uns jedoch darüber im klaren sein, daß unser Bluten nicht auf eine Absicht zu agieren zurückgeht, sondern eine beabsichtigte Reaktion ist. Der Mann, der aus dem brennenden Haus stürzt, handelt nicht freiwillig, sondern weil ihn die Umstände dazu zwingen.

Trotz der großen Unterschiede zwischen den unzähligen Absichtsvarianten gibt es eine grundlegende Gemeinsamkeit, nämlich ganz bestimmte Gesetzmäßigkeiten, die auf alle Varianten zutreffen.

Eine Absicht führt immer in die Zukunft. Alles auf die Zukunft Gerichtete ist Absicht. Keinerlei Ereignis kann in der Zukunft stattfinden, ohne daß irgend jemand oder irgend etwas dieses Geschehen absichtlich herbeiführen möchte.

Einer Absicht liegt ein Motiv zugrunde. Etwas beabsichtigen bedeutet, ein bestimmtes Ziel erreichen zu wollen. An das Ziel gelangen heißt, das jeweilige Motiv auszuschalten. Die Absicht hört in dem Augenblick auf zu existieren, in dem das angestrebte Ziel erreicht ist.

Es gibt jedoch keine Anhaltspunkte, die mit Gewißheit darauf hindeuten, daß eine Absicht zum gewünschten Ergebnis führt. Das Motiv führt zwar unweigerlich zu einer Absicht, und die Absicht mündet in einem Ziel, doch dieses angestrebte Ziel kann, muß aber nicht unbedingt erreicht werden. Das Beabsichtigte kann eintreten oder vereitelt werden. Faßt ein Mann den Entschluß, nach New York zu reisen, so hat er sich ein Ziel gesetzt. Noch ist aber nicht gewiß, ob er sein Reiseziel erreichen wird oder nicht.

Eine Absicht, deren Verwirklichung nichts im Wege steht, wird sicherlich an das gewünschte Ziel führen. Will jener Mann nach New York fahren, so wird er auch dort eintreffen, es sei denn, seine Pläne werden durchkreuzt. Und diese Möglichkeit ist durchaus gegeben; auf dem Weg von der Absicht zum Ziel könnten Hindernisse auftauchen, die das Vorhaben scheitern lassen.

Eine Absicht muß auf alle Fälle zu Ende verfolgt werden. Das Zuendeführen einer Absicht ist nicht gleichbedeutend mit dem Erreichen des angestrebten Ziels, es heißt lediglich, daß die Absicht endet, entweder mit der Verwirklichung oder der Vereitelung des Vorhabens, mit Erfolg oder Mißerfolg.

Trifft die Absicht auf Schwierigkeiten, so wird ein Konflikt ausgelöst. Dieser Auslösemechanismus ist die wichtigste Funktion der Absicht. Hierbei gilt es jedoch zu unterscheiden zwischen Konflikt und Gegensatz; verschiedene Menschen können Gegensätze verkörpern, Konflikte werden jedoch nur durch deren Absichten heraufbeschworen. Wenn zwei Personen aufeinandertreffen, entsteht damit noch kein Konflikt, wie gegensätzlich diese Menschen auch immer sein mögen, erst das Aufeinanderprallen ihrer unterschiedlichen Absichten bietet Konfliktstoff.

Die herausragende Bedeutung der Absicht gegenüber anderen dramatischen Elementen erklärt sich somit aus den beiden folgenden Gesetzmäßigkeiten: Die Absicht ist der einzige Konfliktauslöser und das einzige Element, das in die Zukunft führt.

# Das Ziel

Ziel und nicht etwa Absichtserklärung ist der von uns hier verwendete Terminus. Absichtserklärung ließe eher auf eine bewußte und freiwillige Absicht schließen, wohingegen Ziele durch jede Form der Absicht gesteckt werden können.

Das Ziel ist ein in der Zukunft liegendes Ergebnis. Die Absicht möchte dieses Ergebnis herbeiführen. Das Ziel existiert, ganz gleich, ob es erreicht wird oder nicht. Ohne eine zugrundeliegende Absicht kann es jedoch kein Ziel geben. Wenn wir beabsichtigen, nach Wilmington zu fahren, ist diese Stadt unser Ziel; d.h. Wilmington ist kein Ziel an sich, kein absolutes Muß, das jeder, etwa aufgrund seiner Einzigartigkeit als Stadt, gesehen haben sollte. Es wird erst durch unsere Absicht, dorthin zu fahren, zum Ziel. Haben wir jedoch keinerlei Interesse daran, in eine Stadt wie Wilmington zu reisen, so verliert diese ihre besondere Eigenschaft als Ziel.

Ursache und Wirkung sind direkt und unmittelbar miteinander verknüpft. Motiv und Ziel können ebensonahe beieinander liegen oder aber mit einem größeren zeitlichen Abstand aufeinander folgen. Genau über diesen Zeitraum erstreckt sich die Absichtsdauer. Wird ein Mann geohrfeigt und schlägt sofort zurück, dann ist diese Zeitspanne, während der er sich mit der Absicht trägt zurückzuschlagen, nur sehr kurz. Faßt er stattdessen jedoch den Entschluß, die Autoreifen seines Widersachers zu durchstechen, vergeht mehr Zeit zwischen Motiv und Ziel. Ein Tag oder eine Woche können verstreichen, bevor seine Absicht verwirklicht wird. Die Absicht selbst ist in beiden Fällen Rache, doch es werden jeweils unterschiedliche Wege beschritten, um zu diesem Ziel zu gelangen. Die beiden Komponenten eines Ziels sind somit Abstand und Wegrichtung.

Bei einer Wanderung müssen zwei Faktoren bekannt sein: Entweder wir kennen das Ziel und den Weg, den wir einschlagen müssen, um dorthin zu gelangen, wobei sich der Abstand, sprich, die Entfernung, aus den beiden bekannten Größen ergibt; oder wir kennen den Weg und die Entfernung und können so unser Ziel finden.

Wenn, anders formuliert, unser Zielort Wilmington ist, und wir den Weg nach Wilmington kennen, wird nach unserer Ankunft in diesem Ort auch die zurückgelegte Distanz bekannt sein. Oder aber wir wissen, daß zehn Meilen Weg in einer ganz bestimmten Richtung zum Ziel führen; in diesem Fall wissen wir, daß wir, nachdem wir zehn Meilen zurückgelegt haben, am Ziel angelangt sind.

Der wichtigste Aspekt im Zusammenhang mit einem Ziel ist die Tatsache, daß zwei oder mehrere Absichten dasselbe Ziel verfolgen können. Viele Menschen könnten z. B. die Absicht hegen, nach Wilmington zu reisen. Viele Männer könnten dieselbe Frau heiraten wollen. Verschiedene Absichten können durchaus auf dasselbe Ziel gerichtet sein.
Ein Gangster beabsichtigt z. B., eine Bank auszurauben. Die Polizei will diesen Bankraub verhindern. Beide haben somit dasselbe Ziel, doch das des Bankräubers ist bejahend und das der Polizei ist negierend.
In einem zweiten Beispiel hat ein Mann den Wunsch, ein Mädchen zu ehelichen, während der Vater seine Tochter von der Heirat abbringen will. Auch hier haben wir ein bejahendes und ein verneinendes Ziel. Wenn jedoch zwei Männer derselben Frau Heiratsanträge unterbreiten, konkurrieren zwar ihre Absichten, doch ihr Ziel ist dasselbe.
Es leuchtet ein, daß ein gemeinsames Ziel zwischen verschiedenen Menschen eine Verbindung herstellt. Versuchen zwei Männer, das Herz einer Frau zu erobern, werden sie zu Rivalen, die sich den Kampf ansagen. Betrachten wir nun jedoch eine andere Möglichkeit. Jeder von ihnen liebt eine andere Frau und verfolgt somit ein anderes Ziel. Zwischen ihren Handlungen wird es wohl kaum Verknüpfungspunkte geben, weil ihre Absichten nicht auf dasselbe Ziel gerichtet sind. Da die Absichten dieser beiden Männer vielmehr Parallelitäten aufweisen, zerfällt die Geschichte in zwei voneinander unabhängige Teile. Sie zu verbinden, dürfte sich als schwierig, mühsam, wenn nicht gar unmöglich erweisen.
Daraus läßt sich ersehen, wie wichtig es für die Dramaturgie der Geschichte ist, die Absichten von Personen auf dasselbe Ziel auszurichten. Dann erst entstehen Auseinandersetzung, Konflikt, Handlung. Allzu häufig ist das Ziel verschwommen umrissen, und der Drehbuchautor mag sich verzweifelt fragen, weshalb für seine Figuren einfach keine dramatischen Konstellationen entstehen wollen.
Trotz der Gefahren, die mit der Verwendung zweier verschiedener Ziele verbunden sind, ergibt sich oft die Notwendigkeit eines solchen Vorgehens, vor allem in Filmen, in denen eine Actiongeschichte an eine Liebesgeschichte gekoppelt ist. Die eine Absicht wäre Sieg über den Feind und die andere muß dann notgedrungen lauten: der Mann will das Herz seiner Auserwählten erobern. Will der Drehbuchautor vermeiden, daß seine Geschichte aufgrund der

Parallelität dieser Absichten in zwei Teile zerfällt, muß er versuchen, diese Absichten so eng wie nur möglich miteinander zu verknüpfen. Dies wird gelingen, wenn er folgende Verbindung wählt: Die Liebenden können sich erst dann finden, wenn der Mann seine Rivalen besiegt. Oder aber: Er kann seine Feinde erst dann schlagen, wenn er die Liebe des Mädchens gewonnen hat. Dadurch werden die beiden Ziele auf ein einziges reduziert. Im ersten Fall gilt nur noch das Ziel, die Liebe des Mädchens zu gewinnen, und der Sieg über die Feinde ist lediglich eine Vorbedingung zum Erreichen dieses Ziels. Im zweiten Fall liegen die Dinge genau umgekehrt.

Oft verfolgt eine größere Personengruppe ein und dasselbe Ziel. Ein solches gemeinsames Ziel verbindet sie miteinander. Eine Fußballmannschaft, die zusammen trainiert, will ein wichtiges Spiel gewinnen. Alle Spieler haben das Ziel vor Augen, das gegnerische Team zu schlagen. Oder die Mitglieder einer Widerstandsbewegung wollen die Gestapo ausschalten. Betrachtet man jedoch die vielen Bewohner eines großen Wohnblocks, so bildet allein die Tatsache, daß alle im selben Gebäude wohnen, noch keine ausreichende Basis für eine gelungene dramaturgische Konzeption. Wenn aber die Straße vor ihrem Wohnblock aufgerissen wird, und alle Hausbewohner die rasche Beendigung aller Bauarbeiten erwirken wollen, dann sind sie vom dramaturgischen Standpunkt aus eine geschlossene Einheit. Schweben die Passagiere eines Flugzeugs in Lebensgefahr, ist damit eine Verbindung zwischen Fluggästen, Mannschaft und diversen Personen, die sich nicht in der Maschine befinden, hergestellt.

KAPITEL 3

# Störung und Ruhe

Ein menschliches Wesen kann sich in einem ungestörten Zustand befinden, d. h. keine Schmerzen verspüren. Wenn diesem Menschen dann Schmerz zugefügt wird, ist eine Störung hervorgerufen. Halten wir also fest, daß diese Störung eine Kombination zweier Faktoren darstellt: zum einen der Mensch selbst und zum anderen die Sache, die Schmerz in ihm verursacht. Der Schmerz schafft ein Motiv, dieses Motiv läßt die Absicht entstehen und diese wiederum muß sich gegen andauernde Schwierigkeiten durchsetzen. Hat die Absicht dann den Konflikt für sich entschieden, tritt ein Zustand der Ruhe ein.
Somit können wir vier verschiedene Phasen unterscheiden:

1. Der ungestörte Zustand
2. Die Störung
3. Der Konflikt
4. Die Beruhigung

## Der ungestörte Zustand

In Phasen der Ungestörtheit können weder Absichten noch Handlungen gedeihen. Keinem Menschen wird Schmerz zugefügt, und somit existiert auch kein Motiv für ein Handeln. Solange Störfaktoren fehlen, kann unsere Geschichte keine Ereigniskette, sondern nur Umstandsbeschreibung sein.
Phasen der völligen und absoluten Ungestörtheit gibt es nicht. Jeder Mensch muß von Geburt an mit immer wiederkehrenden Störfaktoren wie Hunger, Durst, Kälte u. a. leben. Diese Motive bedingen unsere alltäglichen Handlungen. Eine Geschichte befaßt sich jedoch nicht mit diesem allgemein üblichen Handeln, sondern mit ganz bestimmten Störfaktoren und Absichten, was nun wiederum nicht heißen darf, daß nur außergewöhnliche Menschen und deren außergewöhnliche Taten Gegenstand unseres Erzählens sein müssen. Wir sollten jedoch generell von besonderen Störungen und daraus resultierenden Absichten berichten, auch wenn sie nur im Leben von Durchschnittsmenschen auftauchen.
Die Geschichte kann während der Phase der Ungestörtheit einset-

zen oder zu dem Zeitpunkt, an dem sich die Störung ereignet, manchmal sogar bereits während des Konfliktstadiums. Oft erweist es sich von Vorteil, mit dem ungestörten Zustand zu beginnen, um dem Zuschauer den Kontrast zwischen dieser Ungestörtheit und der späteren, durch die Störung veränderten Situation vor Augen zu führen. Steht am Anfang die Ungestörtheit, wird zudem die darauf folgende Einführung der Störfaktoren um etliches vereinfacht. Wir können beispielsweise zeigen, wie glücklich und zufrieden das Leben einer Familie war, bevor außerirdische Wesen auf die Erde kamen und dieses Leben veränderten. Beginnt unsere Geschichte jedoch mit der Beschreibung einer Störung, muß auf andere Weise angedeutet werden, daß dem eine ungestörte Phase voranging. Dem Ehemann stößt gleich zu Filmbeginn ein schrecklicher Unfall zu und wir geben dem Zuschauer zu verstehen, welch glückliche Ehe er mit seiner Frau bis dato führte.

## Die Störung

Im Leben eines Menschen müssen Störungen auftreten, damit dieser zum Handeln veranlaßt wird. Solche Störungen erfolgen, wenn etwas oder jemand diesem Menschen Schmerzen zufügt. Bei einer Störung treffen somit zwei Faktoren aufeinander: Der eine Faktor ist in der Lage, „Liebe" oder „Haß" und daher auch Schmerz zu empfinden, während der andere der-, die- oder dasjenige ist, wodurch Liebe oder Haß hervorgerufen werden.

Eine Störung durch das Zusammentreffen zweier solcher Faktoren kommt zustande, wenn sich deren Charakteristika entweder gegenseitig abstoßen oder anziehen. Erste Grundvoraussetzung hierfür ist jedoch, daß diese beiden Faktoren jeweils deutliche Charakteristika aufweisen; fehlende oder verschwommene Eigenschaften können nämlich weder anziehend noch abstoßend aufeinander wirken. Damit noch nicht genug; die beiden zusammentreffenden Faktoren mögen durchaus klar charakterisiert sein und dennoch gleichgültig aufeinander reagieren. Die zweite Voraussetzung für das Zustandekommen einer Störung lautet somit, die Charakteristika beider Faktoren jeweils so aufeinander abzustimmen, daß entweder Affinität oder Repulsion erzeugt werden. Auf diese Weise schafft der Drehbuchautor die Grundlage für eine Störung und die daraus resultierenden Konflikte. Die Störung selbst hat er damit allerdings noch keineswegs geschaffen. Betrachten wir dazu folgende Kombinationen: Ein Mann und eine Frau lieben sich, d. h. die beiden Einzelfaktoren ziehen sich gegenseitig an. Sind Mann und Frau nun glücklich miteinander verheiratet, so ist keine Störung vorhanden. Oder aber ein in Chicago lebender Mann und ein New Yorker können sich gegenseitig nicht ausstehen; ihre Charakteristika haben abstoßende Wirkung aufeinander. Besteht jedoch keinerlei Beziehung zwischen den beiden Männern, wird der eine den anderen auch nicht als Störfaktor empfinden.

Als letzter Schritt bei der Herausarbeitung einer Störung müssen daher die Komponenten mit Affinitätscharakter voneinander getrennt und jene mit Repulsionscharakter miteinander konfrontiert werden.

Affine Teile zu trennen, erweist sich als relativ einfach. Ein Mann liebt das Geld, besitzt nur leider keines. Ein Mann liebt eine Frau, seine Liebe wird nicht erwidert. Wäre jedoch der das Geld liebende Mann reich, oder wäre der die Frau liebende Mann mit ihr verheiratet, hätten wir jegliche Störung ausgeschlossen.

Schwieriger ist es, eine Störung durch Repulsion herbeizuführen, da die sich abstoßenden Komponenten zu einer Konfrontation gezwungen werden müssen. Unterbleibt diese direkte Gegenüberstellung, ist jede aufbauende Handlung eine Art Schattenboxen. Solange die beiden Kämpfer in ihren Ecken verharren, können sie sich nichts weiter als bedrohliche Blicke zuwerfen. Erst wenn sie sich im Ring gegenüberstehen, kann der eigentliche Kampf beginnen.

Wir sind alle mit der Situation vertraut, daß Familienmitglieder sich heiß und innig lieben, wenn sie an verschiedenen Orten leben. Müssen sie jedoch im selben Haus wohnen, beginnen die Auseinandersetzungen und Querelen. So mancher Ehefrau ist ihr Gatte lieb und teuer, solange er sich auf Geschäftsreise befindet, doch sobald er wieder zu Hause ist, beginnen die Streitereien.

Sich abstoßende Komponenten können auf verschiedene Weise zur Konfrontation gezwungen werden. So wird jeder Mensch von Geburt an mit der Welt konfrontiert, d. h. er ist zu einem gewissen Kontakt mit seiner Umgebung gezwungen. Harmonisieren Umgebung und Charakter, kommt es zu keinerlei Störung. Stehen sie im Widerstreit, ist eine Störung vorprogrammiert, etwa wenn ein Biologieprofessor in einem Kaufhaus arbeitet, ein Unschuldiger im Gefängnis sitzt, ein Dieb in einem Juweliergeschäft als Verkaufsleiter beschäftigt ist, ein friedliebender Mann in den Krieg zieht, ein ehrgeiziger Mensch sich aus ärmlichen Verhältnissen hocharbeitet, wenn eine eifersüchtige Frau Haremsdame ist oder eine Kurtisane in einem Kloster als Nonne lebt. In all diesen Beispielen gibt es Diskrepanzen zwischen Charakterisierung und Umgebung bzw. Umständen, die zu Störungen führen.

Zudem sind Menschen durch Beziehungen miteinander verknüpft, sei es durch familiäre Bande, wie etwa Eltern und Kinder, durch die Ehe, durch freundschaftliche Beziehungen oder ein Arbeitnehmer-Arbeitgeber-Verhältnis, durch Arbeit in derselben Firma, oder indem man einfach nur mit anderen Fahrgästen im selben Zug sitzt. Diese Beziehungen können entweder gestört oder ungestört sein, je nachdem, ob zwischen den einzelnen Partnern Eintracht oder Zwietracht herrscht. Ehemann und Ehefrau, die sich gegenseitig treu sind, führen eine ungetrübte Ehe. Sind jedoch ein Seitensprüngen nicht abgeneigter Mann und eine treue Frau miteinander verheiratet, liegt eine Störung vor. Sind die beiden nicht miteinander verheiratet, existiert wiederum keine Störung, weil die sich abstoßenden Eigenschaften auch durch keinerlei Beziehung untereinander verknüpft sind. Ein hart arbeitender Sohn und sein sich herumtreibender, fauler Vater haben ein gestörtes Verhältnis zueinander, ebenso wie ein sparsamer Chef und sein verschwenderischer Angestellter oder ein Posaune spielender Mieter und die restlichen Hausbewohner, wobei diese wiederum nichts an ihrem musikalischen Mieter auszusetzen hätten, würde er in einer anderen Stadt leben.
Durch die Absicht eines Menschen kann ebenfalls eine Verknüpfung, eine Beziehung hergestellt werden. Jemand beabsichtigt z. B., einer anderen Person seinen Willen aufzuzwingen. Geht diese auf seine Absicht ein, so ist keinerlei Störfaktor gegeben, reagiert sie jedoch negativ auf sein Unterfangen, kommt eine Störung zustande. Will ein Mann einem anderen tausend Dollar stehlen, ist damit zwischen beiden eine Beziehung geschaffen. Sie dauert so lange, wie der Besitzer des Geldes um sein Eigentum fürchten muß oder, gesetzt den Fall, der Diebstahl fand statt, so lange, wie der Bestohlene sein Geld zurückbekommen möchte.

Es wird deutlich, daß die Störung so lange aufrechterhalten werden sollte, wie Handlung notwendig ist, mit anderen Worten, über die gesamte Länge der Geschichte. Nun liegt es jedoch im Wesen der

Affinitäts- und Repulsionskräfte, die Ausschaltung des Störfaktors anzustreben, obgleich diese Kräfte auch Voraussetzung für das Zustandekommen einer Störung sind. Die Affinitätskräfte wollen also eine Beziehung zwischen den noch getrennten, sich aber gegenseitig anziehenden Faktoren herbeiführen, und die Repulsionskräfte zielen darauf ab, die bestehende Beziehung zwischen einander „hassenden“ Faktoren aufzulösen. Wir müssen nun versuchen, diesen Tendenzen entgegenzuwirken und dafür sorgen, daß jene Kräfte ihr Ziel so lange nicht erreichen können, wie die Störung für die dramaturgischen Zwecke unserer Erzählung erforderlich ist.

Die grundlegenden Merkmale der Störung sind damit schon sehr eingehend beleuchtet, so daß wir uns nun den komplizierteren Aspekten zuwenden können. Es ist nämlich durchaus möglich, Affinität und Repulsion in einer einzigen Faktorenkonstellation vorzufinden. Ein Junge liebt ein Mädchen, doch dieses erwidert seine Liebe nicht. Oder die beiden lieben einander, gehören aber verschiedenen Gruppen an (*West Side Story*). Es herrscht damit Affinität zwischen ihren Charakteren, doch Repulsion zwischen den Umständen und Verhältnissen, aus denen sie stammen. Ebenso wäre die Möglichkeit denkbar, daß sich einige Charakteristika der beiden Personen anziehen, während sich andere abstoßen. In vielen Ehen ist dies der Fall, wenn sich Mann und Frau beispielsweise körperlich zueinander hingezogen fühlen, sich auf geistiger Ebene jedoch verabscheuen.

Das Vorhandensein von Affinität und Repulsion in einer einzigen Kombination ermöglicht Störungen, ohne daß äußere Einflüsse zu Hilfe genommen werden müssen. Repulsion hindert die Affinität daran, durch die Herstellung einer Beziehung den Störfaktor zu beseitigen, während gleichzeitig Affinität das Trachten der Repulsion vereitelt, durch die Auflösung einer Beziehung das Ende der Störung herbeizuführen. In einer solchen Konstellation kann die Störung nur dann enden, wenn entweder Affinität oder Repulsion ausgeschaltet sind.

Fast jede Liebesgeschichte beruht auf diesem Prinzip. Der Drehbuchautor stellt zwei Fragen: Weshalb wollen die beiden Menschen zusammen sein? Was steht dem im Wege? Um diese Fragen rankt sich seine Geschichte. Betrachten wir *Romeo und Julia*; Jugend und die Schönheit der Liebenden schaffen Affinität, Repulsion entsteht durch ihre verfeindeten Familien. Da weder Affinität noch Repulsion als Sieger aus diesem Konflikt hervorgehen, endet die

Geschichte auf tragische Weise mit Vernichtung und Untergang aller Affinitäts- und Repulsionskomponenten.
Es gibt nur zwei Möglichkeiten, eine Liebesgeschichte dramaturgisch korrekt zu erzählen. Entweder die beiden Menschen entdekken allmählich ihre Gefühle füreinander, womit ein langsamer Affinitätsprozeß in Gang gebracht wird, oder aber die Liebenden sind sich ihrer Affinität bereits bewußt, doch Repulsionskräfte verhindern, daß sie glücklich miteinander vereint sein können. Die klassische Filmliebesgeschichte beginnt mit der allmählichen Erkenntnis der Affinität und rückt im weiteren Verlauf die verschiedenen Repulsionskräfte in den Vordergrund des Geschehens.

Bislang handelten unsere Betrachtungen nur von sehr einfachen Charakteren, deren Anliegen und Sehnsüchte klar und deutlich erkennbar waren. Ganz so einfach sind menschliche Charaktere natürlich nicht, sie sind nicht alle nur niederträchtig oder grundanständig, schön oder häßlich. Ein Mensch kann sowohl mutig als auch unentschlossen, lasziv und gleichzeitig puritanisch sein. Ein Charakter setzt sich aus Eigenschaften zusammen, die durchaus widersprüchlich oder gegensätzlich sein können.
Aufgrund seiner unterschiedlichen Charaktereigenschaften besitzt ein Mensch auch verschiedene Neigungen, verschiedene Vorlieben und Abneigungen, Liebes- und Haßempfindungen. Vereinigen sich nun gegensätzliche Merkmale in einer Person, führt dies möglicherweise dazu, daß sie eine Sache mag und zur selben Zeit nicht mag, daß sie gleichzeitig Affinität und Repulsion empfindet. Im Innersten dieses Menschen findet eine Kollision dieser entgegengesetzten Wesenskräfte statt, die erst dann endet, wenn ein Wesenszug die Oberhand gewinnt und der Einfluß des anderen zum Erliegen kommt.
Zwei Menschen mit gegensätzlichen Affinitäten werden, sofern sie nicht durch Beziehungen, wie z. B. Ehe, aneinander gebunden sind, einfach getrennte Wege gehen. Eine einzelne Person kann sich jedoch nicht spalten. Herrschen daher mehrere einander entgegengesetzte Affinitäten im Charakter eines einzigen Menschen, ist dieser ein hin- und hergerissenes Wesen. Dies wäre der Fall bei einem Mann, der sowohl zur Laszivität als auch zum Puritanismus neigt. Er ist mit einer herzensguten Frau verheiratet, liebt sie und seine Kinder über alles. Gleichzeitig hat er eine Geliebte, die den sinnlichen Gelüsten in seinem Charakter entspricht. Zwischen diesen beiden Frauen ist er hin- und hergerissen. Solche Menschen

sind oft wahre Rätsel für ihre Freunde und Bekannten. Die Erklärung für ihr widersprüchliches Verhalten liegt jedoch in ihren gegensätzlichen Charakterzügen und Affinitäten begründet.
Leben und Literatur sind reich an Beispielen für derartige Störungen. Goethes Faust spricht: „Wehe mir, zwei Seelen schlagen in meiner Brust." Noch einen Schritt weiter geht Robert Louis Stevenson in seiner Dramatisierung dieses Konflikts. In *Dr. Jekyll und Mr. Hyde* hat er einen in zwei Wesen gespaltenen Menschen geschaffen, wobei jedes dieser Wesen anders aussieht und anders handelt. Die klassischen Rivalen Gott und Teufel verkörpern die Dramatisierung des inneren Konflikts eines Menschen. Es ist sehr schwer, sich vorzustellen, wie in einem *einzigen* menschlichen Wesen sich bekämpfende Charakteristika – so etwa gut und böse – eine Störung verursachen. Daher weitet man den Konflikt auf zwei *verschiedene* Wesen, wie eben Gott und Teufel, aus.
Solche Konflikte zwischen rivalisierenden Wesenszügen in ein und derselben Person zählen zu den wertvollsten dramaturgischen Möglichkeiten. Der Charakter der Person wird auf die Probe gestellt, d.h. nachdem ihre gegensätzlichen Wesenszüge bekannt sind, sollte sie vor die Wahl gestellt und zu einer Entscheidung gezwungen werden. In jeder Geschichte bilden diese Szenen voller Dramatik den Höhepunkt.

Aus dieser theoretischen Abhandlung läßt sich zusammenfassend folgern, daß Handlung ohne Charakterisierungen undenkbar ist. Je ausdrucksstärker unsere konzipierte Handlung sein soll, desto sorgfältiger müssen unsere Charakterisierungen entwickelt und aufeinander abgestimmt sein. Es gibt keine Alternative zwischen Handlung *oder* Charakterisierung, beide bilden eine untrennbare Einheit. Ein Drehbuch mag noch so gute und klare Charakterisierungen enthalten, wenn diese nicht auch bestens aufeinander abgestimmt sind, kommen die erforderlichen Störungen nicht zustande. Menschen, die nichts voneinander wollen, oder für die es nichts gibt, das sie nicht wollen, können dies unmöglich bekommen oder nicht bekommen. Mit einander gleichgültig gegenüberstehenden Charakteren kann sich, selbst wenn jeder für sich genommen interessant sein mag, keine Handlung entwickeln. In solchen Fällen greifen Drehbuchautoren oft zu einem Mittel, das peinliche und sehr künstliche Ergebnisse zeitigt. Sie „erzeugen" Handlungen. Die Künstlichkeit solcher Szenen zeigt sich besonders deutlich, wenn Figuren ohne Grund handeln. Derartige Fehler schleichen sich häufig bei Romanautoren ein, die sich in der dramatischen Gattung versuchen und dabei übersehen, daß für ein Drama nicht nur interessante Charaktere erforderlich sind, sondern auch Figurenkonstellationen, die zu Störungen führen.

Wenn wir uns nun der praktischen Anwendung unserer Ergebnisse zuwenden, müssen wir bei der Gestaltung unserer Geschichte zunächst damit beginnen, daß wir Charaktere erfinden, die Affinität oder Repulsion erzeugen. Alle erfolgreichen Bühnenstücke und Filmwerke zeichnen sich dadurch aus, daß dieser erste Schritt besonders gut gemeistert wurde.

Sind dann alle Charakterisierungen aufeinander abgestimmt, muß mit Affinitäts- und Repulsionskräften völlig unterschiedlich weiterverfahren werden. Diese Kräfte können erst zur Entfaltung kommen, wenn alle Teile, zwischen denen Affinität herrscht, getrennt und alle sich abstoßenden Teile miteinander verbunden sind. Man darf eine Person nicht hinter einer Sache herlaufen lassen, die sie bereits besitzt oder einen Mann zeigen, der versucht, sich etwas vom Halse zu schaffen, das er überhaupt nicht hat. Um die affinen Teile in einiger Entfernung voneinander halten zu können, müssen natürlich Gründe für deren Trennung vorliegen. Ebenso sollten die Kräfte bekannt sein, die die repulsiven Teile zusammenführen und das Auseinanderdriften verhindern.

Im Hinblick auf Affinität unterläuft vielen Autoren der Fehler, daß sie den Zuschauer im unklaren darüber lassen, weshalb die Liebenden eigentlich nicht zueinander finden. Die betreffenden Autoren sollten sich ihre eigenen Filme einmal in kleinen Kinos ansehen und würden dann sicherlich Bemerkungen hören wie: „Warum küßt er sie nicht?“, oder: „Warum heiraten sie denn nicht?“ Derartige Kommentare basieren oftmals auf einem starken dramatischen Affinitätsempfinden, das an keiner Stelle in der Geschichte gebrochen wurde.

Ähnlich oft wird der Fehler begangen, jene Kräfte, die alle repulsiven Teile zusammenhalten sollen, viel zu schwach im Vergleich zur Repulsion selbst zu gestalten. In einem solchen Fall wird sich die Bindung zwischen den repulsiven Teilen lösen, was wiederum nicht vom Autor beabsichtigt sein kann. Er braucht schließlich die Feindseligkeiten als Auslöser für seine Handlungen. Auch dies würde zu absurden Filmszenen führen, die den Besucher eines Kleinkinos zu der Äußerung: „Warum kündigt der Kerl nicht einfach?“ veranlassen würde, wenn er auf der Leinwand Zeuge einer hitzigen Auseinandersetzung zwischen Chef und Angestelltem wird und doch weiß, daß jener Chef problemlos einen anderen Angestellten und dieser jederzeit einen angenehmeren Arbeitsplatz finden könnte. Die Kraft, die die gegensätzlichen Pole zusammenhält, ist schwächer als der von ihnen ausgetragene Konflikt.

## Der Konflikt

Eine Geschichte ohne Konflikt wird nie dramatisch, sondern immer nur rein deskriptiv sein. Dies muß nicht notgedrungen heißen, daß sie eine störungsfreie, eine idyllische Geschichte ist; sie mag durchaus von Menschen handeln, die sich mit Störungen als Dauerzustand abfinden müssen, bleibt aber nach wie vor eine deskriptive Geschichte. Der Kern einer jeden dramatischen Erzählung ist der Konflikt, der Wunsch, den Schmerz durch Hinnahme oder Überwindung auszuschalten.
Es gibt unzählige Arten des dramatischen Konflikts, die alle bestimmten Anforderungen genügen müssen. Der Konflikt will immer die Eliminierung des Störfaktors. Nicht die Eskapaden eines Trunkenboldes stellen den Konflikt dar, sondern die Bestrebungen der Menschen, denen er Schmerzen zufügt, wieder ihren ungestörten Zustand herbeizuführen.
Konflikte tauchen dort auf, wo Motiv in Absicht und Absicht in Ziel übergehen. Damit unterliegen sie alle den Regeln und Gesetzmäßigkeiten, die wir für diese Übergänge bereits festgehalten haben.

Jeder Mensch reagiert anders auf die Vielzahl der Motive, und ein einziges Motiv wird auf verschiedene Menschen auch verschiedene Wirkungen haben. Folglich ergibt sich die Art des Konflikts als Produkt aus der Art des Motivs und der Charakterisierung der Person.
So wird z. B. ein Gangster, der ganz bestimmte charakterliche Merkmale aufweist, jeweils anders reagieren bzw. mit unterschiedlichen Absichten aufwarten, wenn man ihn versehentlich anrempelt, ihm Essen verweigert, ihn mit einer Pistole bedroht oder seine Tochter ermordet. Dieser Mann gelangt je nach den Ursachen für seinen Schmerz zu ganz unterschiedlichen Absichten. Im ersten Fall würde er mit einer Ohrfeige reagieren, im zweiten das Essen stehlen, im dritten die Waffe entwenden und im letzten Fall schließlich schreckliche Rache walten lassen.

Betrachten wir nun die Reaktionen verschiedener Personen auf ein und dasselbe Motiv. Ein Mörder tötet die Tochter eines Gangsters, die eines Durchschnittsbürgers, die eines Detektivs und die eines religiösen Fanatikers. Mit großer Wahrscheinlichkeit wird der Gangster sofort beabsichtigen, den Mörder selbst zu fassen und umzubringen, der Durchschnittsbürger geht zur Polizei, der Detektiv sucht den Täter, nicht um ihn zu erschießen, sondern um ihn in die Hände der Justiz zu übergeben, und der religiöse Fanatiker wird einen bösen Fluch über den Mörder verhängen. So reagiert jeder Mensch anders auf ein und dasselbe Motiv und wählt je nach Charakter und Möglichkeiten unterschiedliche Methoden, um den Schmerz auszuschalten.
Wie entschlossen seine Absichten sind, hängt wiederum von der Intensität der Schmerzen ab, die ihm ein Motiv verursacht und von der Kraft, mit der er darauf reagieren kann.
Daher ist ein ausgewogenes Verhältnis zwischen der Stärke des Motivs auf der einen und der Intensität der Absicht auf der anderen Seite von grundlegender Wichtigkeit. Ein schwaches Motiv kann niemals drastische und draufgängerische Absichten bewirken.
Manchmal jedoch kann sich das Gewicht einer Sache auf den Menschen übertragen. Er kann dann über sich hinauswachsen, wenn die Sache es erfordert.

Betrachten wir nun den Übergang von der Absicht zum Ziel. Aus jedem Motiv ergibt sich unweigerlich eine Absicht und ebenso zwangsläufig folgt das Abstecken eines Ziels. Dieses Ziel lautet immer Beseitigung des Motivs und Wiederherstellung des ungestörten Zustands. Ein Ziel ist somit ganz eindeutig durch das jeweilige Motiv bestimmt, blindes Herumsuchen nach einem Ziel ist ausgeschlossen. Wird unser Schmerz dadurch verursacht, daß wir gerne Geld hätten, doch keines haben, so heißt unser Ziel in diesem spezifischen Störfall nicht etwa schwimmen gehen oder Klavier spielen, sondern Geld beschaffen. Das Klavierspiel könnte zwar ein Mittel zum Gelderwerb, doch niemals das Ziel an sich sein.
Jede Absicht birgt Probleme in sich, die man überwinden muß, um zum Ziel zu gelangen. Der auszutragende Konflikt ergibt sich aus der Absicht und jenen auftauchenden Schwierigkeiten.
Wir sollten uns darüber im klaren sein, daß ohne eine Absicht, d. h. ohne daß jemand etwas will, auch keine Schwierigkeiten auftreten können. Umgekehrt formuliert, eine Schwierigkeit führt kein eigenständiges Dasein, sie entsteht erst durch den Wunsch eines Men-

schen, etwas zu bekommen. Ein Berg ist kein Hindernis an sich, er wird nur dann zum Problem, will man auf die andere Seite des Berges gelangen. Die dramatische Erzählung, deren wichtigster Bestandteil der Konflikt ist, lebt somit von Absichten und Schwierigkeiten.

Es lassen sich drei grundlegende Arten von Schwierigkeiten unterscheiden: Hindernis, Komplikation und Gegenabsicht.
Das Hindernis ist eine Schwierigkeit des Umstands. In der Physik wäre dies etwa das Reibungsgesetz, welches dem kinetischen Gesetz entgegenwirkt. Im Bereich menschlicher Absichten zählen dazu das Besteigen eines Berges, Geldknappheit oder das Nicht-Verstehen einer fremden Sprache.
Die Komplikation ist zufälliger Natur – ein Flugzeug, das aufgrund schlechten Wetters abstürzt, ein Kurier, der eine Nachricht überbringen muß und sich ein Bein bricht, oder ein Dieb, der durch einige zufällig auf der Straße herumtorkelnde Betrunkene daran gehindert wird, in ein Haus einzubrechen.
Die Gegenabsicht ist die entschiedene Absicht einer zweiten Person, die erste Person an der Durchführung ihrer Absicht zu hindern. Die Gegenabsicht wird auch als Gegenplot bezeichnet. Sie ist im Unterschied zur Komplikation auf dasselbe Ziel wie die Absicht ausgerichtet und trachtet nach der Vereitelung dieser Absicht. Die Komplikation hingegen kann das zufällige Auftauchen eines Hindernisses oder die ungewollte Beeinträchtigung einer Absicht durch eine zweite sein, die eigentlich auf ein ganz anderes Ziel gerichtet war. Betrachten wir dazu erneut die für Komplikationen angeführten Beispiele. Der Sturm ist eine einfache meteorologische Störung, die in keiner Weise die gewaltsame Notlandung des Flugzeugs bezwecken wollte. Stürzt die Maschine jedoch aufgrund eines feindlichen Angriffs oder eines Sabotageakts ab, so lag eine Gegenabsicht vor, die das negative Ziel herbeiführen wollte, wohingegen die Absicht das positive Ziel anstrebte. Das gebrochene Bein des Kuriers ist nicht Ergebnis einer Gegenabsicht, sondern eines Zufalles. Dem zufälligen Auftauchen der Betrunkenen, durch die der Dieb an seinem Einbruch gehindert wurde, lag keineswegs die Absicht zugrunde, das Vorhaben des Einbrechers zu vereiteln. Treffen jedoch Polizisten am Tatort ein, nachdem der Dieb versehentlich die Alarmanlage ausgelöst hat, liegt eine Gegenabsicht vor.
Da sie auf dasselbe Ziel wie die Absicht ausgerichtet ist und diese

ganz bewußt vereiteln will, stellt die Gegenabsicht die wirkungsvollste dramatische Schwierigkeit dar. Ihre Vorteile bestehen darin, daß der Konflikt stets neue Aspekte hinzugewinnt und sich die Aussichten auf Sieg oder Niederlage rapide wandeln können.
Komplikationen sind vergleichsweise weniger wirksam. Aufgrund ihres zufälligen Wesens bewirken sie beim Zuschauer Verstimmung und Verdruß. Da sie von keiner Figur geplant oder gewollt sind, können sie von keinem Darsteller vorhergesehen oder verhindert werden und bieten daher auch keine wirkliche Herausforderung für das menschliche Durchsetzungsvermögen. Wegen ihres Zufallscharakters kann eine Komplikation nie lange von Bestand sein; sie ist nur eine vorübergehende Schwierigkeit, denn der Sturm wird sich legen und dem Sonnenschein weichen, das Bein wird verheilen und der Betrunkene wird sich von der Straße zurückziehen und seinen Rausch ausschlafen. Im Gegensatz zur Komplikation endet eine Gegenabsicht erst mit der Verwirklichung bzw. Vereitelung der Absicht.
Der Nachteil des Hindernisses ist sein Hang zu Unbeweglichkeit; es ist ein fest verankerter Umstand, der sich keinen plötzlichen Wandlungen unterziehen kann. Ein Berg bleibt ein Berg und zwar im gesamten Verlauf der Geschichte. Somit können Hindernisse und Komplikationen als vorübergehende Schwierigkeiten erfolgreich eingesetzt werden, sollten jedoch nicht als Hauptschwierigkeit in Frage kommen. Sie eignen sich ferner sehr gut als Verstärkungselemente für Gegenabsichten.

Ebenso wie eine Absicht läßt sich auch eine Schwierigkeit durch Art und Ausmaß näher bestimmen. Nicht jede Person oder Sache stellt eine Schwierigkeit dar, wenn es darum geht, irgendeine bestimmte Absicht zu verwirklichen. Reibungspunkte entstehen z. B. zwischen den Eigenschaften einer Person oder Sache und der Art der jeweiligen Absicht. Nur eine Person oder Sache, die sich der Absicht in den Weg stellt, kommt als Schwierigkeit in Frage.
Jede Schwierigkeit hat einen bestimmten Grad, der in ihrer Beharrlichkeit und Widerstandskraft zum Ausdruck kommt. Schwierigkeiten können sich somit erst dann manifestieren, wenn sie mit Absichten „zusammenprallen“.
Will man etwa eine Fensterscheibe einschlagen, so ist die Schwierigkeit relativ gering, da Fensterglas über wenig Widerstandskraft verfügt. Möchte man dagegen einen Safe aufbrechen, ist die Schwierigkeit um ein Beträchtliches größer, weil Stahl entspre-

chend größeren Widerstand bietet. Obgleich einer Schwierigkeit stets ein bestimmter Grad anhaftet, wird dieser erst dann sichtbar, wenn man versucht, ihren Widerstand zu brechen.

Auf ähnliche Weise ist die Intensität einer Absicht nur latent vorhanden, d. h. sie kann ihre ganze Wucht und Entschlossenheit nicht entfalten, wenn das angestrebte Ziel leicht zu erreichen ist. Das heißt nicht, daß eine Absicht weniger entschlossen sein muß, wenn sich ihr keine Schwierigkeiten in den Weg stellen, es heißt lediglich, daß ihr Entschlossenheitsgrad erst durch den Grad der gemeisterten oder zu meisternden Schwierigkeiten sichtbar wird. Ein Mann, der an Schwierigkeiten scheitert, zeigt unter Umständen ebenso große Entschlossenheit wie jemand, der diese Schwierigkeiten mit Erfolg bewältigt, denn die Intensität der Absicht hat nichts zu tun mit Erfolg oder Mißerfolg. Über Erfolg oder Mißerfolg entscheiden Schicksal, Können, Glück oder Pech. Die Stärke der Entschlossenheit kommt jedoch bereits durch den Grad der Schwierigkeiten zum Ausdruck, die beide Männer in Angriff nehmen.
Wenn ein Mann eine Frau über alles liebt, so ist sein Verlangen, bei ihr zu sein, sehr stark. Lebt er in Long Island und sie in New York, so ist es nicht sehr schwierig, von einem Ort an den anderen zu gelangen. Hält sich der Mann jedoch in China und die Frau in New York auf, existieren erhebliche Schwierigkeiten. In beiden Fällen ist der Wunsch des Mannes, bei dieser Frau zu sein, gleichermaßen stark. Wie entschlossen die Absicht im ersten Fall auch sein mag, dies kann nicht zum Ausdruck kommen, weil die zu überwindenden Schwierigkeiten sehr klein sind. Im zweiten Fall hingegen erbringt der Mann den vollen Beweis für die Stärke seiner Gefühle und die Vehemenz seiner Absicht. Ob dieser nun New York erreicht oder nicht, spielt keine Rolle und schmälert in keiner Weise die Entschlossenheit der Absicht, die ja bereits dadurch zum Ausdruck gekommen ist, daß er überhaupt eine solch schwierige Aufgabe in Angriff nahm.
Folglich ist es nicht sehr einträglich, in einer dramatischen Erzählung von der Entschlossenheit einer Absicht nur zu reden; diese Wucht und Vehemenz sollte vielmehr durch einen Zusammenprall mit großen Schwierigkeiten sichtbar gemacht werden. So mancher Autor ist derart von der Resolutheit der Absichten seines Protagonisten überzeugt – vor allem wenn es sich um eine authentische Geschichte handelt –, daß er dabei ganz vergißt, dies klar und

deutlich dem Publikum zu zeigen. Für den Zuschauer ist jene Gefühls- oder Absichtsstärke nicht selbstverständlich; den bloßen Worten des Autors oder der Filmfiguren glaubt er nur sehr widerwillig. Erst wenn ihm jene Stärke in einer Kollision mit Schwierigkeiten deutlich vor Augen geführt wird, läßt er sich überzeugen. Auf der Bühne würde man dem Helden langwierige Bekundungen seiner Liebe zur Heldin zugestehen, doch das Theater kennt schließlich auch nur eine begrenzte Anzahl und Vielfalt von Absichten. Dem Film mit all seinen Möglichkeiten, eine Fülle von Absichten zu zeigen, obliegt es jedoch, diese durch die Kollision sichtbar zu machen.

Der Konflikt selbst ist ein Kampf zwischen rivalisierenden Kräften, sei dies nun Angriff und Widerstand oder Angriff und Gegenangriff. Jede Auseinandersetzung zwischen Gegnern hat am Ende ihre Sieger und Verlierer, es sei denn, der Kampf wird unterbrochen oder endet mit einem Unentschieden. Die dramatische Erzählung erlaubt keine Unterbrechung. Sieg und Niederlage sind identisch mit Verwirklichung und Vereitelung einer Absicht. Die endgültige Entscheidung wird auf dem Höhepunkt der Erzählung herbeigeführt. Anschließend ist keine Änderung mehr möglich. Höhepunkt ist jedoch nicht gleichzusetzen mit Ziel. Auf dem Höhepunkt der Geschichte stellt sich heraus, wer der Unterlegene ist, und im Anschluß an diese Entscheidung kann der Sieger sein eigentliches Ziel weiterverfolgen, das er entweder sofort oder zu einem späteren Zeitpunkt erreichen wird.

Wir haben nun schon eine ganze Reihe von Faktoren zusammengetragen, die in einem bestimmten Verhältnis zueinander stehen müssen und zwischen denen aufschlußreiche Beziehungen existieren können. Hierzu gibt es ein verzweigtes und verflochtenes Netz an Gesetzmäßigkeiten, gegen die nur zu leicht verstoßen wird. Die genauen Fehlerquellen sind nicht ganz so leicht auszumachen.
Vom Motiv können wir auf eine Absicht schließen und von der Absicht auf das Ziel. Folglich ist auch der Schluß vom Motiv auf das Ziel möglich. Aus der Absicht allein läßt sich rückblickend das verursachende Motiv erkennen, und es kann auf das angestrebte Ziel geschlossen werden. Vom Ziel ausgehend läßt sich erkennen, welche Absicht vorausgegangen sein muß und welches Motiv dieser Absicht zugrunde lag. Die einzigen Faktoren, die außerhalb dieses Netzwerks logischer Schlußfolgerungen liegen, sind Verwirklichung bzw. Vereitelung der Absicht.

Bei schwierigen Filmstoffen ist der Autor häufig versucht, diese Zusammenhänge zu ignorieren oder gar ihnen zuwiderzuhandeln. Er führt das Motiv ein, läßt jedoch keine Absicht folgen, oder konfrontiert den Zuschauer mit Absichten, denen kein Motiv zugrunde liegt. Letzteres ist besonders verführerisch, wenn für einen bestimmten Handlungsstrang eine Absicht benötigt wird, für die der Autor einfach kein Motiv anbieten kann. Ebenso mag es ihm widerfahren, daß beim Verfassen seiner Geschichte plötzlich Motive auftauchen, für die er überhaupt keine Verwendung hat. Aus den entsprechenden Absichten ergeben sich Störungen, die ihn nun aber nicht interessieren, und die Versuchung ist dann groß, jene unerwünschten Nebenprodukte einfach zu ignorieren. Das geht jedoch auf keinen Fall; Verstöße gegen diese logischen Zusammenhänge, ob absichtlich oder aus Versehen, sind grobe Fehler.

Ein Drehbuchautor muß lernen, diese Gesetzmäßigkeiten zu beachten. Um das Motiv zu finden, sollte er sich fragen: Warum wüde eine Person so handeln? Um die Absicht zu ergründen, sucht er Antwort auf die Frage: Wie würde eine Person handeln, wenn ihr dies zugestoßen wäre? Die Absurdität, zu der nicht berücksichtigte latente Motive führen können, läßt sich an einem etwas überzogenen Beispiel verdeutlichen. Ein Mann bleibt in seinem Bett liegen, obgleich sein Schlafzimmer lichterloh in Flammen steht. Das Motiv müßte eigentlich ausreichen, um ihn zum unverzüglichen Verlassen des Zimmers zu bewegen, doch er schläft weiter.

Des weiteren wird gerne der Fehler gemacht, zunächst ein Motiv vorzugeben, und dann die Figur ein – diesem Motiv keineswegs entsprechendes – Ziel erreichen zu lassen, nur weil dies dem Erzählverlauf vielleicht gerade zweckdienlich ist. Damit existieren ein Motiv ohne entsprechende Absicht und folgerichtiges Ziel, ebenso wie ein für sich stehendes Ziel, dem wiederum Absicht und Motiv fehlen.

Die Intensitäten von Motiv und Absicht müssen in einem ausgewogenen Verhältnis zueinander stehen. Beide sollten gleich gewichtig sein. Nur allzu häufig ist es der Fall, daß die Eskalation von Schwierigkeiten eine stärkere Absicht erkennen läßt, als dies durch das Motiv eigentlich gerechtfertigt wäre. Betrachten wir dazu das folgende Beispiel: Der Chef eines Maschinenbauunternehmens schickt einen Angestellten in eine seiner Fabriken, die mit Verlust arbeitet. Der Ingenieur folgt dieser Anweisung und geht dorthin. Sein Motiv ist einfach, er tut seine Arbeit und wird dafür bezahlt.

Bei seiner Ankunft entdeckt er, wie Saboteure im Auftrag eines Konkurrenzunternehmens gerade dabei sind, die Maschinen zu zerstören. Im Verlauf des Konflikts schweben beide Seiten in großer Gefahr und setzen ihr Leben aufs Spiel. Vergegenwärtigen wir uns nochmals die Motive. Der Ingenieur verdient dreihundert Dollar pro Woche. Dafür soll er sein Leben riskieren. Dies wäre unlogisch. Versuchen wir also, das Motiv zu stärken, damit es der beeindruckenden Absicht ebenbürtig ist. Der Ingenieur hatte sich überall um einen Arbeitsplatz beworben, jedoch ohne Erfolg. Er nagte bereits am Hungertuch, als man ihm diesen Auftrag anbot. Ein solches Motiv wäre logisch. Entweder er lehnt das Angebot ab und verhungert, oder er nimmt es an und ist bereit, sein Leben zu riskieren. Versuchen wir noch eine zweite Variante. Die Saboteure sind Wesen von einem anderen Planeten. Der Ingenieur begibt sich in Lebensgefahr, jedoch nicht für dreihundert Dollar pro Woche, sondern um den Planeten Erde zu retten. Dieses Motiv ist stark genug und kann einer willensstarken Absicht das Wasser reichen.

Soweit also die Gefahren, die in diesem verwobenen System der Gesetzmäßigkeiten schlummern. Es bietet jedoch auch eine Reihe von Vorzügen.

Da die Beziehungen und Verhältnisse zwischen den einzelnen Faktoren so stabil und strikt sind, können wir von einem Faktor auf den anderen schließen, ohne dabei alle Komponenten vorstellen und verdeutlichen zu müssen. Wird ein Faktor gezeigt, sind damit auch die anderen bekannt. Diese Tatsache ist beim Erzählen der Filmgeschichte von unschätzbarem Wert.

Ignoriert ein Drehbuchautor die Tatsache, daß alle Faktoren sich automatisch gegenseitig vorstellen und meint, alle Widersprüche sicher vermeiden zu können, indem er absichtlich nur einen oder zwei Faktoren zeigt, so muß er sich den Vergleich mit Vogel Strauß gefallen lassen, der den Kopf einfach in den Sand steckt.

Kommen wir nun zu einem sehr wichtigen Punkt. Die einzigen Ausnahmen in dieser automatischen Kette von Schlußfolgerungen sind Verwirklichung bzw. Vereitelung von Absichten. Doch auch diese potentiellen Unsicherheitsfaktoren unterliegen ähnlich strikten Gesetzmäßigkeiten. Wir wissen, daß die Absicht danach trachtet, das Ziel zu erreichen. Also folgern wir, die Absicht führt zum Ziel. Der Unsicherheitsfaktor kommt nur dann ins Spiel, wenn sich der Absicht Schwierigkeiten in den Weg stellen. Um überhaupt in

Zweifel geraten zu können, ob die Absicht nun verwirklicht bzw. vereitelt wird, müssen wir von der Existenz sich einmischender Schwierigkeiten erfahren haben.
Mit dieser Erkenntnis ist der Weg geebnet für eines der wichtigsten Prinzipien beim Verfassen eines Filmdrehbuches. Wir sind jetzt imstande, unser theoretisches Wissen über die filmischen Gesetzmäßigkeiten in die Praxis einfließen zu lassen.

In der Realität dauert der Übergang vom Motiv zur Absicht und von der Absicht zum Ziel eine gewisse Zeit. Beabsichtigen wir, zu Fuß von New York nach Washington zu gehen, beansprucht unser Vorhaben sehr viel Zeit. Wollen wir dagegen eine Zigarette anzünden, wird weniger Zeit erforderlich sein.
Nun möchte der Drehbuchautor jedoch sowohl Absichten, die viel Zeit beanspruchen, als auch solche, die kurz andauern, dem Publikum präsentieren. Für den Film stehen aber nur zwei Stunden zur Verfügung, wohingegen der beabsichtigte Fußmarsch von Washington nach New York wahrscheinlich zwei Wochen dauert. Trotzdem können im Film auch derart zeitraubende Handlungen gezeigt werden, weil die Möglichkeit der Unterbrechung zwischen zwei Szenen besteht. Wir erinnern uns, daß während der Ablösung einer Szene durch eine andere, ein unbestimmter Zeitsprung stattfindet. Folglich könnten die Übergänge Motiv – Absicht – Ziel innerhalb dieser Zeitsprünge angesiedelt werden.
Hierin liegt der einzigartige Vorteil des Films etwa gegenüber dem Theater, das mit seinen wenigen Szenen und folglich geringen Zeitsprüngen fast immer die gesamte Übergangsphase auf der Bühne zeigen muß. Die einzigen Ausnahmen sind Pausen, Abgänge und Auftritte der Darsteller. Daraus ergeben sich zwei Nachteile für das Theater: zum einen wird die Erzählung der Geschichte verlangsamt und zum anderen muß auf viele Entwicklungen von vornherein verzichtet werden, weil deren Bühnenpräsentation zu lange dauern würde.
Der Film hingegen macht von der menschlichen Fähigkeit, Schlußfolgerungen zu ziehen, Gebrauch, wenn die Übergänge zwischen Faktoren verdeutlicht werden sollen. Diese theoretisch viel Zeit beanspruchenden Übergangsphasen schiebt der Autor einfach in die Zeitsprünge zwischen zwei Szenen.
Damit haben wir die Möglichkeit zu entscheiden, welche Ereignisse innerhalb des Zeitsprungs und welche in einer Szene stattfinden sollen. Alle Handlungen, Vorfälle, Ereignisse und Entwicklungen,

die per Schlußfolgerung herzuleiten sind, können in die Zeitsprungphase geschoben werden. Sie sind ohne Belang. Würde man uns nämlich Tatsachen präsentieren, auf die wir bereits schließen konnten, so hätte dies den gleichen Effekt, als erzählte man uns Dinge, die wir bereits wissen. Wir würden sozusagen zweimal von einer Sache unterrichtet und uns dabei langweilen, weil der Erzählfluß verlangsamt wird.

Nur solche Entwicklungen und Ereignisse, die der Zuschauer nicht mit absoluter Gewißheit aus den bekannten Größen herleiten kann, sind von Interesse und sollten gezeigt werden. Wenn wir die Schwierigkeiten, die sich einer Absicht in den Weg stellen, kennen, so ist das Erreichen des Ziels im Grunde genommen der einzige Faktor, der sich nicht durch Schlußfolgerung herleiten ließe. *Wie* eine Absicht verwirklicht wird, ist nur dann von Interesse, wenn die Möglichkeit besteht, daß sie vereitelt wird. Umgekehrt bedeutet dies, die konkrete Ausführung einer Absicht darf nur unter der Bedingung gezeigt werden, daß ihr Schwierigkeiten in den Weg gestellt werden, die einen Konflikt heraufbeschwören. Sobald diese potentiellen Widerstände aus dem Weg geräumt sind, folgern wir, daß die Absicht verwirklicht wird. Der Film muß uns dann unverzüglich das erreichte Ziel präsentieren.

Hierzu ein Beispiel: Ein Mann beabsichtigt, nach Florida zu gehen. Er hat Geld und Zeit; es gibt also keinerlei Zweifel an der Verwirklichung seines angestrebten Ziels. Der Film müßte einsetzen, wenn dieser Mann bereits in Florida verweilt. Es wäre vollends überflüssig und uninteressant, ihn beim Kauf seiner Fahrkarte, auf dem Bahnhof, im Zug und bei seiner Ankunft in Florida zu beobachten; es sei denn, irgendeine Person oder Sache will verhindern, daß er dort ankommt. Dann wäre sich nämlich der Zuschauer der Korrektheit seiner Schlußfolgerung – der Mann wird an sein Ziel gelangen – nicht mehr so sicher.

Das gleiche gilt für die Liebesgeschichte. Mann und Frau treffen sich, sind ein Herz und eine Seele, und keinerlei Schwierigkeiten trüben das Glück. Mit Sicherheit werden sie ihr Ziel erreichen. Also muß in der Folgeeinstellung die Hochzeit gezeigt werden, da ja kein Anlaß zu Zweifeln an der Verwirklichung ihrer Absicht gegeben war. Alle Liebesszenen zwischen Bekanntschaft und Heirat wären überflüssig, es sei denn, der Zuschauer wurde von Schwierigkeiten in Kenntnis gesetzt, die ihn am Erreichen des Ziels zweifeln lassen.

Auch im umgekehrten Fall können Fehler unterlaufen. Wenn wir

wissen, daß sich Schwierigkeiten ergeben werden, darf uns der Film nicht gleich das Ziel vorsetzen, da das Erreichen dieses Ziels angesichts der Schwierigkeiten keineswegs selbstverständlich ist. Es gibt vielmehr berechtigte Zweifel an der Verwirklichung der Absicht, daher muß die gesamte Durchführung dieser Absicht gezeigt werden.
Dazu wieder ein Beispiel: Ein Mann möchte mit seinem Wagen von einer Stadt in die andere fahren. Der Zuschauer sieht, wie ihm Verbrecher auf der Autobahn eine Falle stellen. Also wäre es falsch, gleich in der nächsten Szene seine unbeschadete Ankunft zu zeigen. Hier handelt es sich um ein sehr eindeutiges Beispiel, doch es gibt Fälle, in denen die Absicht mit Schwierigkeiten konfrontiert wird, die dem Autor nicht gerade gelegen kommen. Geht eine Person vom Wohnzimmer ins Schlafzimmer, so steht dieser Absicht keine ersichtliche Schwierigkeit im Wege. Durchquert sie jedoch den Dschungel im Amazonasgebiet, tauchen beträchtliche Schwierigkeiten auf. Von einem selbstverständlich erfolgreichen Abschluß ihres Vorhabens kann nicht ausgegangen werden. Der Autor ist gezwungen, Vorfälle zu zeigen, in denen die Absicht über die auftauchenden Schwierigkeiten triumphiert – wie etwa die erfolgreiche Flucht vor feindlichen Eingeborenen oder das Töten von Schlangen –, oder aber er muß von vornherein einen solch sicheren Weg zur Ausführung der Absicht wählen, daß wir von der erfolgreichen Ankunft am Ziel überzeugt sind. Der Autor kann uns natürlich auch im nachhinein erzählen, wie die Schwierigkeiten gemeistert wurden. Auf keinen Fall darf er jedoch die Schwierigkeiten ignorieren, die einem Ziel im Wege stehen.

Damit wären nun alle Gesetzmäßigkeiten hinsichtlich des Konflikts und der Berücksichtigung für die Praxis des Drehbuchschreibens eingehend analysiert.

## Die Beruhigung

Die Beruhigung stellt sich ein, nachdem das Ziel erreicht wurde. Der Zweck des Konflikts ist damit erfüllt, die Störung existiert nicht mehr.
Die Störung steht am Anfang und die Beruhigung am Ende. Der Veränderungsprozeß von einem Stadium ins andere kann allmählich oder schnell vonstatten gehen. Im ersten Fall erfolgt die Beru-

higung langsam und erstreckt sich über die gesamte Geschichte; im zweiten Fall vollzieht sie sich rapide aufgrund eines plötzlichen Ereignisses. Der Konflikt verläuft in beiden Fällen mit gleichmäßiger Stetigkeit.
Beruhigung läßt sich auf dreierlei Weise herbeiführen; durch die Ausschaltung der Affinitäts- bzw. Repulsionskräfte, durch die Knüpfung einer Beziehung zwischen den affinen Faktoren oder durch den Abbruch der Beziehung zwischen den repulsiven Faktoren.
Knüpfung und Abbrechen einer Beziehung können plötzlich und spontan erfolgen. Ein Paar wird vielleicht sofort heiraten, nachdem die Schwierigkeiten, die zwischen beiden standen, beseitigt wurden. Oder wir fühlen uns mit einem Schlag erleichtert, wenn wir vom Tod unseres Erzfeindes hören. Um jedoch Affinitäts- oder Repulsionskräfte zu eliminieren, muß der Autor entweder die Charakterisierung oder die Umstände ändern. Umstände wandeln sich langsam, wenn wir uns z. B. nach und nach Geld zusammensparen, oder schnell, wenn wir in einem Pokerspiel einen Glückstreffer landen, unser Geld bei einem Bankkrach verlieren oder einen neuen Arbeitsplatz finden. Eine Charakterveränderung geht jedoch immer sehr langsam vor sich. Im Laufe von Jahren kann ein Mensch schlechter oder innerhalb von Monaten besser werden; eine lebhafte Person wird depressiv, ein Trauerkloß wird zum Optimisten, ein dummer Mensch kann hinzulernen und eine sorglose Person bemüht sich um Selbstdisziplin. Eine durch und durch schlechte Person wird jedoch nicht von einer Sekunde auf die nächste zum guten Menschen, ein brutaler Mann wird nicht zum zahmen Lämmchen und ein Lügner nicht zum Wahrheitsfanatiker. Wenn also Knüpfung und Abbrechen von Beziehungen oder die Ausschaltung von Affinität bzw. Repulsion durch veränderte Umstände für die Beruhigung erforderlich sind, kann diese durchaus schnell erfolgen. Ist jedoch ein Charakterwandel notwendig, muß sich die Beruhigung langsam und allmählich einstellen.

Der Drehbuchautor macht sich oft erst dann Gedanken über das Beruhigungsstadium, wenn er beim letzten Teil der Geschichte angelangt ist. Daran ist nichts auszusetzen, wenn die Beruhigung sehr schnell erfolgt. Soll Ruhe jedoch aufgrund einer Charakterveränderung eintreten, sind langfristige Vorbereitungen im Drehbuch erforderlich. Hat es der Autor versäumt, diese Beruhigung früh genug anzulegen, so wird er sich in einer reichlich dummen Lage

befinden und krampfhaft nach Gründen suchen müssen, die den verwerflichen Menschen plötzlich in einen guten Menschen verwandeln. Seine Suche wird nur leider vergeblich sein, denn es gibt keinen Grund, der glaubhaft genug wäre, um eine derart rapide Charakterveränderung zu rechtfertigen. Erinnern wir uns an dieser Stelle daran, daß der menschliche Charakter auch aus gegensätzlichen Merkmalen bestehen kann. Ein bestimmtes Ereignis könnte dann den Sieg der guten oder der schlechten Charaktereigenschaften herbeiführen. Damit hat sich jedoch keine Charakterveränderung vollzogen, sondern lediglich der Triumph eines Wesensmerkmals über ein anderes. Der Autor muß auf jeden Fall frühzeitig dafür sorgen, daß diese beiden gegensätzlichen Eigenschaften in einem Charakter angelegt sind.
Ein gutes Beispiel für einen Charakterwandel findet sich in Shakespeares *Taming of the Shrew* (*Der Widerspenstigen Zähmung*). Zu Beginn ist Kate noch ein wildes, ungestümes Mädchen, das sich jedoch allmählich in eine liebe und zahme Frau verwandelt. Doch bei all ihrem ursprünglichen wilden Temperament schlummert in ihr vermutlich auch der Wunsch, gebändigt zu werden, was wiederum die beiden Seiten ihres Charakters widerspiegelt. Der Nachteil einer solch langsamen Beruhigung besteht darin, daß kein wirklicher Höhepunkt möglich ist, und daß Petruchios Absicht, Kate zu zähmen, zusehends außer Zweifel steht: Je sanftmütiger Kate wird, um so offensichtlicher erscheint es, daß sie sich unterwerfen wird. Mit dieser langsamen Veränderung hin zu einem immer deutlicher feststehenden Endergebnis erlahmt auch sukzessive das Interesse des Publikums.

Beruhigung bedeutet, daß ein ungestörter Zustand erreicht ist. Es kann sich dabei um den gleichen Zustand handeln, von dem wir zu Beginn der Geschichte ausgegangen sind, oder aber um einen anderen. Zum Ausgangspunkt wieder zurückzukehren, ist nicht ganz ungefährlich, weil damit der Eindruck entsteht, es habe sich – trotz all der vorgefallenen Ereignisse – nichts verändert. Das Publikum reagiert unzufrieden, wenn es an den Anfang zurückgeführt wird, ähnlich wie der Mann in der Wüste, der im Kreis geht und schließlich nur seine eigenen Fußspuren im Sand wiederfindet. Wenn sich trotz der vielen heraufbeschworenen Kräfte und Gefühlswallungen nichts verändert hat, wird sich der Zuschauer fragen: Warum hat der Autor die Geschichte dann überhaupt erzählt? Tritt die Beruhigung aufgrund der Heirat eines zuvor unverheirateten Paares ein, so hat sich damit etwas verändert. Kehrt Ruhe durch eine Scheidung ein, so ist ebenfalls eine Veränderung eingetreten. Nun dreht sich unsere Geschichte jedoch um ein verheiratetes Paar und eine dritte Person, die auf der Bildfläche erscheint und diese Ehe plötzlich gefährdet. Endet diese Geschichte damit, daß die außenstehende Person im Leben der beiden keine Rolle mehr spielt und das Paar sein altes Eheglück wiederfindet, so hat sich nichts verändert. Um dieser Geschichte eine gewisse Attraktivität zu verleihen, sollte zumindest gezeigt werden, wie die beiden über Lappalien streiten; dann naht die große Gefahr in Gestalt einer dritten Person. Dieser Außenstehende verschwindet nach einer gewissen Zeit wieder, und die Eheleute sind sich noch stärker und inniger in Liebe zugetan als jemals zuvor. So hat sich zwar nicht viel, aber wenigstens etwas verändert.

Recht aufschlußreich ist die Tatsache, daß bei Alfred Hitchcocks *Suspicion (Verdacht)* die meisten Zuschauer mit dem Ende höchst unzufrieden sind. Dafür scheint es keinen wirklichen Grund zu geben, hat der Film doch ein Happy-End. Die Unzufriedenheit rührt jedoch daher, daß der Konflikt zu keiner Veränderung führt. Cary Grant und Joan Fontaine sind vorher und nachher glücklich verheiratet. Hinzu kommt, die Ursache des Konflikts ist kein wirklicher sondern ein fiktiver Tatbestand. Und das Publikum nimmt nur sehr ungern Verdächtigungen und Spannung in Kauf, die grundlos und obendrein ergebnislos sind.
Dies erklärt, in welcher Beziehung das Wesen der Beruhigung zu Störung und Konflikt steht. Nicht alle Absichten in einer Geschichte können jedoch in eine Beruhigungsphase münden. Verwenden wir z. B. die Absicht-Gegenabsicht-Konstellation, so muß sogar verhindert werden, daß eine von beiden Komponenten den Ruhezustand erreicht, damit die andere dorthin gelangen kann. Obgleich nicht jede Absicht mit Beruhigung enden kann, sollte sie auf alle Fälle überhaupt enden, z. B. mit Vereitelung. Beruhigung hingegen bedeutet, die Absicht erreicht ihr angestrebtes Ziel und ist somit verwirklicht.

Hat der Autor alle Absichten korrekt zu Ende geführt, hofft er zu Recht auf zufriedene Reaktionen der Zuschauer. Doch dann wird er schmerzlich zur Kenntnis nehmen müssen, daß kein Publikum der Welt die Vereitelung einer guten Absicht als endgültiges Schlußwort akzeptiert, ebensowenig wie die erfolgreiche Verwirklichung einer schlechten Absicht. Sein Urteilsspruch wird wohl immer lauten, die Geschichte sei noch nicht zu Ende, denn das Ende wäre erst dann erreicht, wenn die Guten auch die Sieger sind.

Endet ein Film deshalb tragisch, weil momentan keine Beruhigung eintritt, diese aber zu einem späteren Zeitpunkt durchaus denkbar wäre, dann wurde ein unechtes tragisches Ende gewählt. Ein Mensch wird nie die Hoffnung auf Beruhigung aufgeben, sie stets herbeisehnen und all sein Trachten nach ihr ausrichten. Wir erwarten daher, daß eine Person, deren Absichten vereitelt wurden, sich früher oder später erneut um eine Beruhigung bemühen wird. Ein tragisches Ende nehmen wir bestenfalls als vorübergehende Phase in Kauf, wohlweislich, daß die unglückliche Person nicht aufgeben wird, weil sie immer noch von Schmerz geplagt ist. Und weil sie Schmerzen verspürt, wird sie handeln, um die Schmerzursache zu beseitigen. Das Publikum kann sich nicht mit einem tragischen Ende abfinden, es will wissen, wie der nächste Versuch, Ruhe zu erzeugen, ausgehen wird.

Die Hinnahme eines permanent gestörten Zustands bedeutet Resignation. Sie stellt bis zu einem gewissen Grade einen Ruhepol dar und eignet sich daher bedingt als Ende einer Geschichte. Das einzige Problem ist, daß kein Mensch jemals vollkommen resigniert, während es durchaus Menschen gibt, die vollauf zufrieden sind. Die Störung ist immer latent vorhanden und kann jederzeit ausbrechen. Demzufolge wird das Publikum auch ein solches Ende als nicht zufriedenstellend zurückweisen.

Ein echtes tragisches Ende liegt vor, wenn der Verfechter des Guten oder einer der Liebenden stirbt. In diesem Fall ist ein endgültiger Schlußpunkt gesetzt, eine potentielle Beruhigung zu einem späteren Zeitpunkt ist ausgeschlossen. Der tragische Effekt, verursacht durch dieses traurige Ende, ist nicht auf einen fehlerhaften dramaturgischen Aufbau, sondern auf den Erzählinhalt zurückzuführen. Filme wie *Camille und Algiers* enden auf diese Weise.

Sterben jedoch beide Liebenden, ist kein wirklich tragischer Schlußpunkt gesetzt, weil das Liebespaar auch im Tod vereint ist. Interessant ist hier die Feststellung, daß das Publikum ein solches Filmende nicht ablehnt, denn es weiß, die Liebenden sind nicht voneinander getrennt. Bei *Romeo und Julia* oder *Stürmische Höhen* sind wir nicht unzufrieden, weil das Liebespaar in diesen

Geschichten auch noch im Tod vereint ist. Vom dramaturgischen Standpunkt aus läßt sich das Ausbleiben unserer Unzufriedenheit dadurch erklären, daß keine Störung zurückbleibt, im Gegensatz zu jenen Fällen, in denen ein Liebender am Leben bleibt.

KAPITEL 4

# Hauptabsichten und Teilabsichten

Die Welt und das Leben eines jeden Menschen sind unendliche Ketten von Ursachen und Wirkungen, Störungen und Phasen der Ruhe. Sie sind ohne Anfang und ohne Ende. In diesem verzweigten Netz von Motiven, Absichten und Zielen existieren keine absolut ungestörten Zustände, zumindest nicht über eine unbestimmte Zeitdauer, und keine endgültigen und dauerhaften Phasen der Ruhe.

Wir werden bereits mit permanenten Störfaktoren geboren, und mit weiteren durch unsere Mitmenschen konfrontiert. Doch diejenigen, die uns diesen Schmerz zufügen, müssen ebenfalls Störungen erlebt haben, ansonsten würden sie sich nicht zum Handeln veranlaßt sehen; deren Störungen müssen wiederum durch andere Menschen oder Dinge verursacht sein usw. Diese ununterbrochene Kette zieht sich von der Vergangenheit bis in die Gegenwart. Der Film kann nun aufgrund seines begrenzten Raumes unmöglich dieser Ereigniskette in ihrer gesamten Länge Rechnung tragen. Was auch immer erzählt wird, es muß binnen zwei Stunden abgeschlossen sein. Deshalb müssen wir uns entscheiden, was erzählt werden soll, wo wir beginnen und wo wir enden wollen.

Die Antwort auf diese Fragen lautet wie folgt: Wir sollen uns darauf beschränken, eine einzige Absicht bis zu ihrem Endergebnis zu verfolgen. Dies schließt die Enthüllung des Störfaktors und das Resultat der Absicht, also entweder ihre Verwirklichung oder ihre Vereitelung, mit ein. Die Geschichte darf nicht enden, bevor das Endergebnis der Absicht gezeigt wurde; ferner ist es ausgeschlossen, daß die Absicht mitten im Film zum Ziel gelangt und dann eine zweite Absicht eingeführt wird.

Damit ist sehr strikt vorgegeben, was ein Film erzählen sollte. Ein ehrgeiziger Drehbuchautor darf nicht dem Irrtum erliegen, es sei vorteilhaft, das ganze Leben einer Person, das in der Regel aus unzähligen Absichten besteht, zu beschreiben, es sei denn, dieses Leben ist einer einzigen großen Absicht gewidmet.

Aus dem bisher Gesagten läßt sich die Definition der Hauptabsicht herleiten: Die Hauptabsicht ist unter den vielen Absichten diejenige, von der die Geschichte erzählen will.

Die Störung, die diese Hauptabsicht verursacht, muß geschildert werden, ebenso wie die jeweilige Beruhigung. Im Leben eines Menschen wird niemals ein absoluter Ruhezustand erreicht werden, doch für einige Absichten sind zumindest vorübergehende Ruhepausen möglich. Bei der Liebe ist z. B. keine endgültige Beruhigung erreichbar. Doch ein Mann könnte durchaus die Frau finden, die diesen Ruhepol wenigstens zu verkörpern scheint, wenngleich sich später herausstellen mag, daß sie die falsche Person ist. Wir haben alle schon einmal ein gestecktes Ziel erreicht, auch wenn dieser Erfolg dann doch durch die Schicksalsschläge des Lebens zunichte gemacht wurde. Die Geschichte muß nun einen dieser Störfaktoren herausgreifen, zeigen, wie sich die daraus resultierende Absicht weiterentwickelt und mit der vorübergehenden oder gar endgültig eingekehrten Beruhigung enden.

Die einzelne Hauptabsicht wird zum wichtigsten Gegenstand unseres Interesses. Sie kann durchaus zu einer Gegenabsicht im Widerspruch stehen, wobei die Gegenabsicht als Teil der Hauptabsicht betrachtet werden kann. Möglicherweise gibt es sogar mehrere Gegenabsichten – in jedem Fall bleibt die Hauptabsicht Dreh- und Angelpunkt der Geschichte. Mehrere Personen können an der Verwirklichung der Hauptabsicht beteiligt sein – so etwa verschiedene Astronauten eines Raumschiffes. Doch auch hier sprechen wir nur von einer Hauptabsicht.

In seltenen Fällen kann sich die Geschichte um zwei Hauptabsichten ranken, vorausgesetzt sie gehen von ein und derselben Person aus. Der Filmheld will z. B. die Frau seines Herzens gewinnen und gleichzeitig seine Feinde besiegen. Diese Konstellation ist noch möglich, doch mehr als zwei Hauptabsichten zerstören jede Geschichte, sie zerfiele in Einzelteile und ein dramaturgischer Aufbau wäre ausgeschlossen. Mehrere Hauptabsichten müßten entweder parallel verlaufen oder aufeinander folgen. Im letzteren Fall hätten wir zwar immer nur eine Hauptabsicht zu einem Zeitpunkt, doch es bliebe ein gravierender Fehler. Sind viele Hauptabsichten in einer Geschichte derart konsekutiv aneinandergereiht, so bietet sich das gleiche Bild wie bei einem herumspringenden Hasen. Dies ist ein typisches Kennzeichen von Filmserien, es sei denn, es gibt eine Hauptabsicht, die alle Folgen miteinander verknüpft.

Von der Hauptabsicht schließen wir auf die Teilabsicht. Um nämlich die Hauptabsicht verwirklichen zu können, benötigen wir unter Umständen eine Reihe untergeordneter, kleiner Absichten.
Hierzu ein Beispiel: Ein junger Mann möchte gern als Sänger Karriere machen. Sein Traumziel wäre, eine der großen Rollen an der Metropolitan Oper in New York zu singen. Er kann unmöglich diese Hauptabsicht sofort erreichen. Statt dessen wird er mehrere Teilabsichten verfolgen. Vielleicht wird er als Sänger in einem Nachtclub anfangen. Dann versucht er vielleicht, in einer Rockband zu singen. Inzwischen konnte er sich genug Geld zusammensparen, um Gesangsstunden bei einem berühmten Lehrer zu nehmen. Nach dieser Ausbildung singt er in der Music Hall, in der Hoffnung, von jemandem entdeckt zu werden, der ihm eine Chance an der Metropolitan geben würde. Dies geschieht, er erhält eine kleine Rolle. Und dann erreicht er schließlich sein großes Ziel: Hauptrollen an der Metropolitan.
Nicht nur im Filmdrehbuch, sondern auch im wirklichen Leben sind Teilabsichten erforderlich. Bergsteiger gliedern ihre Hauptabsicht in verschiedene Teilabschnitte, ihr erstes Ziel ist ein bestimmter Felsvorsprung und von dort aus arbeiten sie sich weiter nach oben, klettern an einer Bergwand hoch und durchqueren eine Bergschlucht, bis sie schließlich den Gipfel erreichen.
Auch einer einfachen Liebesgeschichte liegt das Prinzip der Unterteilung in Abschnitte zugrunde. Das Endziel steht fest, und die entsprechenden Teilabsichten wären etwa, die Auserwählte auf sich aufmerksam zu machen, zum ersten Mal mit ihr zu sprechen, das erste Alleinsein mit ihr, der erste Kuß; alle weiteren Teilabsichten hängen dann von den konkreteren Zielvorstellungen ab.

Das Leben besteht aus einer Fülle von Absichten. Für den Drehbuchautor ist es daher nicht immer leicht, zwischen Haupt- und Teilabsicht zu unterscheiden. Die Stärke der Absicht ist hier kein Unterscheidungskriterium, denn in einer Geschichte könnte die Hauptabsicht die Bepflanzung eines Gartens sein – gewiß kein besonders vehementes Vorhaben –, während in einer anderen Geschichte die Ermordung einer ganzen Familie nur eine Teilabsicht darstellt. Größen wie Ausmaß und Intensität sind daher bei der Unterscheidung zwischen Haupt- und Teilabsichten keine relevanten Kriterien.
Um eine Absicht als Teilabsicht zu klassifizieren, muß die Frage, ob sie die Hauptabsicht unterstützt, bejaht werden können. Ist dies nicht der Fall, so handelt es sich um eine eigenständige Absicht,

die jedoch auszuschließen ist, weil die Geschichte nicht zu viele Hauptabsichten verarbeiten kann.
Damit ist eine wichtige Erkenntnis gewonnen. Da für die Bühne nur eine sehr begrenzte Anzahl von geeigneten Stoffen in Frage kommt, ist das Theater in viel geringerem Maße mit diesem Problem konfrontiert. Der Film hingegen ist imstande, eine solche Vielzahl von Absichten zu schildern, daß der Drehbuchautor oft der Versuchung unterliegt, möglichst großzügig davon Gebrauch zu machen. Sehr bald muß er dann erkennen, welcher Schaden damit der Geschichte zugefügt würde. Seine Frage wird lauten: Welche Absicht soll ich aus der reichen Vielfalt der möglichen Absichten herausgreifen und dem Zuschauer präsentieren?
Die Antwort lautet: Nur die Absichten sollten gezeigt werden, die einen gemeinsamen Zweck verfolgen. Das Gesetz der Einheit des Zwecks löst somit die im Theater gültigen Gesetze der Einheit von Zeit und Ort ab. Haben wir uns erst einmal für eine Hauptabsicht in unserer Geschichte entschieden, müssen all die anderen Absichten unter dem Gesichtspunkt ausgewählt werden, ob sie die Hauptabsicht beim Erreichen ihres Zieles unterstützen können. Ist dies der Fall, erhalten sie den Status von Teilabsichten. Ansonsten handelt es sich um eigenständige Hauptabsichten, die nicht verwendet werden dürfen.

Sowohl Hauptabsicht als auch Gegenhauptabsicht können aus mehreren Teilabsichten bestehen. Jede dieser Teilabsichten muß entweder der Hauptabsicht oder Gegenhauptabsicht zweckdienlich sein. Für alle gelten dieselben Regeln.
Teilabsichten sind permanenten Veränderungen unterworfen, während die Hauptabsicht stets gleich bleibt. Wir wollen z. B. nach New York reisen. An dieser Hauptabsicht ändert sich nichts, was immer auch geschieht. Die entsprechende Teilabsicht könnte nun darin bestehen, daß wir mit dem Flugzeug dorthin fliegen wollen. Die Maschine startet in Los Angeles, doch in Fort Worth muß sie aufgrund eines Sturmes notlanden. Hier entsteht notgedrungen eine neue Teilabsicht, wir entscheiden uns nämlich, mit dem Zug weiterzufahren. Diese Zugreise endet jedoch an einer Brücke, die von einer Überschwemmung zerstört wurde. Also nehmen wir ein Boot, um den Fluß zu überqueren. Am anderen Ufer angekommen, setzen wir die Reise mit einem Auto fort. Zu unserem Entsetzen lauert jedoch unser Erzfeind am Straßenrand. Also nehmen wir einen Umweg. Letztendlich erreichen wir New York und verwirkli-

chen damit unsere Hauptabsicht. Trotz der sich permanent ändernden Teilabsichten, wurde zu keinem Zeitpunkt gegen das Gesetz der Zweckeinheit verstoßen; alle Teilabsichten dienten der Hauptabsicht, in New York anzukommen.
Teilabsichten können von Menschen verkörpert werden. Nehmen wir z. B. einen Geschäftsmann, der viel Geld verdienen möchte. Die Angestellten, die für ihn arbeiten, stellen Teilabsichten dar, denn mit ihrer Arbeit unterstützen sie sein Vorhaben. Fährt jedoch einer dieser Angestellten über das Wochenende in Urlaub, verkörpert er aus der Sicht des Chefs keine Teilabsicht, sondern führt ein eigenständiges Vorhaben durch.

Wie jede Absicht muß auch die Teilabsicht Ursache und Ziel haben. Ursache einer Teilabsicht ist nicht ein Motiv, sondern eine Motivation, Ursache ist nicht der Schmerz, der ja das Motiv für die Hauptabsicht darstellt, sondern der Grund, weshalb diese Teilabsicht der Hauptabsicht förderlich ist. Die Motivation wird ausschließlich durch das Motiv definiert. Aufgrund dieser Abhängigkeit ergeben sich zwei wesentliche Prinzipien: Die Motivation wird durch das Motiv bedingt, und die Motivation muß schwächer als das entsprechende Motiv sein.
Die Motivation darf also das Motiv nicht an Stärke übertreffen. Dazu wieder ein Beispiel: Ein Mann macht auf einer Party die Bekanntschaft einer Frau und flirtet mit ihr. Nach einer derart kurzen Zeit des Zusammenseins kann der durch die Trennung bei Partyende verursachte Schmerz nicht sehr stark sein. Demzufolge ist das Motiv schwach. Betrachten wir nun die folgenden zwei Möglichkeiten: Der Mann lebt in Long Island und erfährt, daß sich die Frau in New York aufhält. Also fährt er nach New York, weil die Motivation noch schwächer als das Motiv ist. Lebt dieser Mann jedoch in China und die Frau in New York, wird er wegen einer Frau, die er kaum kennt, diese Reise sicherlich nicht auf sich nehmen; die Intensität der Teilabsicht würde bei weitem die der Hauptabsicht übertreffen. Das Motiv müßte in einem solchen Fall um ein Vielfaches gestärkt werden, d. h. die Liebe des Mannes zu der Frau muß besonders groß und tief sein.
Die Teilabsicht setzt ein Hilfsziel, das in der Zukunft liegt. Es kann erreicht werden oder auch nicht.
Da für die Teilabsicht das Gesetz der Zweckeinheit gilt, und die Motivation in einem Abhängigkeitsverhältnis zum Motiv steht, ist das Hilfsziel dem Gesetz der Konzentrizität unterworfen.

Die Hauptabsicht versucht, ihr angestrebtes Ziel immer auf dem kürzest möglichen Weg zu erreichen. Wir können uns somit die Hauptabsicht als eine gerade Verbindungslinie zwischen Motiv und Ziel vorstellen, da die Gerade immer die kürzeste Verbindung zwischen zwei Punkten darstellt. Beabsichtigt jemand von New York nach San Francisco zu reisen, so wäre es unsinnig, die Route Miami – Chicago – New Orleans – Alaska – Los Angeles anstelle der direkten Verbindungslinie New York – San Francisco zu wählen. Folglich liegen alle Hilfsziele im Idealfall auf der Geraden zwischen Motiv und Ziel. Dies ist jedoch nicht immer möglich, da auftretende Schwierigkeiten Umwege erzwingen können. Gegenabsichten verändern unter Umständen die Geradlinigkeit der Teilabsicht. Ganz gleich, wieviel Umwege es auch geben mag, das Hilfsziel muß immer wieder auf das Hauptziel ausgerichtet werden.
Die Teilabsicht darf sich auf keinen Fall rückwärts bewegen oder sich nach beiden Seiten zu weit von der Linie entfernen, vor allem, wenn dies nicht durch auftretende Schwierigkeiten gerechtfertigt ist. Graphisch läßt sich dieser Fehler folgendermaßen darstellen:

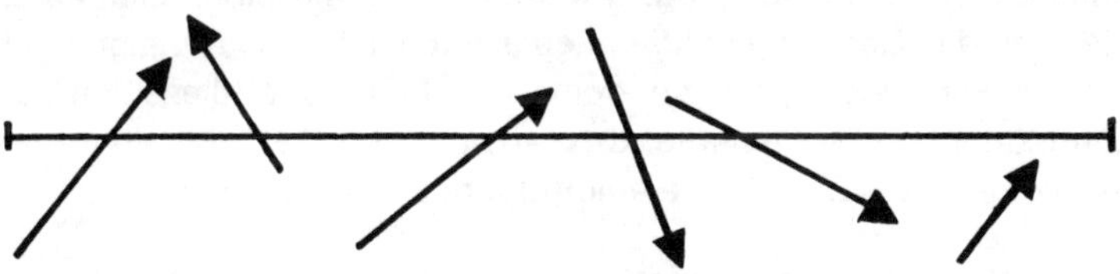

Es liegt auf der Hand, welchen Schaden solche Irrwege der Geschichte zufügen. Das Gesetz der Konzentrizität, das es zu beherzigen gilt, ist im folgenden veranschaulicht:

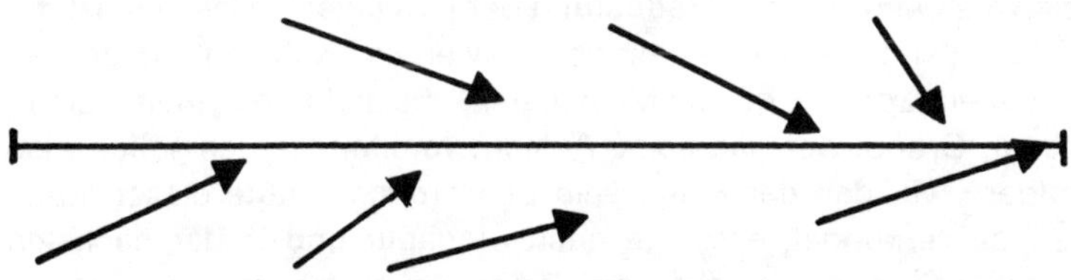

Es gibt Fußballmannschaften, die den Ball hin und herkicken und den Anschein erwecken, sich keinen Millimeter dem Tor zu nähern. Andere hingegen erkämpfen sich mit nur wenigen gezielten Pässen direkt den Weg in den gegnerischen Strafraum. Ebenso gibt es Geschichten, die unzählige Richtungen einschlagen und auf kein ersichtliches Ziel hinauslaufen, während sich andere schnurstracks auf ein Ziel zubewegen. Konzentrische Geschichten, die auf einen Punkt ausgerichtet sind, besitzen größere Dichte und mehr Aussagekraft. Fehlt diese Konzentrizität, sind sie ausschweifend und ermüdend und verschwenden überdies so viel Zeit auf ihren Irrwegen, daß für die Hauptabsicht nichts mehr übrigbleibt.

Das Publikum darf nun nicht erwarten, daß die Hilfsziele in einer Geschichte konkret und klar umrissen sind oder wie Bahnhöfe entlang einer Eisenbahnstrecke als markante Punkte sofort ins Auge stechen. Hilfsziele können von verschiedener Tragweite sein, sich auf unterschiedliche Weise manifestieren, kurz auftauchen und dann wieder verschwinden. Ein Hilfsziel kann aus mehreren untergeordneten und noch weniger klar umrissenen Zielen bestehen. Beispiele für Teilziele wären etwa die Absicht, jemanden an einem bestimmten Ort zu treffen oder sich ein neues Kleid zu kaufen oder die Aufführung eines Theaterstücks zu sehen. Von van Gogh wird behauptet, es gäbe keinen einzigen deplazierten Quadratzentimeter in seinen Bildern. Welchen Fleck man auch genauer unter die Lupe nehmen mag, er enthält immer dieselben Elemente, die auch das Gesamtgemälde interessant machen. Das gleiche gilt für den Film; jeder noch so kleine Abschnitt sollte dieselben zukunftsorientierten Elemente, d. h. Absicht und Ziel, enthalten, die für die gesamte Geschichte eine tragende Rolle spielen.

Die Teilabsicht, die entweder verwirklicht oder vereitelt werden kann, muß im Verlauf der Geschichte auf eine dieser beiden Möglichkeiten hinauslaufen, d. h. sie muß unbedingt zu einem definitiven Ende kommen. In vielen Filmen wird leider gegen dieses Prinzip verstoßen. Je nach Bedeutung der jeweiligen Teilabsicht ist der Fehler dann mehr oder minder gravierend. Nehmen wir an, ein Mann erklärt: „Ich gehe jetzt schlafen.“ Es gibt nun keinen ersichtlichen Grund, weshalb seine Absicht vereitelt werden sollte. Also folgern wir, daß der Mann sein Ziel erreicht. Hätte dieser Mann jedoch verkündet, er ginge nach Singapur und in der nächsten Szene sehen wir ihn auf dem Times Square herumspazieren, so wären wir verwirrt. Was ist aus seiner Teilabsicht, nach Singapur zu gehen, geworden? Warum wurde diese ganz offensichtlich vereitelt? Warum entschloß er sich, nach New York zu reisen?
Derartige Folgewidrigkeiten treten oft in Filmen auf, die für das Fernsehen umgearbeitet und schlecht zurechtgeschnitten wurden. Man kann bei solchen Bearbeitungen durchaus die eine oder ande-

re Bildsequenz streichen, doch niemals die vorangehenden und auf sie vorbereitenden Dialoge.

Im Zusammenhang mit Hilfszielen ergeben sich weitere Probleme. Gelegentlich wird ein Hilfsziel klar und deutlich als solches angekündigt. In solchen Fällen müssen Teilabsicht und Motivierung unbedingt vorhanden sein. Die folgenden Beispiele sind keine Hilfsziele – eine Frau in Abendgarderobe, die ein exklusives Restaurant betritt, ein Arbeiter in Arbeitskleidung, der in einer Fabrik zu sehen ist, oder ein Mann in einer Badehose, der sich im Schwimmbad aufhält. Wenn jedoch ein ärmlich gekleideter Mann ein Luxusrestaurant betritt, ein Mann in seiner Arbeitskleidung bei einer festlichen Party erscheint oder jemand in der Badehose auf dem Times Square steht, so sind in all diesen Fällen Hilfsziele vorhanden, welche der Motivierung bedürfen.
Übersieht der Drehbuchautor die Tatsache, daß es sich bei einigen der von ihm präsentierten Fakten um Hilfsziele handelt und versäumt daher, die entsprechenden Motivationen zu liefern, so entstehen absurde Konstellationen. Der Erzählverlauf mag es z. B. erfordern, daß eine Person an einen bestimmten Ort geht, um dort eine andere Person zu treffen oder Zeuge eines Vorfalls zu werden. Wenn nun die erste Person an jenem Ort keine Folgewidrigkeit darstellt, ist keine besondere Motivation notwendig. So wäre es etwa in keiner Weise unnatürlich, einen Arbeiter zu zeigen, der in einer Fabrik bestimmte Vorgänge beobachtet. Sieht die Geschichte jedoch seine Anwesenheit in einem Nachtclub vor, benötigen wir eine starke Motivation, die ihn veranlaßt, dorthin zu gehen. Viele Autoren quälen sich mit diesen Auflagen; sie müssen versuchen, auf folgende Fragen Antwort zu finden: Wie kann ich es einrichten, daß der Mann in den Nachtclub geht? Warum könnte er dort auf jemanden treffen? Unter welchen Umständen kann er dort Zeuge eines Vorfalls werden? Die Motivation muß selbstverständlich mit unserer Erzählhandlung vereinbar sein, ansonsten würden die notwendigen Erklärungen zu weit von unserer Geschichte abschweifen und die Vorwärtsentwicklung verlangsamen, obgleich die Motivation dann vielleicht vollständig gegeben wäre. Ausgeschlossen ist somit, um bei unserem Beispiel zu verweilen, die folgende Motivationskette: Der Mann in Arbeitskleidung betritt ein exklusives Restaurant, weil er den Wunsch hat, einmal über seine Verhältnisse hinaus zu leben, was wiederum zu erklären ist mit einem Ereignis, das sich in seiner frühen Kindheit zugetragen hatte ...... und

während er also im Restaurant speist, beobachtet er, wie ein Mädchen einen Mann bestiehlt. Eine derartige Motivation wäre ein Verbrechen am Sparsamkeitsprinzip. Also wird der Mann in den Club gehen, weil er den Verdacht hat, daß sich seine Freundin dort aufhält oder weil er weiß, daß dort ein Diebstahl stattfinden soll. Die widersprüchlichen Informationen, die durch seine Arbeitskleidung und die Eleganz des Clubs vermittelt werden, erweisen sich in diesem Fall als ausgezeichnetes Mittel, um dem Zuschauer die Stärke der Teilabsicht präzise vor Augen zu führen.

KAPITEL 5

# Die Wirkungen auf das Publikum

Die Filmgeschichte wird nicht einfach nur erzählt, sie wird einem Publikum präsentiert. Folglich gilt es zu berücksichtigen, wie dieses Publikum auf die Art und Weise, in der die Geschichte erzählt wird, reagiert. Beschränken wir uns dabei zunächst auf die Wirkung der dramaturgischen Erzählstruktur auf den Zuschauer. Die Publikumsreaktionen auf den eigentlichen Erzählinhalt werden dann im dritten Teil dieses Buches näher untersucht.

Die Zuschauerresonanz auf eine Geschichte ist weder unberechenbar noch ungewiß. Bestimmte Abschnitte einer Geschichte rufen ganz bestimmte Reaktionen im Publikum hervor. Der mit diesem Verhalten vertraute Drehbuchautor verfügt somit über die freie Auswahl gewünschter Reaktionen seitens der Zuschauer.
Nur ein Anfänger auf dem Gebiet des Drehbuchschreibens mag annehmen, daß sich die Stimmungen und Reaktionen der Figuren in seiner Geschichte auf das Publikum übertragen. Wenn die Filmcharaktere lachen und sich amüsieren, muß dies jedoch keineswegs heißen, daß auch die Zuschauer lachen und guter Laune sind. Einige der besten Komödianten erzielen beim Publikum wahre Heiterkeitsstürme, ohne selbst auch nur ein einziges Mal den Mund zu einem Lachen zu verziehen. Trauer auf den Gesichtern der Leinwandhelden bewirkt beim Zuschauer keineswegs zwangsläufig ähnliche Gefühle. Ebensowenig wird dieser von etwas fasziniert sein, nur weil eine Filmfigur davon über alle Maßen angetan ist. Nervenkitzel, Schießereien und viel Bewegung auf der Leinwand versetzen nicht unbedingt auch den Betrachter in Erregung. Dieser könnte einen derartigen Aufruhr ebensogut gelassen oder gelangweilt zur Kenntnis nehmen, während er bei vollkommener Stille vor lauter Aufregung außer Rand und Band gerät. Das Lachen der Filmfigur bringt ihn zum Weinen und über ihre Trauer muß er lachen.

Ein erfahrener Autor weiß, daß die Reaktionen des Publikums nicht mit denen der Darsteller identisch sind. Gleichwohl reagieren die Zuschauer nicht eigenständig, sie werden bei gewissen Erzählelementen zwangsläufig zu bestimmten Reaktionen veranlaßt.

Die Qualität des Erzählinhaltes muß nicht notgedrungen Interesse oder Spannung hervorrufen. Eine inhaltlich hervorragende Geschichte kann höchst langweilig und eine banale und durchschnittliche Geschichte wiederum äußerst interessant sein.
Stimmt der dramaturgische Aufbau einer Geschichte, wird auch der Erzählinhalt am wirkungsvollsten präsentiert. Der Zuschauer verspürt weder Langeweile, Müdigkeit oder Unzufriedenheit, noch wird er das Erzähltempo als zu langsam empfinden. Der Aufbau einer Geschichte sollte Erstaunen, Hoffnung, Angst und Spannung bewirken und das Gefühl der Vorwärtsbewegung vermitteln.
Wir müssen uns folglich um einen Erzählaufbau bemühen, der das Zuschauerinteresse erweckt, aufrechterhält und stetig ansteigen läßt. Dies läßt sich erreichen, wenn von der Antizipationsfähigkeit des Publikums Gebrauch gemacht wird.

## Antizipation

Antizipation ist die Fähigkeit des Zuschauers, Ereignisse, die in der Zukunft liegen, vorherzusehen.
Damit er in der Lage ist, einen später stattfindenden Vorfall zu antizipieren, müssen ihm beabsichtigte oder geplante Vorhaben bekannt sein. Ein Ziegelstein löst sich vom Dach eines Hauses, und das Publikum weiß, daß er zu Boden fallen wird. Ein Mann beabsichtigt, nach New York zu reisen, und die Zuschauer antizipieren, er wird dort ankommen. Wenn jedoch Figuren oder Objekte in der Geschichte weder Pläne noch Absichten haben, kann auch nichts antizipiert werden.
Mit Nachdruck sei hier nochmals auf die Formulierung hingewiesen: Wir sprechen von Personen oder Objekten in der Geschichte, die etwas beabsichtigen oder planen. Der Zuschauer darf aber auf keinen Fall die Absichten des Autors der Geschichte antizipieren. Derartige unechte Antizipationen brächten die Funktion der Antizipation als wertvolle Zuschauerreaktion in einen gewissen Mißkredit. Geschichten, bei denen man schon zu Beginn ahnt, wie sie ausgehen, besitzen in der Tat keinerlei Qualität.
Echte Antizipationen hingegen, denen die Absichten der Figuren in der Geschichte zugrunde liegen, sind von ausgesprochen großem Wert für den Filmaufbau. William Archer schreibt in seinem Buch *Playmaking*: „Das große und beständige Vergnügen am Theater ist das Vorwissen. Gegenüber den Charakteren des Dramas sind die

Zuschauer gleichsam wie Götter, die Vergangenheit und Zukunft kennen. Im Theater erheben wir uns für eine kleine Weile in die glorreichen Höhen der Allwissenheit und blicken von unserem Olymp herab auf all die kurzsichtigen Sterblichen, die nach ihrem Glück greifen wollen. Wir lächeln darüber, wie sie stolpern und zu Fall kommen, über ihre Fehler, ihr aussichtsloses Suchen, unangebrachtes Frohlocken und ihre grundlose Furcht."

Es ist nicht leicht, das Wesen der Antizipation zu durchleuchten. Der Zuschauer kann zwar nur dann Ereignisse antizipieren, wenn ihm die Geschichte entsprechende Absichten vermittelt, doch neben diesen spielen noch andere Faktoren eine Rolle. Die mitgeteilten Absichten sind lediglich Antriebsfedern für bestimmte Reaktionen des Publikums, die wir als Antizipationen bezeichnen.

Dieser Mechanismus ist wiederum auf die Ungewißheit zurückzuführen, ob Absichten tatsächlich ihr Ziel erreichen. Beim Zuschauer liegt die Entscheidung, entweder an die Verwirklichung oder an die Vereitelung dieses Ziels zu glauben, d. h. gewissermaßen ein Endergebnis zu wählen, das er voraussehen möchte.

In vielen Fällen folgt das Ziel, sprich, das Ergebnis in der Zukunft, mit absoluter Gewißheit auf die jeweilige Absicht, dann ist sich auch der Zuschauer der Korrektheit seiner Antizipation gewiß. Die Sonne „beabsichtigt" z. B., jeden Morgen aufzugehen. Also antizipieren wir den allmorgendlichen Sonnenaufgang. Wenn uns jedoch mitgeteilt wird: „Das Wasser wird anfangen zu kochen, wenn es lange genug erhitzt wird", drückt der zweite Teil des Satzes die Ungewißheit der Antizipation aus; jemand könnte ja die Herdplatte ausschalten oder den Wasserkessel vom Ofen herunternehmen. Dann gibt es wiederum solche Absichten, die von vornherein keinerlei Aussicht auf Erfolg haben, weil sie zu gewagt oder schlichtweg unrealisierbar sind. In diesem Fall wird der Zuschauer auch kein Gelingen prophezeien, mag die Filmfigur noch so überzeugt davon sein. Verkündet ein Darsteller, er werde demnächst auf den Mond springen, so wird das Publikum beim besten Willen nicht antizipieren können, daß er irgendwann auf dem Mond herumspaziert, sondern eher damit rechnen, ihn in einer Irrenanstalt wiederzufinden. Wir benötigen somit Informationen, um das wahrscheinliche Ergebnis eines Vorfalls vorhersagen zu können. Diese Informationen beziehen wir aus unserem reichen Erfahrungsschatz.

Erfahrungen wiederum sind durch Wiederholung zusammengetragene Beweise. Wenn sich eine Sache unter den gleichen Umstän-

den immer wieder auf die gleiche Weise verhalten hat, ziehen wir den logischen Schluß, daß sie auch weiterhin dieses Verhalten an den Tag legen wird. Verhält sie sich schließlich einhunderttausend Mal auf diese gleiche Weise, ist der Wiederholungsfaktor so konstant, daß er zu einem wissenschaftlichen Gesetz absoluter Präzision wird und die Gewißheit unserer Antizipation herbeiführt.
Wir erachten es als selbstverständlich, daß die Sonne jeden Morgen aufgeht, wie sie es schon seit abertausenden von Jahren getan hat. Doch in den grauen Urzeiten der Menschheit war selbst diese Antizipation ungewiß; noch im heidnischen Zeitalter fürchtete der Mensch, daß die Sonne eines Tages nicht mehr aufgehen und die Erde der ewigen Dunkelheit überlassen würde. Um einige tausend Jahre an Erfahrung reicher, war die Menschheit sich dann der Korrektheit ihrer Antizipation des allmorgendlichen Sonnenaufgangs relativ sicher. So war es Propheten möglich, ihre erschrekkendsten Prophezeiungen auf einem Widerspruch zu solch sicheren Antizipationen aufzubauen, wenn sie etwa verkündeten: Die Sonne wird am Himmel stillstehen. Propheten, die sich mit dieser Art von Vorhersagen an das einfache Volk wandten, wußten sehr wohl, daß die Bewegung der Sonne eine feststehende Antizipation war, die, falls an ihr gerüttelt würde, in den Menschen Angst und Furcht vor schrecklichen Veränderungen der Natur hervorrufen müßte.
Für uns steht somit fest, daß die einzelnen Zuschauer ein unterschiedliches Vorwissen zu einem gezeigten Filmereignis mitbringen und folglich mit sehr unterschiedlichen, teils richtigen, teils falschen oder mit keinerlei Antizipationen auf ein und denselben Vorfall reagieren können.

Im wirklichen Leben gibt es Situationen, in denen wir bestimmte Reaktionen so automatisch antizipieren, daß wir uns dessen schon nicht mehr bewußt sind. Beim Einwerfen eines Briefes in den Postkasten gehen wir selbstverständlich davon aus, daß die Post dieses Schreiben an seinen Bestimmungsort befördern wird. Eine Sekretärin, die sich beeilt, um ihren Bus zu erreichen, antizipiert, daß dieser Omnibus zu einem bestimmten Zeitpunkt an der Straßenekke abfährt.
Unsere Antizipationen können hervorgerufen werden durch allgemein übliche Vorfälle, gesetzliche Institutionen, durch konstante psychologische Verhaltensmuster oder durch einfache Wiederholungen. Doch im Hinblick auf menschliches Verhalten genügt be-

reits die vier- oder fünfmalige Wiederholung, um die Antizipation einer stets wiederkehrenden Verhaltensweise zu bewirken.
Wenn z. B. ein Mensch als ehrliche Person gilt, antizipieren wir, daß er sich in jeder Situation rechtschaffen verhält und weisen alle Vermutungen, er wäre imstande, unehrlich zu handeln, rigoros zurück. Beobachten wir, wie ein Mann geschlagen wird, so erwarten wir eine entsprechende Reaktion seinerseits; aufgrund unserer eigenen Erfahrung wissen wir nämlich, daß wir selbst und andere Menschen in einer solchen Lage auch reagieren würden. Unsere Antizipation reicht jedoch noch weiter, die Reaktion des Geschlagenen wird eine Verteidigungsmaßnahme und nicht etwa eine Einladung zum Essen sein. Begeht jemand einen Gelddiebstahl, so muß er nach seiner Gefangennahme einen Gefängnisaufenthalt antizipieren.

Das von Zuschauer zu Zuschauer unterschiedlich große Allgemeinwissen kann und muß im Verlauf der Filmgeschichte durch zusätzliche Informationen erweitert werden, die zum Verständnis einer bestimmten Filmfigur oder eines bestimmten Ereignisses beitragen. Dem Publikum sollte etwa bekannt sein, daß ein Vater zu Brutalität neigt, nur so kann es antizipieren, daß er sein Kind, das eine Fensterscheibe eingeschlagen hat, verprügeln wird.
Die durch die Geschichte gelieferte Information zwingt den Zuschauer zu der gewünschten Antizipation, wenn dem Wiederholungsfaktor genügend Rechnung getragen wurde. Erinnern wir uns, daß eine Charaktereigenschaft im Gegensatz zur vorübergehenden Stimmung per definitionem auf Wiederholung basiert. Im Hinblick auf einen Charakter oder ein Ereignis kann dieser Wiederholungsfaktor entweder schlichtweg postuliert oder angedeutet werden, oder aber er ergibt sich automatisch, als Folge der drei- oder viermaligen Präsentation ein und desselben Vorfalls im Verlauf der Geschichte. Wenn ein Hochstapler eine Frau nach der anderen ehelicht, weil er es auf deren Geld abgesehen hat, antizipieren wir spätestens nach der zweiten oder dritten Frau, daß er bei seinen künftigen weiblichen Bekanntschaften dasselbe Ansinnen verfolgen wird.
Wiederholung zählt ferner zu den gebräuchlichsten Effekten bei komischen Darbietungen. Bei jedem Auftritt richtet der Komödiant eine bestimmte Frage ans Publikum. Nach dem dritten oder vierten Mal weiß dann jeder, daß diese Frage kommen muß. Handelt es sich dabei um einen witzigen Kommentar, wird der Zuschauer in

schallendes Gelächter ausbrechen, noch bevor der Komödiant den ersten Laut von sich gegeben hat. Dieser Effekt ist die komische Wiederholungsvariante des alten Pawlowschen Hundeexperiments.

Wir wissen bereits, daß eine durch die Handlung vermittelte Information im weiteren Verlauf der Geschichte durch andere Fakten abgelöst oder in Frage gestellt werden kann. Unsere Antizipationen sind folglich permanenten Veränderungen ausgesetzt, sie erfahren abrupte Unterbrechungen, müssen umgeformt oder revidiert werden. In Neil Simons Film *The Out-Of-Towners* (Regie: Arthur Hiller) spielt Jack Lemmon einen jungen Firmenmanager in leitender Position, der zu einer wichtigen Geschäftssitzung nach New York fliegen muß. Trotz bester Vorbereitungen läuft nichts nach Plan. Seine Maschine wird nach Boston umgeleitet, er verpaßt seinen Zug nach New York, die Zimmerreservierung im Waldorf Astoria verfällt, er wird überfallen, verhaftet und auf seinem Rückflug wird die Maschine nach Kuba entführt.

Jede eingeleitete Antizipation, die sich nicht bewahrheiten wird, muß unterbrochen und somit zunichte gemacht werden. Ließe man sie einfach irgendwo im Raume stehen, würde sich beim Zuschauer unbewußt große Unzufriedenheit einstellen. Wir kennen sicherlich alle das Gefühl, vergeblich auf einen versprochenen Telefonanruf zu warten. Oftmals steht die herbe Enttäuschung in keinerlei Verhältnis zur Bedeutung des Telefonats, sie ist lediglich das Ergebnis unserer unbefriedigten Antizipation.
Vollkommen undenkbar wäre es daher, in einer Szene einen Zug zu zeigen, der auf eine zerstörte Brücke zufährt, und in der darauffolgenden Szene die Zuggäste wohlbehalten am Reiseziel ankommen zu lassen. Eine Filmfigur kann nicht lauthals ihre Absicht, Vieh zu stehlen, verkünden und dann den Diebstahl doch nicht begehen, ohne daß der Zuschauer ausdrücklich von ihrem Gesinnungswandel informiert wird. Dieser wird nämlich nichtsahnend weiterhin auf den angekündigten Viehdiebstahl warten. Je länger er der Dinge harren muß, desto ungeduldiger wird er. Und wenn schließlich der Film endet, ohne daß die Rinder gestohlen wurden, ist der Zuschauer restlos unzufrieden. Eine kurze Erklärung des potentiellen Viehdiebs wie etwa: „Von jetzt an werde ich ein rechtschaffener Mensch sein“, hätte schon genügt, um die Antizipation des Zuschauers zu revidieren.

Die folgende Anekdote basiert auf solch einer Erwartung, die sich dann doch nicht erfüllt. Ein Vertreter übernachtet in einem kleinen Gasthaus. Mitten in der Nacht wird er durch einen anderen Gast geweckt, der in volltrunkenem Zustand sein Zimmer, das direkt über dem des Vertreters liegt, aufsucht. Der Betrunkene zeigt keinerlei Respekt für die schlafenden Mitbewohner und wirft einen seiner Stiefel auf den Boden. Eine Stunde verstreicht. Schließlich kann der Vertreter den Zustand nicht mehr ertragen, klopft an die Decke und schreit: „Nun werfen Sie doch endlich Ihren verdammten zweiten Stiefel auf den Boden, damit ich ruhig weiterschlafen kann." Manche Filme sind voller zweiter Stiefel, die nicht zu Boden fallen.

Nun darf nicht vergessen werden, daß nicht nur die Zuschauer antizipieren, sondern auch die Personen auf der Leinwand. Die auf der Grundlage von Allgemeinwissen erfolgenden Antizipationen sind bei allen Menschen gleich, Filmfigur und Zuschauer werden gleichermaßen erwarten, daß ein brennendes Streichholz in einem Heuhaufen einen Brand auslöst. Bei Antizipationen, die sich jedoch auf besonderes Wissen gründen, könnte eine Figur andere Informationen als eine zweite Figur oder als der Zuschauer besitzen. Erinnern wir uns an die Ausführungen im Kapitel über die Verteilung von Informationen. Dem muß lediglich hinzugefügt werden, daß die Antizipationen zweier Filmfiguren in bezug auf einen Sachverhalt vollkommen gegensätzlicher Natur sein können, oder daß eine Filmfigur zu anderen Antizipationen gelangen kann als das Publikum, das abweichende Informationen besitzt.
Solche gegensätzlichen Antizipationen erweisen sich als höchst wirkungsvoll. Z. B. wenn ein Mann, der bald sterben wird, Pläne für neue Geschäftsprojekte schmiedet. Er weiß nicht, daß seine Krankheit lebensgefährlich ist, doch der Zuschauer weiß es. Ein Verbrecher faßt den Entschluß, ein ehrlicher Mann zu werden und ahnt nicht, daß ihn seine alten Komplizen umbringen wollen. An Bord der Titanic findet eine Liebesszene statt; das Liebespaar freut sich auf glückliche Flitterwochen, doch der Zuschauer weiß um den bevorstehenden Untergang des Schiffes. In frühen Filmen wurde oft der folgende komische Effekt verwendet: Jemand spaziert mit einem Päckchen unter dem Arm durch die Gegend, nichtsahnend, daß sich Dynamit darin befindet. Mit aller Gelassenheit zündet er sich ein Streichholz an und raucht eine Zigarette. Während er mit keinerlei Folgen seines Handelns rechnet, antizipiert der Zuschauer die Explosion des Dynamits.

Da ein für die Zukunft geplantes Ereignis in die Gegenwart rücken kann, besteht eine Verbindung zwischen dem antizipierten Ereignis und dem tatsächlichen Stattfinden dieses Ereignisses.

1. Der Zuschauer antizipiert einen bestimmten Vorfall. Dieser ereignet sich wie vorgesehen. Die Erwartung des Zuschauers wurde somit erfüllt.
2. Das Publikum antizipiert einen bestimmten Vorfall. Statt dessen findet ein anderes Ereignis statt. Der Zuschauer ist überrascht.

Erfüllte Erwartungen müssen nicht unbedingt von Nachteil sein. Im Verlauf einer Geschichte gibt es unzählige Situationen, in denen ein antizipiertes Ereignis wie vorgesehen stattfindet. Wenn ein Mann beabsichtigt, eine Frau zu küssen, erwarten wir, daß er sie küssen wird, und es kommt dann tatsächlich zum Kuß. Ein Gangster plant, einen Safe zu knacken, und eben dies geschieht.
Eine Erwartung, die sich erfüllt, birgt natürlich auch die Gefahr in sich, daß auf einen Sachverhalt gewissermaßen doppelt eingegangen wird; wir setzen den Zuschauer von etwas in Kenntnis, das er bereits vorhergesehen hat und somit schon weiß. Wenn ein antizipiertes Ereignis tatsächlich stattfindet, sollte dieser Vorgang nicht zu lange auf sich warten lassen und dem Zuschauer in möglichst kompakter Form präsentiert werden, es sei denn, das Ereignis selbst ist derart interessant, daß keine Langeweile beim Zuschauer aufkommen kann. In manchen Fällen erweist es sich sogar als reizvoll, den antizipierten Vorfall mit dem tatsächlich eingetretenen Ereignis zu vergleichen.

Überraschung zählt zu den wichtigsten Effekten jeder Geschichte; ob Komödie oder Tragödie, Überraschungseffekte lassen sich ausschließlich durch Antizipation erzielen. Wir müssen ein anderes Ereignis erwarten, um dann über das wirkliche Geschehen in Erstaunen zu geraten. Ohne vorherige Antizipation kann ein Zuschauer unmöglich überrascht sein. Vergessen wir dabei jedoch nicht, daß ein vollends friedlicher und ruhiger Zustand, bei dem absolut nichts antizipiert wird, bereits eine definitive Antizipation darstellt, nämlich die, daß nichts geschehen wird. Sollte dann wider Erwarten doch etwas passieren, reagieren wir überrascht.
Der Zuschauer muß an etwas glauben, bevor er überrascht werden kann. Man denke dabei nur einmal an die alten Varietétheater, wo die Kunst dramatischer Effekte perfekt beherrscht wurde, und an die große Sorgfalt, mit der ein Clown dort seine Überraschungs-

gags vorbereitete. Er will beispielsweise über ein Hindernis springen. Er unternimmt alle möglichen Anstalten, jedem zu verstehen zu geben, daß er springen wird und weist auf den immensen Schwierigkeitsgrad seines Kunststückchens hin, um die Erwartungen seines Publikums zu erhöhen. Immer wieder erklärt er seine Absicht, bis schließlich jeder Zuschauer mit Gewißheit seinen Sprung antizipiert. Und dann – er setzt an und marschiert um das Hindernis herum. Die Zuschauer sind überrascht. Sie wurden zum Narren gehalten und lachen. Erinnern wir uns an den Komödianten, der bei jedem Einsatz die gleiche witzige Bemerkung von sich gibt. Nach drei- oder viermaliger Wiederholung ist die Antizipation des Publikums schon so stark, daß es gleich bei seinem Erscheinen in Gelächter ausbricht. Der Komödiant kann dann zur Überraschung aller nicht seinen üblichen Anfangskommentar abgeben, sondern etwas anderes sagen und wird damit erneutes Gelächter bewirken.

Das gleiche Prinzip gilt für eine hochdramatische Geschichte. Ein Mann wurde im Film als ein gesetzestreuer Bürger eingeführt. Der Zuschauer ist somit von dessen absoluter Ehrlichkeit überzeugt. Plötzlich zeigt sich, er ist ein Verbrecher. Die Überraschung des Publikums wäre ohne eine entsprechende vorgefaßte Meinung nicht möglich gewesen. Weil das Publikum jedoch von etwas anderem überzeugt war, konnte es überrascht werden.
Charlie Chaplin machte häufigen Gebrauch von Überraschungen, um die Zuschauer zum Lachen zu bringen. In einem seiner Filme setzt er zum Sprung von einer Brücke an, springt, und jeder erwartet, daß er gleich ins Wasser eintauchen wird. Doch der vermutete Fluß erweist sich als größere Pfütze, in die er dann auch per Bauchlandung hineinplumpst. In *The Gold Rush (Der Goldrausch)* geht eine Frau lächelnd auf ihn zu. Er glaubt nun, ihr Lächeln gelte ihm und strahlt vor Glück. Doch die Frau geht geradewegs an ihm vorbei, zu einem anderen Mann, der hinter Chaplin steht. In *The Great Dictator* trifft er Vorbereitung zur Abfeuerung einer Kugel aus einer gewaltigen Kanone. Immer wieder wird uns die große Kanone gezeigt, und wir sehen Chaplins Vorbereitungen. Als Zuschauer lautet unsere Antizipation: Es wird eine ohrenbetäubende Explosion stattfinden und das Geschoß wird sicher zwanzig bis dreißig Meilen weit fliegen. Doch dann kommt die Kugel ganz langsam aus dem Kanonenrohr und landet in geringem Abstand vor dem Rohr auf dem Boden.

Ein weiterer Effekt von Antizipation ist die Verzögerung. Eine Verzögerung ist nur möglich, wenn wir damit rechnen, daß ein Ereignis zu einem ganz bestimmten Zeitpunkt stattfindet. Angenommen ein Mörder beabsichtigt, eine Frau zu töten, und der Zuschauer weiß, der Held soll bis zu einer bestimmten Uhrzeit bei ihr eintreffen. Doch diese Zeit verstreicht, und es ist keine Spur vom Helden zu sehen. Eine derartige Verzögerung ist außerordentlich wirkungsvoll. Wäre der Zuschauer jedoch nicht in die Lage versetzt, ab einem genannten Zeitpunkt mit der Ankunft des Helden zu rechnen, könnte er auch nicht verärgert oder gar nervös auf eine etwaige Verzögerung reagieren. Die gleiche Reaktion tritt ein, wenn eine Tür aufgeht, und wir vergeblich warten, daß unmittelbar darauf jemand das Zimmer betritt; statt dessen kommt erst nach geraumer Zeit jemand durch die schon lange Zeit offenstehende Tür.

Wird mit einem bestimmten Ereignis zu einem konkreten Zeitpunkt gerechnet, so kann sich dieser Vorfall entweder später, also mit besagter Verzögerung, oder aber früher als erwartet zutragen. Eine Frau nimmt an, ihr Mann käme erst in einer Woche zurück, doch dieser erscheint bereits nach zwei Tagen und ertappt seine Frau mit einem anderen Mann. Grund für die Überraschung der Frau ist die zu einem späteren Zeitpunkt erwartete Rückkehr ihres Gatten, und der Ehemann ist überrascht, weil er davon überzeugt war, seine Gattin allein in der ehelichen Wohnung vorzufinden.
Der Zuschauer kann dem antizipierten Ereignis mit Vorfreude oder Entsetzen entgegensehen. Erwartet er einen angenehmen Vorfall, so wird er den weiteren Verlauf der Handlung mit großem Eifer verfolgen. In kleinen Kinos kann man oft entsprechende Bemerkungen vernehmen, nachdem der Filmheld seine Absicht kundgetan hat, den Feind windelweich zu prügeln. „Mensch, das wird gut." – könnte ein begeisterter Sitznachbar unvermittelter Dinge versichern. Sein Enthusiasmus entspringt der Erwartung von Schlägen, die der Filmbösewicht einstecken wird. Unser Kinonachbar kann es also kaum erwarten, bis die Filmgeschichte endlich bei dieser Szene angelangt ist. Hätte der Filmheld jedoch seine Absicht verschwiegen, würde besagter Nachbar zu Tode gelangweilt Kaugummi kauen und könnte keiner angenehmen Szene entgegenfiebern.
Einem bevorstehenden unangenehmen Vorfall sehen wir mit Schrecken entgegen. Ein Kind hat eine Fensterscheibe im Haus

eingeschlagen. Wir wissen, was für ein brutaler Mensch der Vater ist und müssen somit befürchten, daß er sein Kind übel zurichten wird.
Angenehme und unangenehme Antizipationen können mit Überraschungen enden. Bei den in Aussicht gestellten Schlägen, die der Held dem Schurken verabreichen wollte, wendet sich das Blatt und der Held muß letztendlich die Hiebe einstecken. Der Zuschauer ist von dieser Wende überrascht. Eine solche Überraschung bei mit Vorfreude erwarteten Ereignissen kann nur Enttäuschung bewirken. Im Fall der unangenehmen Antizipation mag sich herausstellen, daß der brutale Vater seinem Kind verzeiht, und der Zuschauer ist erneut überrascht, reagiert hier jedoch mit großer Erleichterung.

In einer Geschichte mit Absicht und Gegenabsicht entwickelt der Zuschauer gegensätzliche Erwartungshaltungen, zum einen antizipiert er die edlen Taten des Helden, zum anderen die schlechten Taten des Bösewichts. Erstere stehen gewöhnlich für angenehme, letztere für unangenehme Antizipation. Somit empfindet das Publikum gleichzeitig Hoffnung und Angst. Der Bösewicht will gerade mit der Folter der Freundin unseres Helden beginnen. Wir antizipieren voller Angst und Entsetzen sein Handeln, wissen jedoch auch, daß der Held auf dem Weg zu dem Haus ist, in dem der Schurke das Mädchen mißhandeln will. Die Ankunft des Helden wird sehnlichst von uns erwartet. Wir sind voller Hoffnung und doch ist uns gleichzeitig angst und bange. Die gesamte Szene vor dem Eintreffen des Helden steht im Zeichen unserer Antizipation seiner Ankunft. Sobald er das Haus betritt, sind wir erleichtert, weil unsere unangenehmen Erwartungen überrascht bzw. zunichte gemacht wurden. Dennoch sind wir nicht erstaunt über die Ankunft des Helden, denn damit hatten wir gerechnet. Sollte er aber zu spät kommen, würden unsere hoffnungsvollen Erwartungen überrascht oder enttäuscht werden. Welchen Effekt der Autor auch bezweckt, er muß das Publikum in jedem Fall von der bevorstehenden Ankunft des Helden informieren.

Der Autor muß daher die Informationen in seiner Geschichte so anordnen, daß sie auf seiten des Publikums Antizipationen bewirken. Dadurch erzielt er so wertvolle Effekte wie Erwartung und Überraschung, Angst und Hoffnung, Enttäuschung und Erleichterung.

## Spannung

Spannung ist ein Schreckgespenst für die meisten Filmemacher. Mißlingt ein Film in irgendeiner Hinsicht, so wird dies gewöhnlich auf fehlende Spannung zurückgeführt. Mangelt es an durchdachtem dramaturgischem Aufbau, ist die Geschichte langweilig und der Handlungsfaden konfus, lautet der typische gutgemeinte Ratschlag – es fehlt noch ein Schuß Spannung. Allseits werden solch große Hoffnungen in die Spannung gesetzt, als sei dieses Wort eine Zauberformel und das Patentrezept zur Beseitigung aller Mängel, an denen die Erzählung krankt. Die wenigsten scheinen jedoch die genauen Spannungsmerkmale zu kennen oder zu wissen, wie dieser Effekt erzielt wird.

Spannung ist trotz ihrer hohen Wertschätzung nur ein sekundärer Effekt, der erst mit Hilfe anderer dramatischer Elemente erzielt wird. Eine kluge und durchdachte Erzählstruktur ist Voraussetzung für Spannungsmomente. Diese können weder eigenständig existieren, noch hinzugefügt werden. Spannung selbst läßt sich kaum korrigieren oder verbessern, da die Abhängigkeit von den anderen Elementen zu groß ist.

Spannung zählt nicht zu den eigentlichen Erzählelementen, sie ist eine Reaktion des Zuschauers auf das Erzählte. Wenn daher behauptet wird, eine Geschichte sei nicht spannend, bedeutet dies, daß beim Zuschauer während der Filmerzählung kein Gefühl der Spannung aufkommt.

Spannung ist die nagende Ungewißheit des Publikums, wie die Absicht einer Filmfigur wohl enden mag. Um Spannung erzielen zu können, muß daher als erste Bedingung eine Absicht vorhanden sein. Eine Geschichte ohne Absicht kann unmöglich Spannungsmomente hervorbringen.

Mit der Absicht wird ein Ziel gesteckt. Tauchen keine Schwierigkeiten auf, so gibt es auch keine Zweifel, ob die Absicht ihr Ziel erreicht. Weil es keine Zweifel gibt, existiert auch keine Spannung. Die Geschichte wird langsam, aber sicher auf das beabsichtigte Ziel zusteuern.

Dem Zuschauer können nur Zweifel kommen, wenn die Absicht auf Schwierigkeiten stößt. Der entstehende Konflikt zwischen Absicht und Schwierigkeiten läßt dann Zweifel entstehen, ob die Absicht verwirklicht oder vereitelt und das Ziel erreicht oder verfehlt wird. Solange der Zuschauer diese Zweifel hegt, ist er in einen Spannungszustand versetzt.

Obwohl diese Zusammenhänge doch recht einfach und einleuchtend sind, werden erstaunlich viele andere Wege beschritten, die zu Spannung führen sollen. Es gibt jedoch keinen anderen als den beschriebenen.

Einer der häufigsten Fehler bei Versuchen, eine Geschichte spannend zu gestalten, beruht auf der Tatsache, daß eine Erzählung ohne Schwierigkeiten gemächlich auf das beabsichtigte Ziel zustrebt. Logischerweise empfindet dies kein Zuschauer als spannend. Daraus wird nun von vielen Autoren gefolgert, Ursache der fehlenden Spannung sei die Eindeutigkeit des Ziels, d. h. das Publikum könne keine Spannung empfinden, weil es genau wisse, worauf die Geschichte hinauswill. Sie versuchen dann, diese fehlende Spannung zu erzeugen, indem sie das Publikum über das Ziel im unklaren lassen. Solches Vorgehen stiftet jedoch allenfalls Verwirrung; Spannung heißt schließlich nicht Blindheit sondern Ungewißheit der Zuschauer.
In seiner *Hamburgischen Dramaturgie* schreibt Lessing: „Der Dichter bewerkstelligt durch sein Geheimnis eine kurze Überraschung; aber in welche anhaltende Unruhe hätte er uns stürzen können, wenn er uns kein Geheimnis daraus gemacht hätte! – Wer in einem Augenblicke getroffen und niedergeschlagen wird, den kann ich auch nur einen Augenblick bedauern. Aber, wie steht es alsdenn mit mir, wenn ich den Schlag erwarte, wenn ich sehe, daß sich das Ungewitter über meinem oder eines andern Haupte zusammenziehet und lange Zeit darüber verweilet?“[3]
Der Zuschauer muß wissen, worauf die Geschichte hinauswill, er muß aber im unklaren darüber gelassen werden, ob dieses Ziel auch erreicht wird. Um diese Ungewißheit oder Zweifel zu erzeugen, sollte er ferner die Schwierigkeiten kennen, die den Absichten im Wege stehen.

Spannung wird oft mit Neugierde verwechselt. Dieser Irrtum ist zumindest verständlich, wenngleich unverzeihlich, weil es sich immerhin um ähnliche Zuschauerreaktionen handelt. In beiden Fällen stellt das Publikum dieselbe Frage, nämlich: Was wird geschehen? Neugierde entsteht, wenn der Zuschauer nicht weiß, was die Filmfigur beabsichtigt, und Spannung, wenn er nicht weiß, ob die Absicht verwirklicht oder vereitelt wird. Die in beiden Fällen verursachten Reaktionen weisen Ähnlichkeiten auf, doch die Ursachen selbst sind unterschiedlich.

Neugierde ist unser Wunsch, das Ziel zu erkennen, wohingegen Spannung erst dann existieren kann, wenn wir das Ziel bereits erkannt haben. Neugierde und Spannung schließen sich demzufolge gegenseitig aus, sie können niemals gleichzeitig empfunden werden. Mit der Enthüllung des Ziels endet die Neugierde und die Spannung beginnt. Ist kein Ziel erkennbar, so wird zwangsläufig die Neugierde des Zuschauers erweckt, Spannung kann jedoch nicht entstehen.
Neugierde erweist sich somit in vielen Fällen als ausgesprochen guter Wegbereiter für Spannung. Wenn wir nämlich vorab erst rätseln müssen, was das Ziel ist, wird dieses Ziel um vieles interessanter, als wenn es von vornherein bekannt wäre. Ist das Rätsel gelöst, also nach der Enthüllung des Ziels, wird Spannung erzeugt, wenn auf dem Weg zum Ziel Schwierigkeiten auftauchen.
Der Zuschauer kann lediglich zu Beginn der Geschichte auf das Hauptziel neugierig gestimmt werden, wohingegen Spannung im Zusammenhang mit diesem Hauptziel während des gesamten Erzählverlaufs möglich ist. Günstige Zeitpunkte für einen Wechsel von Neugierde auf Spannung bieten sich vor der Einführung von Hilfszielen.
Folgendes Beispiel soll den Unterschied zwischen diesen beiden Empfindungen verdeutlichen. Wir beobachten, wie ein Terrorist sorgfältig eine Bombe in seine Tasche packt. Daraus läßt sich folgern, daß er etwas in die Luft sprengen möchte, wir wissen jedoch nicht was. Somit ist unsere Neugierde geweckt. Später erfahren wir dann, daß er diese Bombe auf ein Schiff gebracht hat. Damit ist zwar sein Ziel bekannt, wir wissen jedoch nicht, ob der Bombenleger sein Vorhaben mit Erfolg abschließen wird. Also verfolgen wir mit Spannung weiter, ob die Absicht, jene Bombe auf dem Schiff explodieren zu lassen, verwirklicht oder vereitelt wird.

Spannung bedeutet einfach Ungewißheit bezüglich des Erfolgs oder Mißerfolgs eines beabsichtigten Vorhabens und kann auf vielerlei Art und Weise herbeigeführt werden. Dazu wieder einige Beispiele: Ein Mann ist auf der Flucht und versteckt sich in einer Scheune auf einem Bauernhof. Wir sehen, wie der Bauer diese Scheune betritt und sind nun gespannt, ob die Absicht des Fliehenden, unentdeckt zu bleiben, verwirklicht oder vereitelt wird. Ein anderer Mann ist in großer Eile, er muß unbedingt seinen Zug erreichen, wird jedoch im Straßenverkehr aufgehalten. Kommt er noch rechtzeitig am Bahnhof an oder scheitert sein Vorhaben und

er versäumt den Zug? Oder: Ein bedeutendes Pferderennen findet statt, und ein Jockey möchte unter allen Umständen daran teilnehmen. Nun wird er jedoch von üblen Ganoven, die dies verhindern wollen, in einem Zimmer eingesperrt. Sind damit all seine Pläne durchkreuzt oder gelingt ihm dennoch die Teilnahme an diesem wichtigen Rennen? Ein Gangster ist gerade im Begriff, ein Verbrechen zu begehen, und der Filmheld ist auf dem Weg zum Tatort. Erscheint dieser noch rechtzeitig auf der Bildfläche, um die Tat zu verhindern?
Spannung bedeutet nicht zwangsläufig Blutbad, Mord und Totschlag. Auch eine zärtliche Liebesgeschichte kann spannend sein, wenn alle Grundregeln befolgt werden, wenn also eine Absicht vorhanden ist, der sich Schwierigkeiten in den Weg stellen, und der Zuschauer an der Verwirklichung dieser Absicht zu zweifeln beginnt.

Absicht und Schwierigkeit sind gleichermaßen wichtig, um im Publikum Zweifel wachzurufen. Dabei spielt es zunächst keine Rolle, von welchem Grad oder Ausmaß Absicht oder Schwierigkeit jeweils sind. Zu beachten ist jedoch eine gewisse Ausgewogenheit zwischen beiden Elementen. Ist nämlich die Intensität der Absicht um ein Vielfaches größer als das Ausmaß der Schwierigkeit, so steht die erfolgreiche Verwirklichung dieser Absicht außer Frage. Niemand wird daran zweifeln. Wenn umgekehrt der Eindruck entsteht, das Ausmaß der Schwierigkeit sei weitaus größer als die Stärke der Absicht, so steht für den Zuschauer außer Zweifel, daß die Schwierigkeit die Oberhand behalten und die Absicht scheitern wird.
Will man Zweifel und damit Spannung aufkommen lassen, müssen für Absicht und Schwierigkeit annähernd gleiche Erfolgsaussichten bestehen.
Angenommen, wir befinden uns auf einem Ozeankreuzer. Das Schiff verfügt über gewaltige Antriebsmotoren, Navigationsinstrumente und eine eingespielte Schiffsmannschaft und kann Wind und Wellen Widerstand leisten. Seine Erfolgsaussichten, d. h. die Überquerung des Ozeans, sind damit weitaus größer als die des Ozeans – in unserem Fall die Schwierigkeit – diese Überquerung zu verhindern. Absicht und Schwierigkeit sind zwar vorhanden, doch die Erfolgschancen sind ungleich verteilt. Folglich kann keinerlei Spannung aufkommen. Nun wird aber dieser Ozeankreuzer torpediert, und die Passagiere müssen in Rettungsboote verfrachtet

werden. Jetzt sind die Erfolgsaussichten in etwa gleich. Der Ozean kann nun seine Trümpfe ausspielen, die Weite, Sturm, Wellen, den Trinkwassermangel der Passagiere. Die Überlebenden haben wiederum Aussicht auf vorbeifahrende Schiffe, die sie aufnehmen, oder auf ein Drehen des Windes, der die Rettungsboote auf eine Insel zutreibt. Diese Chancengleichheit von Absicht und Schwierigkeit erzeugt Spannung.
Betrachten wir dazu ein weiteres Beispiel. Ein Flugzeug fliegt von Los Angeles nach Honolulu. Das Flugzeug hat bessere Chancen, sein Ziel zu erreichen, als die Schwierigkeiten, die eben dies verhindern wollen. Beweis dafür sind die vielen unzähligen Flüge, die bereits auf dieser Strecke zurückgelegt wurden. Nun muß der Pilot während des Fluges plötzlich feststellen, daß der Benzintank der Maschine leckt; er weiß nicht, ob der Treibstoff ausreichen wird, bis das Flugzeug wieder Festland erreicht. Erst dieses Leck ermöglicht Spannung, weil damit die Chancen für Verwirklichung und Vereitelung des Vorhabens annähernd gleich stehen.
Wenn wir einem Preisboxkampf zwischen dem Schwergewichtsmeister und einem unbekannten Boxer beiwohnen, werden wir keinerlei Spannung empfinden. Es steht für uns außer Zweifel, daß der amtierende Meister siegen wird. Tritt er jedoch gegen einen bekannten und starken Gegner an, ist die Boxkampfarena gefüllt und die Zuschauermenge tobt vor Spannung und Aufregung, weil beide Boxer in etwa die gleichen Siegeschancen haben. Obgleich der Schwergewichtsmeister jeweils den gleichen hervorragenden Kampf liefern kann, werden die Zuschauer nur den zweiten Kampf als spannend empfinden.

Für die Filmgeschichte bedeutet dies konkret folgendes: Die Konstellation – zwei Männer, die sich gegenseitig umbringen wollen – bietet gute Voraussetzungen für Spannung, weil Absicht und Gegenabsicht bzw. Absicht und Schwierigkeiten enthalten sind. Eine noch bessere Ausgangssituation ist geschaffen, wenn der Drehbuchautor diese beiden Männer zudem als starke und rücksichtslose Persönlichkeiten charakterisiert. Wird der eine potentielle Mörder als mutiger aber mittelloser Mann und der andere als Feigling in einer hohen und einflußreichen Position geschildert, so sind damit die besten Voraussetzungen für Spannung und Nervenkitzel gegeben.
Obgleich diese Zusammenhänge klar und einleuchtend sind, unterlaufen Drehbuchautoren immer wieder Fehler, vor allem weil sie

zu sehr darauf bedacht sind, den Filmhelden in einem „heroischen“ Licht erstrahlen zu lassen und seine Widersacher mit allen nur erdenklichen schlechten und verabscheuungswürdigen Eigenschaften zu versehen. Eine solche Charakterisierung des Gegenspielers ist nur dann zulässig, wenn er über Macht und Einfluß verfügt und, obgleich ein schlechter Mensch, so doch eine überaus starke Persönlichkeit ist. Sind seine verwerflichen Charakterzüge, wie Rücksichtslosigkeit, Härte und Bösartigkeit, mit Macht gekoppelt, so entsteht Spannung, weil beide Filmfiguren nun mit etwa ebenbürtigen Siegeschancen ins Rennen gehen. Alfred Hitchcock meinte dazu: „Ich erweise meinem Filmbösewicht immer den nötigen Respekt, gebe ihm einen ehrfurchtgebietenden Charakter, so daß der Held bzw. das Postulat des Films, das diesen in seine Schranken weist, um so bewundernswerter ist...“

Wir erwähnten bereits, daß der Grad der gemeisterten Schwierigkeiten die Stärke der verfolgten Absicht definiert. Ebenso definieren diese Schwierigkeiten die Erfolgschancen der Absicht. Wenn etwa eine 5000 Mann starke Armee eine Brücke verteidigt, so wird das aus 200 Mann bestehende Feindesheer wohl kaum etwas gegen sie ausrichten können, weil die Erfolgschancen höchst ungleich verteilt sind.
Einem einzelnen Polizisten mag es nun vielleicht gelingen, ohne Hilfe ein Verbrechernest auszuheben, obgleich alle Anzeichen dagegen sprechen. Doch aufgrund der einfachen Tatsache, daß er trotz dieser schlechten Aussichten ein solch hohes Risiko einging, wird der Zuschauer annehmen, daß es triftige Gründe für diesen Wagemut gab, daß der Polizist also um seine Erfolgschancen wußte, die dem Publikum noch nicht bekannt sind.
Die Erkenntnis der ungeheuren Spannungspotentiale, die in derartigen Konstellationen schlummern, verleitet viele Drehbuchautoren zu gravierenden Fehlern. Sie konfrontieren ihren Helden mit einer vollkommen aussichtslosen Situation. Zu seiner Rettung erscheint jedoch nicht die von ihm bereits antizipierte Hilfe und Unterstützung – was dem Gesetz der Chancengleichheit für Verwirklichung und Vereitelung von Absichten entspräche –, sondern eine aus heiterem Himmel und zufällig eingreifende helfende Hand. Ein derartiges Vorgehen kann nur als absurd bezeichnet werden. Wenn sich der Held an einen Ort begibt, von dem er weiß, daß er vor Verbrechern nur so wimmelt, ist sein Verhalten nicht heldenhaft, sondern idiotisch. Rettet ihm dann das zufällige Eintreffen der

Polizei Kopf und Kragen, so sollte man nicht erwarten, daß das Publikum darüber auch noch froh und erleichtert reagiert. Der Drehbuchautor hat damit nur die Intelligenz seiner Zuschauer beleidigt.
Im Unterbewußtsein wägt jeder Zuschauer das Für und Wider der Erfolgschancen ab. Dieser instinktiv ablaufende Prozeß wurde jedoch vom Film größtenteils zerstört, weil üblicherweise die „Ende gut, alles gut"-Methode angewendet wird. Wir sind schon so sehr an den Sieg des Helden gewöhnt, daß in jeder noch so hoffnungslosen Lage immer noch ein winziger Hoffnungsschimmer flackert. Wir empfinden dabei sogar noch Spannung, auch wenn es keinerlei Zweifel an der Vereitelung der Absicht des Filmhelden mehr geben kann. Dies ist jedoch unechte Spannung, die lediglich auf Hoffnung und Vertrauen in einen freundlichen Produzenten basiert, der dem Publikum kein trauriges Ende zumuten würde. Anhand des folgenden Beispiels sei der Unterschied zwischen echter und unechter Spannung nochmals verdeutlicht.
Filmheld und -heldin befinden sich in einer Eisenbahn. Diese rast mit 70 Meilen pro Stunde auf eine zerstörte Brücke zu. Die Zugreisenden ahnen nichts von der bevorstehenden Katastrophe. Da jedoch kaum Zweifel daran bestehen können, daß die Eisenbahn in den Abgrund stürzen wird, dürfte der Zuschauer folglich auch keine Spannung empfinden. Nun hat aber das Publikum den Helden und die Heldin bereits ins Herz geschlossen. Es wird daher weiterhin auf irgendeinen rettenden Zwischenfall hoffen, der die Absicht des Zuges, in den Fluß hinabzustürzen, vereiteln könnte. Hier liegt unechte Spannung vor. Wenn jedoch ein Eisenbahnwärter die zerstörte Brücke rechtzeitig entdeckt und an den Gleisen entlang auf den herannahenden Zug zurennt, um den Eisenbahnführer noch rechtzeitig zu warnen, ist die dabei empfundene Spannung echt. Wird es dem Wärter gelingen, den Zugführer noch rechtzeitig zu informieren? Kann die Absicht des Zuges verwirklicht oder vereitelt werden? Echte Spannung ist immer weitaus aufregender und stärker, und jeder Drehbuchautor sollte daher sein Material gründlich auf ungleiche bzw. gleiche Erfolgsaussichten der vorhandenen Absichten hin untersuchen. Oft bedarf es nur eines kleinen Zusatzes, wie das eben geschilderte Beispiel zeigt, um Chancengleichheit herzustellen.

Die Faktoren, die in Aussicht stellen, daß eine Absicht verwirklicht bzw. vereitelt wird, können unabhängig davon vorhanden sein, ob

der Zuschauer sie kennt oder nicht. Ohne diese Kenntnis ist er jedoch nicht in der Lage, Spannung zu empfinden. Spannung ist erst möglich, wenn ihm jene Schwierigkeiten, die sich der Absicht in den Weg stellen, bekannt sind. Unser Beispiel mit dem Bahnwärter und dem Zug verdeutlicht dies. Daraus läßt sich also die Forderung ableiten, daß der Zuschauer die notwendigen Informationen im jeweils günstigen Augenblick erhalten sollte, damit er in einen optimalen Spannungszustand versetzt werden kann.
Betrachten wir ein weiteres Beispiel. Der Filmbösewicht hat ein Mädchen in sein Haus gelockt und beabsichtigt, es zu ermorden. Da er stärker als das Mädchen ist, gibt es keinerlei Zweifel an der Verwirklichung seiner Absicht. Nun ist jedoch der Held auf dem Weg zur Wohnung des Schurken. Trifft er rechtzeitig ein, kann er das Mädchen vielleicht noch retten. Überlegen wir nun, wann der Zuschauer von der Absicht des Filmhelden erfahren sollte. Selbst wenn das Publikum nichts von seiner Absicht weiß, so besteht diese nach wie vor, doch jegliche Spannungsmomente wären damit ausgeschlossen. Die Vorbereitungen des Mörders selbst erzeugen keinerlei Spannung und trifft der Held dann ein, ist seine Ankunft unerwartet und somit wenig effektiv. Daher sollte die Absicht des Filmhelden, den Schurken in seiner Wohnung aufzusuchen, etwa zum gleichen Zeitpunkt mitgeteilt werden wie die Absicht des Bösewichts, das Mädchen umzubringen.

Im Verlauf einer Geschichte können sich die Aussichten auf Verwirklichung bzw. Vereitelung der Absichten und damit auch die Zweifel der Zuschauer ändern. Ist die Schwierigkeit ein Hindernis, so kann sie allmählich von der Absicht aus dem Weg geräumt werden. Vom Zuschauer gehegte Zweifel oder Spannung sind somit rapiden Wandlungen unterworfen, was jedoch durchaus wünschenswert ist, weil auf diese Weise das Endergebnis nicht so leicht vorausgesehen werden kann. Der Sieg des einen Kontrahenten über den anderen kann entweder sehr schnell errungen werden oder aber sich langsam herauskristallisieren. Eine sich sehr schnell vollziehende Änderung der Aussichten auf Verwirklichung bzw. Vereitelung entspricht Aristoteles' Konzept vom Wendepunkt: Die Chancen für beide Seiten stehen über einen längeren Zeitraum 50 zu 50, und plötzlich gewinnt einer der Kontrahenten eindeutig die Oberhand. Diese *eindeutige* Überlegenheit ist wichtig, da der Zeitpunkt kommen muß, an dem alle Zweifel über Sieg oder Niederlage der Absicht aus dem Weg geräumt sind und Gewißheit eintritt. Diese Entscheidung bezeichnen wir als Höhepunkt.

Wenn Spannung die Frage nach dem Ausgang der Geschichte ist, so ist der Höhepunkt die Antwort darauf. Nach dem Höhepunkt sind keine Zweifel über Verwirklichung oder Vereitelung der Absicht mehr möglich. Diese Antwort klärt alle Fragen. Der Höhepunkt zerstört somit die Spannung. Er sollte daher so kurz wie möglich vor Ende des Films stattfinden, damit die Spannung lange anhält. Der Höhepunkt ist jedoch nicht identisch mit dem Ende des Films. Er präsentiert lediglich die Entscheidung über Sieg oder Niederlage der Schwierigkeit. Der weitere Verlauf der Geschichte vom Höhepunkt bis zum Erreichen des Ziels ist uninteressant, weil keinerlei Spannung mehr aufkommen kann. Man könnte dem Zuschauer sogar indirekt zu verstehen geben, daß das Ziel erreicht wurde, da dies bereits außer Zweifel stand. In vielen Liebesgeschichten wird auf diese Weise verfahren. Nach dem Ausschalten aller Schwierigkeiten muß nicht noch gezeigt werden, wie das Liebespaar vor den Traualtar schreitet.
Damit wollen wir unsere Untersuchungen über das Wesen der Spannung abschließen.

## Die Vorwärtsbewegung

Filmemacher legen besonders großen Wert auf die Vorwärtsbewegung eines Filmes. Sie brechen alle in wahre Begeisterungsstürme aus, wenn sich ihr Film schnell vorwärtsbewegt oder bekunden ihre deutliche Ablehnung, wenn das Tempo zu langsam ist. Dies mag sowohl für den gesamten Film als auch nur für einzelne Filmsequenzen gelten. „Der Film hat Länge", ist ein oft zu vernehmendes Urteil. Daraufhin werden diese Längen dann kürzer und kürzer geschnitten, bis kaum mehr etwas übrig ist und schließlich andere Filmsequenzen dadurch unverständlich werden. Das Rätsel eines langsamen oder schnellen Filmtempos läßt sich nur selten am Schneidetisch lösen.
Nicht das Bild bewegt sich langsam oder schnell; es wird mit gleichbleibender Geschwindigkeit vom elektrischen Motor des Filmprojektors vorangetrieben. Denken und Empfinden des Zuschauers müssen vom Anfang bis zum Ende der Geschichte vorwärtsbewegt werden.

Geist und Phantasie des Publikums sind im Grunde genommen träge. Sie setzen sich gemeinsam mit dem Kinobesucher auf ihren Platz und verharren dort, unfähig, ohne äußere Einflüsse aktiv zu sein. Doch sie sind in der Lage zu reagieren. Wenn nun die einzelnen Elemente der Geschichte in der korrekten Abfolge präsentiert werden, kann der Autor Denken und Empfinden des Zuschauers vorantreiben. Ist dies nicht der Fall, so beurteilt das Publikum den Film als zu zäh und langweilig.

Die Vorwärtsbewegung ist ein neues Phänomen, das mit der Entwicklung der Filmform entstanden ist, und Filmemacher messen ihr völlig zu Recht hohe Bedeutung bei. Im Theater spielt die Vorwärtsbewegung nur eine untergeordnete Rolle, weil der Zeitfluß hier nicht unterbrochen wird. Jede Sekunde einer Szene oder eines Aktes entspricht einer Sekunde des realen Zeitverständnisses. Das Bühnenstück kann sich daher nicht langsamer oder schneller vorwärtsbewegen. Ebenso entspricht das Tempo des Denkens und Empfindens seitens der Zuschauer genau dem Tempo des Theaterstücks, es ist auch hier weder langsamer noch schneller. Der Roman kennt diese Art der Vorwärtsbewegung nicht, weil der Leser jederzeit das Buch beiseite legen kann und es nicht von Anfang bis Ende an einem Stück lesen muß. Zudem enthält der Roman miteinander verbundene Sätze, die den Leser unmerklich Seite um Seite vorantreiben, wohingegen der Filmzuschauer die Unterbrechungen nach jeder Szene als deutliche Eingriffe wahrnimmt. Der Zeitsprung zwischen zwei Szenen unterbricht die fließende Vorwärtsbewegung auf recht drastische Art und Weise. Innerhalb jeder Szene findet eine gleichmäßige Vorwärtsbewegung statt, da die Zeit, die in einer solchen Szene verstreicht, mit der unter realen Umständen verstreichenden Zeit identisch ist. Doch die unterschiedlich langen Zeitsprünge sind gefährliche Brüche in der Vorwärtsbewegung der Geschichte.
Zu beachten ist, daß die Form des Films keine ununterbrochene Einheit darstellt; sie ist vielmehr eine Ansammlung von einzelnen Blöcken, die sich jeweils aus Szenen und Einstellungen zusammensetzen. Dieses Gesamtgebilde neigt nun dazu, in die einzelnen Blöcke zu zerfallen, so daß Brüche in der Kontinuität der Geschichte entstehen. Um diese Bruchstellen zu überdecken, muß nach entsprechenden Verbindungselementen innerhalb der Geschichte gesucht werden. Schlagen diese Erzählelemente eine Brücke über die aus technischen Gründen unvermeidlichen Bruchstellen, so ist

die gewünschte Verbindung hergestellt. Angesichts dieser Ausführungen wird sicher verständlich, weshalb der Vorwärtsbewegung beim Film im Vergleich zu anderen Erzählformen eine so übergeordnete Bedeutung zukommt.

Der Drehbuchautor muß zunächst nach den Elementen in seiner Geschichte suchen, die die Phantasie der Zuschauer vorantreiben. Um diese zu finden, muß er über fundierte dramaturgische Kenntnisse verfügen, denn nur ein Filmemacher mit solchen Kenntnissen ist in der Lage, einen Film mit hohem Tempo zu schaffen.
Wenn wir uns in einen Mann hineinversetzen, der an der Autobahn entlanggeht, so ist zweifellos anzunehmen, daß er weiß, wohin er geht. Er muß ein Ziel haben, ansonsten würde er nicht gehen, sondern stehenbleiben oder sich hinsetzen. Und genau das macht der Geist des Zuschauers auf seinem Weg durch die Geschichte, wenn ihm nicht gesagt wird, was das Ziel ist.
Um Vorwärtsbewegung zu erreichen, muß ein Ziel gesetzt werden. Das Abstecken eines Ziels ist Voraussetzung für die Vorwärtsbewegung. Ohne ein Ziel vor seinem geistigen Auge, bewegt sich der Zuschauer nicht von der Stelle, der Film wird langsam und uninteressant. Sobald ein Ziel vorhanden ist, sieht das Publikum die Möglichkeit, dieses Ziel zu erreichen. Jene Erkenntnis manifestiert sich als der Wunsch, am Ziel anzukommen. Und dieser Wunsch wiederum verursacht die Vorwärtsbewegung im Geiste des Zuschauers.
Im allgemeinen ist die Antizipation vom Zieleinlauf so stark, daß wir das Ziel am liebsten sofort erreichen und ganz auf die eigentliche Ausführung der Absicht vor der Ankunft am Ziel verzichten wollen. Die Verzögerung, herbeigeführt durch notwendige aber zeitraubende Handlungen, erscheint uns als Behinderung der Vorwärtsbewegung.
Um diesen Eindruck einer Behinderung gar nicht erst entstehen zu lassen, müssen Zweifel, d. h. Spannung erzeugt werden. Dann ist nämlich das Erreichen des Ziels, das unser Drang nach Vorwärtsbewegung herbeisehnt, nicht nur verzögert, sondern ganz und gar in Frage gestellt. Spannung ist im Grunde ein unangenehmes Gefühl, dem sich der Zuschauer gerne entziehen möchte. Diese Feststellung mag nun etwas merkwürdig erscheinen, angesichts der Bedeutung und Notwendigkeit von Spannung für das Erzählen einer Filmgeschichte.
Doch gerade weil Spannung als unangenehm empfunden wird, leistet sie einen wichtigen Beitrag zur Vorwärtsbewegung im Film.

Der Zuschauer strebt nach Gewißheit. Oft wird behauptet, sich einer Sache sicher zu sein, auch wenn sie noch so unerfreulich ist, sei besser als in der ständigen Ungewißheit zu leben, daß die Sache vielleicht doch noch einen gütlichen Ausgang findet. Ebenso wird behauptet, die Nachricht vom Tode eines Verwandten sei leichter zu verschmerzen als die Nachricht, er sei verschollen. Um somit der als Spannung empfundenen Ungewißheit zu entfliehen, bewegt sich der Zuschauer automatisch auf das Ziel und die Entscheidung zu, welche das Resultat der Absicht enthüllt.
Dieses Vorwärtsstreben im Geiste des Zuschauers ist an sich Ergebnis seiner Antizipation und der empfundenen Spannung. Um Antizipation zu bewirken, benötigen wir ein Ziel, das nur durch eine Absicht gesetzt werden kann. Und um Spannung zu erzeugen, benötigen wir Zweifel hinsichtlich des Endresultats der Absicht, welche nur durch Schwierigkeiten geweckt werden können.

Der Autor möchte im Geiste des Zuschauers eine reibungslose und schnelle Vorwärtsbewegung gewährleisten. Da wir nun wissen, wodurch eine derartige Vorwärtsbewegung bewirkt wird, kann damit begonnen werden, die einzelnen Erzählelemente so anzuordnen, daß die bestmöglichen Ergebnisse in dieser Hinsicht erzielt werden.
Das Hauptziel unserer Geschichte sollte so früh wie möglich abgesteckt werden, damit Antizipationen entstehen können; d. h. die Absicht, durch welche das Ziel festgelegt ist, müßte schon zu Beginn der Geschichte mitgeteilt werden. Genau in dem Augenblick, in dem die Absicht einsetzt und das Ziel feststeht, beginnt auch die Vorwärtsbewegung, da jetzt die Antizipation des Zuschauers nach dem Erreichen des Ziels strebt. Bevor ein Ziel gesteckt ist bzw. eine Absicht enthüllt oder bewirkt wurde, zieht sich die Geschichte langsam und schleppend dahin. Sie legt erst an Tempo zu, wenn das Hauptziel feststeht. Davor hat der Zuschauer keinerlei Verlangen nach Vorwärtsbewegung, er verharrt ruhig und gelassen auf seinem Sitzplatz im Kino.
Sobald jedoch Antizipationen einsetzen, wird das Publikum alle gezeigten Handlungen verärgert als Behinderungs- und Verzögerungsmanöver empfinden, wenn nicht sofort Zweifel bewirkt werden, die das tatsächliche Erreichen des Ziels in Frage stellen. Fehlen diese Zweifel empfindet der Zuschauer den Film erneut als schleppend.
Um also im Geiste des Zuschauers und im Film die gleiche Vor-

wärtsbewegung zu erzielen, muß der Autor Zweifel entstehen lassen. Gleich nach der Enthüllung der Absicht müssen Schwierigkeiten auftauchen, die sich der Absicht in den Weg stellen und das Erreichen des Ziels ungewiß machen. Verstreicht nämlich zu viel Zeit zwischen der Enthüllung der Absicht und der Schwierigkeiten, entsteht im Zuschauer das unangenehme Gefühl, in seiner Vorwärtsbewegung behindert zu sein.
Es wurde bereits festgestellt, daß der Höhepunkt Zweifel bzw. Spannung beseitigt. Daher muß der Autor diesen Höhepunkt bewußt gegen Filmende ansiedeln, weil sich der Zuschauer nach dem Höhepunkt bzw. nach der Beseitigung von Spannung erneut behindert fühlt, wenn das Ziel nicht unverzüglich erreicht wird.
Schließlich muß das Erreichen des Hauptziels mit dem Filmende zusammenfallen. In dem Augenblick nämlich, in dem dieses Hauptziel erreicht ist, endet der Vorwärtsdrang der Zuschauer. Geht der Film jedoch noch weiter, kann das Publikum nicht mehr folgen. Der Rest des Films, vom Erreichen des Ziels bis zum Ende hängt gewissermaßen in der Luft und wird nicht mehr registriert.
Rückblickend lassen sich somit bereits vier klare Gründe für eine Vorwärtsbewegung bzw. deren Behinderung anführen. Ferner stellen wir fest, daß sich das Tempo dieser Vorwärtsbewegung verändern kann – langsam zu Beginn, dann schneller, wieder langsamer, dann erneute Temposteigerung und erneute Verlangsamung und schließlich vollkommener Stillstand kurz vor Filmende. Tempo und Tempowechsel hängen davon ab, wann die Hauptabsicht eingeführt wird, wann die Schwierigkeiten einsetzen, wann der Höhepunkt stattfindet, zu welchem Zeitpunkt das Hauptziel erreicht wird und in welchem zeitlichen Verhältnis dieses zum eigentlichen Filmende steht.

Suchen wir also nach weiteren Bestimmungsfaktoren für die Vorwärtsbewegung. Das Hauptziel übt große Anziehung auf den Zuschauer aus, wobei diese Anziehungskräfte jedoch mit zunehmender zeitlicher Entfernung abnehmen. Je weiter das Erreichen dieses Ziels noch in der Zukunft liegt, desto schwächer ist die Anziehungskraft auf das Publikum. Am weitesten ist das Publikum zu Beginn der Geschichte vom Hauptziel entfernt, im zunehmenden Verlauf der Geschichte findet dann ein Annäherungsprozeß statt.
Das Hauptziel einer Erzählung läßt sich mit einem starken Magneten vergleichen. Um zu verhindern, daß die Anziehungskraft durch die zunächst große Entfernung geschwächt wird, können wir kleinere

Magnete entlang der Wegstrecke aufstellen, um die Aufmerksamkeit voranzutreiben. Sobald ein solcher Magnet erreicht wird, läßt seine Anziehungskraft nach. Auf diese Weise entwickelt sich die Vorwärtsbewegung kontinuierlich und gewinnt im Verlauf der Geschichte an Schwung.

Diese kleineren Magnete entlang der Zielstrecke sind unsere Hilfsziele. Da es sich auch bei ihnen um Ziele handelt, können sie vom Zuschauer antizipiert werden, und sobald sie antizipiert sind, bewirken sie eine Vorwärtsbewegung. Bei geschickter Anordnung unterstützen diese Hilfsziele die Vorwärtsbewegung, bis das Hauptziel schließlich stark genug ist und den Zuschauer alleine für sich gewinnen kann.

Es gibt weder feste Regeln noch Verhältnisse, die die Anordnung dieser Hilfsziele festlegen. Sie sollten je nach den Notwendigkeiten und Erfordernissen auf jede Geschichte individuell zugeschnitten sein. Jede Geschichte enthält quasi von Natur aus Hilfsziele, die möglicherweise trotz unregelmäßiger Verteilung über die gesamte Erzählung völlig ausreichen und keinerlei Korrektur bedürfen. Taucht jedoch über einen längeren Zeitraum hinweg kein Hilfsziel auf, erlahmt die Vorwärtsbewegung. Derartige Passagen ohne Hilfsziel bezeichnen wir als Längen in einem Film, obwohl sich in ihnen durchaus viel ereignen mag. Doch wir haben keine Möglichkeit zur Antizipation, daher bewegen wir uns nicht vorwärts. Oftmals wird vom Cutter erwartet, diese Mängel am Schneidetisch durch Kürzungen zu beheben. Diese Korrektur wäre eigentlich die Aufgabe des Drehbuchautors gewesen, er hätte Hilfsziele hinzufügen bzw. einführen müssen.

Es gilt als grundlegendes Prinzip, daß die Antizipation eines Hilfsziels die Vorwärtsbewegung bewirkt und nicht etwa lebendige Dialoge oder schnelle Handlungen. Stellen wir uns z. B. eine Szene vor, in der ein Mann eine Frau besucht. Der Mann brilliert mit seiner Sprache, seine Dialogpassagen sind kurz und bündig, und die Szene endet, noch bevor Langeweile aufkommen kann. Diese Szene ist und bleibt ohne Vorwärtsbewegung, da der Zuschauer weit und breit kein Hilfsziel antizipieren kann. Angenommen die Zuschauer wissen jedoch, daß der Mann mit der Absicht, die Frau zu ermorden, zu Besuch kommt. Er betritt ihre Wohnung und fängt an, über das Wetter zu reden. Der Dialog mag noch so langweilig und langsam sein, und es mögen noch so viele uninteressante Dinge gesagt werden, diese Szene besitzt einen ungeheuren Vorwärtsdrang, weil ein fesselndes Hilfsziel existiert. Die Behinderung,

verursacht durch langsame Handlungen und fade Dialoge, läßt uns sogar unseren Vorwärtsdrang direkt spüren. Wir werden ungeduldig, und diese Ungeduld verstärkt unseren Wunsch voranzukommen, sie verstärkt unseren Vorwärtsdrang.
Der erfahrene Drehbuchautor kann die Anziehungskraft eines geschickt gewählten Hilfsziels sogar noch anderweitig ausnutzen. Der vehemente Vorwärtsdrang kann Behinderungen abschwächen, die durch zu viele, aber unvermeidliche Informationen und Fakten entstehen. Selbst der beste Autor muß bisweilen Fakten einführen, die weniger interessant als die restliche Geschichte sind. Er kann dabei jedoch folgenden Trick anwenden: Ein Mann will beispielsweise bewußt mit einer Person ins Gespräch kommen und hofft auf außerordentlich interessante Informationen. Diese Person spricht jedoch aus Dummheit oder aber reiner Boshaftigkeit über alles andere außer den besagten Fakten. „Alles andere“ – das sind natürlich all die Informationen, die wir wohl kaum bereit wären, uns anzuhören, ginge es nicht darum, die durch das antizipierte Hilfsziel bewirkte Vorwärtsbewegung weiterzuführen. Der Drehbuchautor hat auf diese Weise eine Unzulänglichkeit in einen ausgezeichneten dramatischen Effekt verwandelt. Er hat nicht nur die notwendigen Fakten mitgeteilt, sondern gleichzeitig unsere Ungeduld geschürt und somit unsere Antizipation gesteigert. Das Hilfsziel zieht uns wie ein Magnet über die langsameren Passagen eines Films. Unsere Vorwärtsbewegung wird durch eine Schwierigkeit behindert, die in diesem Fall nur um so mehr unseren Willen stärkt, das Hilfsziel zu erreichen.
Betrachten wir also nochmals, wie weit wir bereits in unseren Ausführungen gelangt sind. Wir befinden uns jetzt nicht nur in der Lage eine Vorwärtsbewegung zu bewirken, sondern können sogar das Wagnis eingehen, diese zu behindern und dabei einen neuen Effekt hinzugewinnen.

Will man eine fließende Vorwärtsbewegung schaffen, muß folgendes beachtet werden: Das Hilfsziel kann nur so lange Anziehungskraft auf den Zuschauer ausüben, bis es erreicht wurde. Sobald dies der Fall ist, verliert es seinen Reiz. Das jähe Ende dieser Anziehung bewirkt oft einen Stillstand in der Vorwärtsbewegung. Der Zuschauer fühlt sich im dunkeln gelassen. Sobald ein Hilfsziel passiert ist, obliegt es den noch folgenden Hilfszielen und natürlich dem Hauptziel, den Zuschauer weiter voranzutreiben. Diese Aufgabe kann jedoch nur dann an ein anderes Hilfsziel weitergegeben

werden, wenn ein solches bereits existiert. Ist dies nicht der Fall, so muß es gleich nach dem Erreichen des vorausgehenden Ziels abgesteckt werden. Um eine reibungslose Vorwärtsbewegung zu gewährleisten, muß das unmittelbar folgende Hilfsziel im Rahmen der vorangegangenen Absicht angesiedelt sein. Es löst dann automatisch das erste Ziel ab. Wenn jedoch das neue Ziel erst nach dem Erreichen des vorangegangenen Ziels festgelegt wird, sind Brüche und Sprünge die Folge und nicht etwa eine kontinuierliche Vorwärtsbewegung, die die Geschichte bis zum Filmende trägt.
Um diese Zusammenhänge zu verdeutlichen, werden die korrekte und die falsche Einführung von Hilfszielen im folgenden graphisch dargestellt. Der gesamte Film sei durch eine gerade Linie gekennzeichnet. Die Hauptabsicht sollte zu Beginn des Films einsetzen, und das Hauptziel wird am Filmende erreicht. Unterhalb dieser Geraden sind die Teilabsichten als kürzere Linien dargestellt; sie beginnen mit der Motivation und enden mit dem Erreichen des Hilfsziels. Erforderlich ist sowohl eine gleichmäßige Verteilung dieser Hilfsziele, als auch die Überlappung der einsetzenden Teilabsichten.

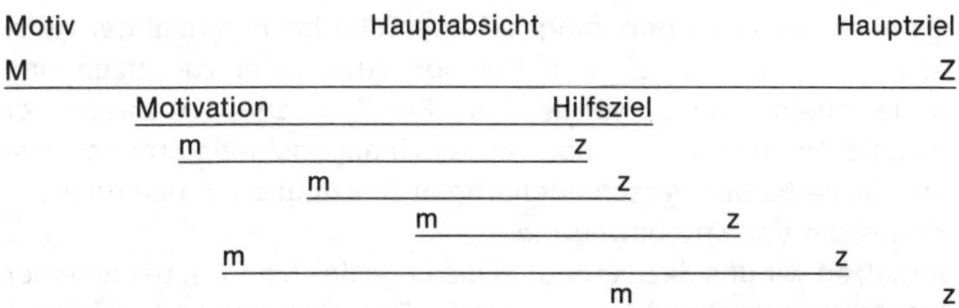


In dieser Graphik lassen sich deutlich die jeweiligen Verbindungskräfte dieser überlappenden Teilabsichten erkennen. Erinnern wir uns, je näher das Erreichen eines Hilfsziels rückt, desto schwächer wird seine Anziehungskraft. Ist ein Hilfsziel passiert, nähern wir uns dem nächsten, welches uns mehr und mehr zu fesseln beginnt. Betrachten wir nun die Darstellung einer falschen Verknüpfung.

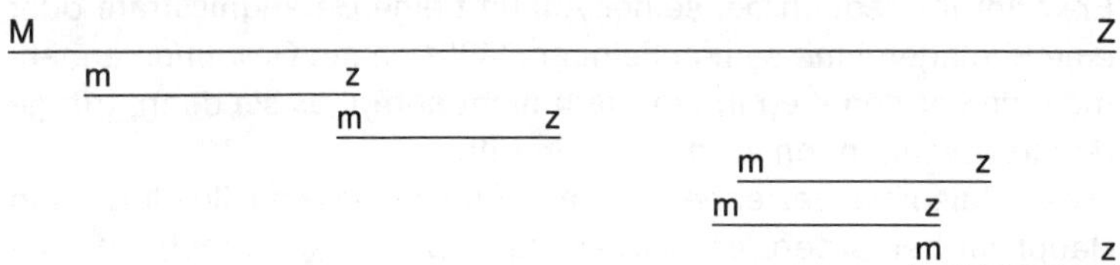

Es ist offensichtlich, daß wir hier nach jedem Hilfsziel keinen unmittelbaren Verlockungen oder Reizen ausgesetzt sind. Unsere Vorwärtsbewegung kommt zunächst zum Stillstand. Dann taucht plötzlich ein neues Hilfsziel auf, das uns regelrecht voranpeitscht. Ist dieses erreicht, tappen wir erneut im dunkeln. Unsere Vorwärtsbewegung ähnelt somit der eines alten Automobils, ruckartige Bewegungen und abrupter Stillstand wechseln einander ab. Es ist alles andere als eine ruhige und reibungslose Fahrt in einem modernen Straßenkreuzer.

Es mag vielleicht den Anschein haben, als seien diese Schlußfolgerungen recht abstrakter Natur. Sind jedoch diese Zusammenhänge erst einmal verstanden, ist ihre praktische Anwendung relativ einfach. Die wichtigen Teilabsichten in einer Geschichte zu erkennen, bereitet wenig Schwierigkeiten. Danach läßt sich sehr schnell herausfinden, wo diese Teilabsichten enthüllt werden, d. h. an welcher Stelle der Zuschauer ein Hilfsziel zu erahnen beginnt. Anschließend kann man sofort feststellen, ob längere Passagen der Geschichte keine Teilabsicht und somit keine Vorwärtsbewegung aufweisen, und ob vorhandene Teilabsichten einander überlappen.

Als nächstes ist es unbedingt erforderlich, das Potential der Hilfsziele und des Hauptziels in Relation zueinander zu setzen und beide miteinander zu vergleichen. Ein Ziel kann den Zuschauer etwas Erfreuliches oder aber etwas Unangenehmes erahnen lassen. Diese beiden verschiedenartigen Antizipationen beeinflussen jeweils die Vorwärtsbewegung.

Versetzen wir uns dazu erneut in die Lage des Mannes, der an einer Autobahn entlanggeht und dessen Ziel eine entfernt gelegene Stadt ist. Der Mann antizipiert vielleicht ein ausgiebiges Abendessen bei seiner Ankunft in dieser Stadt, das Wiedersehen mit einem guten Freund, die herbeigesehnte Nachtruhe in einem schönen Hotelzimmer oder aber ein lukratives Geschäft, das er abschließen möchte. In all diesen Fällen würde er etwas Erfreuliches antizipieren. Daher ist es nur allzu verständlich, daß er so rasch wie möglich die Stadt erreichen möchte. Seine Vorwärtsbewegung ist schnell.

Erwartet ihn jedoch bei seiner Ankunft eine Gefängnisstrafe oder eine Schlägerei mit seinen Feinden, läßt sich mit Gewißheit annehmen, daß er den Weg in die Stadt nicht antritt, es sei denn, triftige Gründe zwingen ihn zu diesem Schritt.

Diese Beispiele beziehen sich auf Antizipationen, die durch ein Hauptziel hervorgerufen werden. Antizipiert man jedoch Erfreuli-

ches oder Unangenehmes im Zusammenhang mit Hilfszielen, so wird die Vorwärtsbewegung auf andere Art und Weise beeinflußt. Nehmen wir an, das Hauptziel beinhaltet die Ankunft in einer entfernt gelegenen Stadt und die Hauptantizipation sei etwas Erfreuliches, wie etwa die Wiedervereinigung zweier Liebenden. In diesem Fall können die Hilfsziele durchaus unangenehmer Natur sein, sie würden in keiner Weise die Vorwärtsbewegung beeinträchtigen. Unangenehme Hilfsziele könnten etwa beinhalten, daß der Mann Hunger und Kälte erleiden und in harten Betten nächtigen muß oder die Strapazen seiner Reise ihn ermüden und erschöpfen. All diese Widrigkeiten werden ihm jedoch nichts anhaben können, weil die Hauptantizipation höchst erfreulicher Natur ist.
Für den Film bedeutet dies, daß sich der Zuschauer im Geiste bereitwilliger vorwärtsbewegt, wenn er ein Happy-End antizipiert. Er wird keine Bereitschaft zur Vorwärtsbewegung zeigen, wenn ihn bei seiner Ankunft am Ziel „fürchterliche Hiebe“ erwarten. Die Hilfsziele können allerdings noch so unerfreulich und qualvoll sein, die Vorwärtsbewegung wird durch sie in keiner Weise beeinträchtigt, wenn sie sich nur als Stolpersteine auf dem Weg zu Erfreulichem erweisen. Die Qualen der antizipierten Hilfsziele könnten sogar eine zusätzliche Beschleunigung der Vorwärtsbewegung bewirken; man will das Unangenehme so schnell wie möglich hinter sich bringen, um endlich das erfreuliche Hauptziel in vollen Zügen genießen zu können.
Betrachten wir ein weiteres Mal das Beispiel des Mannes an der Autobahn. Er steht vor einem Verkehrsschild, auf dem ganz unten der Name der noch weit entfernten Stadt, also seines Hauptziels, in großen Lettern zu lesen ist. Darüber stehen in kleineren Buchstaben die Namen von drei oder vier anderen Städten, die er passieren muß, bevor er an sein Hauptziel gelangt. Dieses Hauptziel wird bereits durch die Größe der Buchstaben veranschaulicht.
Ein Matrose von recht wankelmütigem und labilem Charakter geht in San Diego an Land. Er will in seine Heimatstadt 30 Meilen südlich von San Francisco fahren. Nun ist jedoch das Hilfsziel San Francisco viel verlockender und wichtiger als das Hauptziel, nämlich seine Heimatstadt. Es gibt also guten Grund anzunehmen, daß besagter Matrose in San Francisco verweilen wird, dort alkoholischen Genüssen nicht abgeneigt ist und niemals in seinem Heimatort ankommen wird. Dem läßt sich jedoch sehr schnell abhelfen, indem der Matrose an seine Freundin erinnert wird, die er seit zwei Jahren nicht mehr gesehen hat und die zu Hause auf ihn wartet.

Prompt verlieren all die Verlockungen und Reize San Franciscos ihre Anziehungskraft und die Großstadt wird zu einer bedeutungslosen Zwischenstation auf dem Weg zum Hauptziel, dem Wiedersehen mit seiner Freundin.
Erlauben wir es uns einmal, unsere Phantasie mit einem Trunkenbold zu vergleichen, der jeglichen Versuchungen wenig Widerstand entgegenzusetzen hat. Unser Verstand mag noch so sehr der eines erwachsenen und willensstarken Menschen sein, doch unsere Phantasie ist die eines Kindes. Die kleinste Sensation versetzt sie in Staunen; die kleinste Verlockung läßt sie in Verzückung und außer Rand und Band geraten. Sollte nur eines der Hilfsziele verlockender oder interessanter als das Hauptziel erscheinen, so wird sich unsere Phantasie, ebenso wie der betrunkene Matrose, nur sehr widerwillig davon lösen und weiterziehen können. Dies führt dazu, daß nach diesem reizvollen Hilfsziel die weitere Reise bis zum Ende der Geschichte uninteressant ist, weil die Vorwärtsbewegung derart drastisch gedrosselt wurde.
Oft ist der Drehbuchautor außerstande, Haupt- und Teilabsicht klar voneinander abzugrenzen. Der Zuschauer hält dann fälschlicherweise die Teilabsicht für die Hauptabsicht und meint, der Film müsse mit dem Erreichen dieses Hilfsziels enden. Zu seiner großen Überraschung zieht sich der Film dann jedoch weiter in die Länge, bis das vom Autor auserkorene Hauptziel erreicht ist.
Von allen Anziehungskräften muß die des Hauptziels die stärkste sein. Dennoch kann ein vergleichsweise unattraktives Hilfsziel zu Beginn eines Films durchaus seine Reize haben, weil die große Anziehungskraft des Hauptziels noch in ferner Zukunft liegt. Je mehr wir uns diesem Hauptziel nähern, desto stärker müssen die Hilfsziele sein, damit sie überhaupt einen Eindruck bei uns hinterlassen können.
Auf diese Weise entsteht eine dramatische Werteskala. Eine kleine Liebesszene zu Beginn eines Films mag genau das Richtige sein. Unmittelbar vor einem Stierkampf, in dem der Matador sein Leben läßt, würde dieselbe Szene jedoch nur lächerlich wirken. Die Liebesszene muß in diesem Fall entweder wichtig, tragisch oder ergreifend sein.
Jedes Ereignis sollte noch attraktiver sein als das vorangegangene, um uns zu beeindrucken und unser Interesse weiter voranzutreiben. Eine solche Abstufung muß für alle Teile und Elemente der Geschichte erfolgen. Charakterisierungen müssen sich verdichten, Emotionen sich allmählich steigern, Entscheidungen müssen

schwerwiegender und Ereignisse interessanter werden. Dies erweist sich als keine zu leichte Aufgabe. Mißlingt dem Autor jedoch eine sorgfältige Abstufung aller Erzählelemente, treten Folgen ein, die von ihm nicht beabsichtigt waren. Die nicht abgestuften Erzählteile stagnieren, verlieren ihre Bedeutung und Wertigkeit, weil die anderen Passagen der Geschichte bereits weiter vorangeschritten sind.
Eine geschickt vorgenommene ungleichmäßige Abstufung kann sich durchaus auch positiv auswirken. Dazu wieder ein Beispiel: Eine Abteilung Soldaten marschiert auf ihrem Weg in die Schlacht an einem Bauern vorbei, der gerade sein Feld bestellt. Auf dem Rückweg ziehen die Soldaten erneut an ihm vorbei. In der Zwischenzeit haben sie jedoch eine blutige Schlacht gefochten, Schmerz und Leid erlitten, viele ihrer Kameraden mußten ihr Leben lassen, während der Bauer immer noch auf seinem Feld arbeitet.

In *Dramatic Technique* schreibt Professor George Pierce Baker, daß alle Dramaturgen das gleiche Ziel verfolgen, nämlich die Aufmerksamkeit des Publikums so schnell wie möglich zu gewinnen. Dieses zweifellos korrekte Streben und Trachten wird oft mißverstanden. Natürlich sollte das Interesse des Publikums unverzüglich geweckt werden, jedoch nicht durch Ereignisse, die so gewaltig sind, daß keinerlei Steigerung mehr möglich ist.
Ein Film sollte zwar mit interessanten Ereignissen beginnen, doch alle gewaltigen und beeindruckenden Szenen müssen für einen späteren Einsatz aufgespart werden, damit eine gleichmäßige Steigerung gewährleistet ist. Selbstdisziplin, Zurückhaltung und viel Wissen sind erforderlich, um alle Ereignisse im Sinne einer regelmäßigen Abstufung anzuordnen. Viele Filme beginnen – ganz nach Wunsch der meisten Produzenten – sehr gut, flachen danach jedoch ab. Mit großem Schwung versetzen sie den Zuschauer in eine Vorwärtsbewegung und können dann das Anfangstempo nicht beibehalten. Sie enden zumeist sehr enttäuschend. Der Grund hierfür ist kein anderer als die einfach Tatsache, daß der überwältigende Anfang nicht mehr gesteigert werden konnte. Hätte der Beginn weniger Eindruck geschunden, wäre dies dem restlichen Film zugute gekommen. In Hollywood spricht man in diesem Zusammenhang von der Schule der „Akt-1-Autoren". Ihre ersten Akte, d. h. der Anfang ihrer Geschichten, sind besonders überragend, und der Rest ist nur enttäuschend. Bisweilen erfüllt jedoch ein solcher erster Akt seinen Zweck: Ein Produzent liest das Drehbuch dann

vielleicht zu Ende, anstatt es nach wenigen Seiten gleich in den Papierkorb wandern zu lassen. Aber einen guten Film macht so ein erster Akt noch lange nicht. Geschichten wie diese sind kopflastig und können nicht mehr korrigiert werden, weil jegliche Steigerung im nachhinein ausgeschlossen ist.
Das Fernsehen hat diese gefährliche Tendenz durch seine Forderung, der Zuschauer müsse auf Anhieb an den Bildschirm „gefesselt" werden, nur noch verstärkt. Vor Jahren konnte jeder Filmemacher auf ein gebanntes Kinopublikum zählen, das es ihm ermöglichte, seine Filme in einem gemäßigten Tempo anlaufen zu lassen. Da jedoch heutzutage ein nervöses Umschalten auf einen anderen Fernsehkanal die Absetzung einer ganzen Serie zur Folge haben kann, erwarten die Zuschauer, daß jeder Film mit Pauken und Trompeten beginnt. Da ihre Spielfilme letztendlich beim Fernsehen landen, steigern Filmemacher ihre Anfangssequenzen bis zu einem solchen Grade, daß das Publikumsinteresse bereits vor dem Einblenden des Filmtitels völlig gebannt ist.
Ein aufsehenerregender oder dramatischer Filmbeginn schließt nicht zwangsläufig ein Crescendo an emotionsgeladenen und spannenden Entwicklungen im weiteren Verlauf aus. Wie imposant der Anfangskniff auch immer wirken mag, er beeindruckt das Publikum nicht so stark, daß es sich im Anschluß an die Vorstellung der Protagonisten nicht auch von einer weniger monströsen Folgeszene fesseln ließe.

Dennoch steht außer Frage, am Anfang sollten Charakterisierungen und Emotionen stehen, die noch steigerungsfähig sind. Ihre Auswahl und Anordnung muß so erfolgen, daß eine allmähliche Verdichtung möglich ist. In so manchem Drehbuch, das verständlicherweise gegen Ende der Geschichte eine Steigerung der Absichten zuläßt, sind diese Absichten schließlich stärker, als sie gemäß der zugrundeliegenden Motive und Charakterisierungen eigentlich sein sollten. Das Ergebnis ist leider absurd. Erinnern wir uns an dieser Stelle an das Beispiel des Ingenieurs, der um sein Leben bangen muß, wo doch alles, was er wollte, ein Wochengehalt von 300 Dollar war. Das Resultat gesteigerter Absichten, die auf schwachen Motiven beruhen, ist gewissermaßen ein Riese mit winzigen Füßchen. Ferner kann der Fehler unterlaufen, daß die Teilabsicht stärker als die Hauptabsicht ist, was wiederum lächerlich wirkt. Um derartige Fehler zu vermeiden, sollte Stärke das Kriterium des Autors bei der Auswahl seiner Charakterisierungen und Hauptmotive sein. Es bleiben ihm immer noch ausreichend Möglichkeiten, die Teilabsichten gegen Ende zu intensivieren, ohne dabei die korrekte Relation zwischen den einzelnen Elementen zu beeinträchtigen.

Der Höhepunkt dieser Entwicklung ist erreicht, wenn keinerlei Steigerung mehr möglich ist. Dies bedeutet, die Steigerung muß über einen bestimmten Raum verteilt werden, so daß die maximale Steigerung mit dem Filmende zusammenfällt. Wird das Maximum früher erreicht, stagniert der restliche Film. Endet der Film, während der Zuschauer noch eine weitere Steigerung der Elemente erwartet, kommt dieses Ende unerwartet und ist daher unbefriedigend. Graphisch läßt sich dieser Sachverhalt folgendermaßen veranschaulichen:

*Schema einer korrekten Steigerung:*

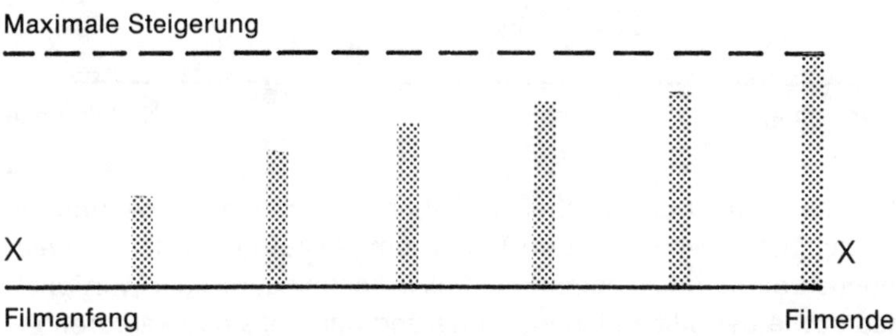


*Schema einer ungleichmäßigen Steigerung:*

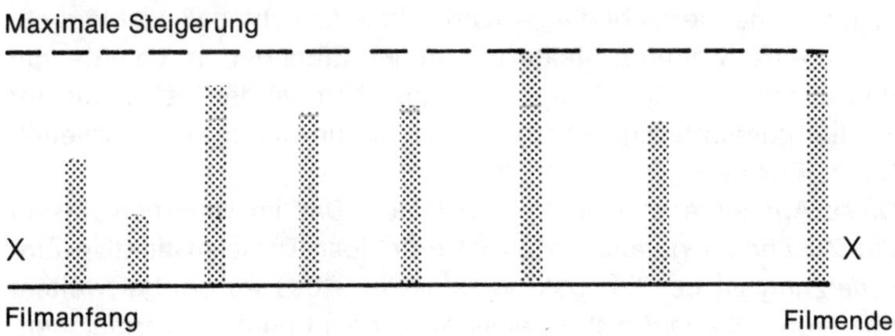

*Schema einer unvollständigen Steigerung:*

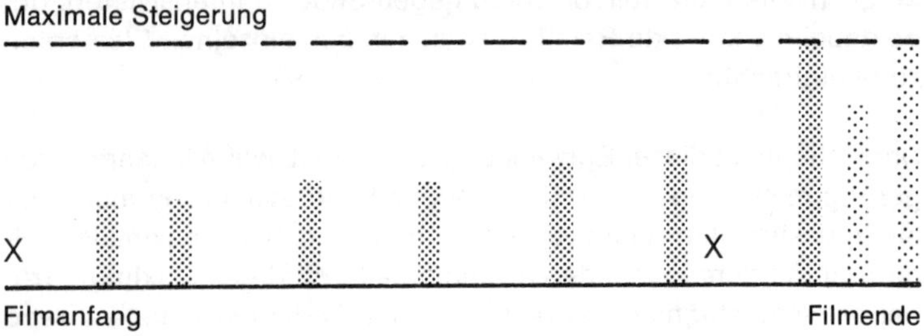


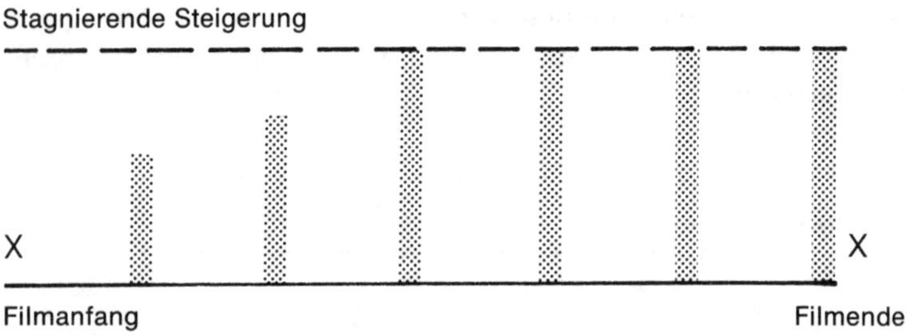


Der Zuschauer muß anscheinend über ein besonders ausgeprägtes Einschätzungsvermögen verfügen, um Abstufungen der Filmelemente überhaupt zu bemerken. Das Erkennen derartiger Wertigkeiten sowie der allmählichen Steigerung der einzelnen Faktoren erfordert, so meint man oft, ein Einfühlungsvermögen, das die Fähigkeiten des durchschnittlichen Kinopublikums bei weitem übersteigt. Ferner herrscht die weitverbreitete Ansicht, daß die Möglichkeiten einer weiteren Steigerung gegen Ende der Geschichte von den Zuschauern überhaupt nicht gesehen werden. Ist damit der Schluß gerechtfertigt, Abstufung sei ein unwichtiges und zweifelhaftes Prinzip?
Diese Annahme ist vollkommen falsch. Das im Unterbewußtsein der Zuschauer gefällte Urteil ist unfehlbar. Diese instinktive Einschätzung ist der kompakten Denkweise des Autors bei weitem überlegen. Sie läßt sich in etwa mit einem Photofilm vergleichen. Eine Aufnahme mit fast geschlossener Blende hinterläßt kaum Spuren auf dem Filmmaterial. Derselbe Film wird jedoch deutlichere Umrisse aufzeichnen, wenn die Blende etwas weiter geöffnet wird. Auch wenn wir ein anderes Objekt photographieren, werden auf dem Film bei steter Öffnung der Blende immer wieder neue und

zusätzliche Konturen festgehalten. Der Film zeichnet immer weitere Details auf, bis schließlich seine Empfindlichkeit erschöpft ist. Eine Umkehrung dieses Vorgangs ist jedoch ausgeschlossen. Nach einer Belichtung bei weit geöffneter Blende können keine Photographien mit nur schwachen Umrissen entstehen.
Unsere unterbewußte Wahrnehmung arbeitet mit derselben Präzision wie ein Photofilm. Sie zeichnet die Wertigkeit jeder Szene mit all ihren Abstufungen präzise auf. Eine Stagnation oder Umkehr der Vorwärtsentwicklung hinterläßt gähnende Leere in unserer Wahrnehmung. Wir reagieren mit Desinteresse, Langeweile, Ungeduld oder Vergeßlichkeit.

Die Vorwärtsbewegung ist eine Anstrengung und beinhaltet daher die Gefahr der Ermüdung. Bei einer genaueren Untersuchung der menschlichen Ermüdung stellen wir fest, daß sie teilweise durch wirkliche Erschöpfung verursacht wird und teilweise auf einer Fehleinschätzung unserer Aufgabe beruht. Ob es sich nun um körperliche oder um geistige Anstrengungen handelt, in beiden Fällen kalkulieren wir zur Lösung der gestellten Aufgabe ein ganz bestimmtes Quantum an psychologischer Energie ein, das sich nach dem von uns eingeschätzten Schwierigkeitsgrad richtet. War unsere Einschätzung falsch, d. h. ist die Aufgabe doch schwieriger als erwartet, verspüren wir Müdigkeit, weil wir mehr Energie aufwenden mußten, als wir ursprünglich eingeplant hatten. Wurde der Schwierigkeitsgrad jedoch von Anfang an richtig eingeschätzt, fühlen wir uns nicht so müde, obgleich die Anstrengung in beiden Fällen eigentlich gleich groß war.
Hierzu erneut das Beispiel des Mannes an der Autobahn: Hat dieser nur noch zwei Meilen zurückzulegen, wird er einen Schritt zulegen, ohne Erschöpfungserscheinungen fürchten zu müssen. Liegen jedoch 34 Meilen vor ihm, muß er eine langsamere Gangart einlegen, um seine Kräfte einzuteilen, Weiß der Mann aber nicht, welche Strecke er noch zurückzulegen hat, könnte er die falsche Geschwindigkeit wählen und schließlich vor Erschöpfung zusammenbrechen, noch bevor er sein Ziel erreicht hat.
Daraus läßt sich das folgende filmische Prinzip ableiten: Da Müdigkeit nur teilweise durch wirkliche Erschöpfung verursacht wird und zum anderen Teil aus einer Fehleinschätzung der gestellten Aufgabe resultiert, müssen wir das Publikum in die Lage versetzen, die noch vor ihm liegende Strecke korrekt einzuschätzen. Die Erschöpfung des Zuschauers ist nämlich auf die Überbelastung sei-

ner Augen und Ohren zurückzuführen, auf zu absolvierende Denk- und Empfindungsprozesse, wie etwa das Durchleben von Emotionen, Antizipationen, Spannungszuständen und das stete Einschätzen der gezeigten Situationen. Doch selbst diese wirkliche Erschöpfung ist um ein Vielfaches geringer als eine durch Fehleinschätzung herbeigeführte Müdigkeit.
Es ist nun kein leichtes, das Kinopublikum in die Lage zu versetzen, die noch zu bewältigende Strecke korrekt einzuschätzen. Beim Bühnenstück mit seinen zwei bis fünf etwa gleich langen Akten ist das Ende sehr klar abzusehen. Lesen wir einen Roman, so kann anhand der Seitenzahl die noch zu bewältigende Strecke genau festgestellt werden. Außerdem spielt bei der Romanlektüre der Müdigkeitsfaktor keine Rolle, weil wir je nach Lust und Laune die an einem Stück zu lesende Seitenzahl selbst bestimmen können.
Der Kinogänger ist jedoch nur dann imstande, die vor ihm liegende Strecke einzuschätzen, wenn ein Ziel abgesteckt ist. Sobald ihm das Hauptziel mitgeteilt wird, bekommt er ein anhaltendes Gefühl für die noch zu bewältigende Distanz. Er vermag nun auch die Schwierigkeiten, die sich vor der Hauptabsicht „auftürmen", korrekt zu beurteilen. Dauert der Film jedoch länger als erwartet, verspürt der Zuschauer Müdigkeit. Endet der Film hingegen früher, liegen die von ihm eingeplanten Energien brach, und er reagiert unzufrieden. Wird dem Publikum kein Ziel in Aussicht gestellt, kann es auch keinerlei Vermutungen über eine noch zurückzulegende Distanz anstellen.

Nach diesen Ausführungen sind wir nun in der Lage, die Entwicklung bzw. Abfolge von Ereignissen in unserer Geschichte und den Vorwärtsdrang des Zuschauers aufeinander abzustimmen.
Vorab muß eine Vorwärtsbewegung ausgelöst werden, um dann die Ereignis- und Szenenfolge im Drehbuch auf eine Weise festzulegen, die der zuvor ausgelösten Vorwärtsbewegung entspricht. Diese Abfolge von Ereignissen muß zum einen gemäß dem Axiom von Ursache und Wirkung logische Zusammenhänge aufweisen. Und sie muß zum anderen so konzipiert sein, daß die Vorwärtsbewegung des Zuschauers weder unterbrochen noch anderweitig gestört wird.
In den meisten Filmen lassen sich Szenen umstellen, ohne daß der Handlung ersichtlicher Schaden zugefügt oder gegen das Prinzip der konsekutiven Zeitfolge verstoßen wird. Dies gilt besonders für die Umstellung von Szenen aus verschiedenen Erzählebenen. Sol-

che Umstellungen im Drehbuch finden oft in allerletzter Minute statt, und ebenso oft werden nach Fertigstellung des kompletten Films ganze Szenen am Schneidetisch gegeneinander ausgetauscht. Dies mag vielleicht dem Verständnis des Films nicht abträglich sein, kann jedoch die Vorwärtsbewegung des Zuschauers beeinträchtigen.
Um eine fließende Vorwärtsentwicklung zu gewährleisten, sollte die Ereignis- und Szenenfolge am Interesse des Zuschauers ausgerichtet sein. Hier gilt das gleiche Prinzip wie für die Kamerabewegung, die sich an der Interessenverlagerung des Publikums orientieren muß.
Wird dem Zuschauerinteresse nicht Rechnung getragen, gewinnt man den Eindruck, das Drehbuch sei in kleine Stücke zerhackt worden. Dieser Eindruck entsteht nicht, weil zu viele Szenen oder zu viele Orte innerhalb einer Szene gezeigt werden. Er entsteht, weil die präsentierte Szenenfolge nicht dem Interessenverlauf des Zuschauers entspricht. In einem solchen Fall kann es keine Vorwärtsbewegung, keine besondere Faszination und keinen roten Faden innerhalb der Szenenfolge geben. Diese Szenen sind nichts weiter als eine sinnlose Aneinanderreihung von Geschehnissen. Der erste Schritt muß somit lauten: Das Zuschauerinteresse wekken und ihm Folge leisten.

Vor allem die von einer Filmfigur bekundete Absicht bewirkt im Zuschauer Antizipationen, Vorwärtsbewegung und Interesse. Eine Absicht ist zwangsläufig Wegbereiter für eine Folgeszene, in der diese Absicht ausgeführt oder vereitelt wird. Die Absicht läßt vermuten, daß eine der folgenden Dekorationen der vom Zuschauer antizipierte Ort ist. Eine alltägliche Absicht, wie etwa „ich gehe jetzt schlafen", muß jedoch nicht weiterverfolgt werden, weil sie relativ uninteressant ist. Doch auf keinen Fall darf ein Mann, der zuvor geäußert hatte, er reise nach New York, plötzlich in Singapur zu sehen sein, ohne daß eine ausführliche Erklärung dieses Sachverhalts geliefert wird. Jede Absicht die Interesse weckt, muß weiterverfolgt werden.
Eine Szene, auf die der Zuschauer vorab eingestimmt wurde, muß jedoch nicht unmittelbar nach dieser Vorbereitung stattfinden. Sie kann durchaus erst zu einem späteren Zeitpunkt folgen, wobei dieser Zeitpunkt nicht willkürlich gewählt werden darf.
Wird eine Szene durch eine Absicht vorbereitet, nimmt der Zuschauer an, daß diese Szene auch unmittelbar im Anschluß daran

stattfindet. Nun kann jedoch eine Absicht mit einem gewissen Zeitsprung verbunden sein. In einem solchen Fall muß der Autor die Ausführung der Absicht nicht im direkten Anschluß folgen lassen. Ist dieser Zeitsprung jedoch nicht gegeben, ist eine den Zuschauererwartungen entsprechende Szenenabfolge unumgänglich. Sollte der Drehbuchautor dennoch aus irgendwelchen Gründen eine andere Szene präsentieren, die möglicherweise aus einer anderen Erzählebene stammt, behindert er damit die Vorwärtsbewegung des Zuschauers. Ein solches Vorgehen kann nur bei einem bewußten Wechselspiel von Anziehung und Behinderung gewählt werden, um die Ungeduld des Zuschauers zu schüren.
Entgeht es dem Autor, daß Absicht oder Motiv bereits deutlich eine Szene vorbereiten, die er nicht zeigt, und schiebt statt dessen zwei oder drei Szenen dazwischen, so beeinträchtigt er den Vorwärtsdrang des Publikums. Gleichzeitig schwächt er Ausdruckskraft und Stärke der eingefügten Szenen. Der Zuschauer ist im Augenblick nicht an diesen Szenen interessiert, kann sich jedoch, da sie nun einmal präsentiert werden, nicht mehr auf die eigentlich interessanten Ereignisse konzentrieren. Die Anziehungskraft einer Antizipation durch den Einschub von vielleicht ebenso wichtigen Szenen zu stören, ist ungeheuer gefährlich, da es zu einer Spaltung des Zuschauerinteresses kommt.
Die Kenntnis all dieser Fakten über Auslösung und Störung der Vorwärtsbewegung erleichtert es nun dem Autor, mögliche Fehlerquellen in seinem Drehbuch zu finden und auszumerzen. Das Rätsel um die befremdlichen Wirkungsweisen des Filmtempos ist damit gelöst.

KAPITEL 6

# Fernsehen, Kabel- und Privatfernsehen, Video und Satellitenübertragung

Während die Technologie in Windeseile voranschreitet, wandeln sich die psychologischen und emotionalen Verhaltensmuster des Menschen nur unmerklich. Daher können selbst Satellitenübertragungen, Lasersysteme oder Vorführungen im hauseigenen futuristischen „Heimunterhaltungscenter" nichts an den typischen, vorab beschriebenen Wirkungen auf den Zuschauer ändern.
Auch wenn man Geschichtenerzähler eines Tages als Videokassetten-Schöpfer, Privatfernseh-Dramaturgen oder Computergeschichten-Relaistechniker bezeichnet, sie werden nach wie vor eine Geschichte erzählen müssen.
Bislang wurden in diesem Buch technische Vorgehensweisen für Film und Fernsehen nicht getrennt behandelt, bis auf die Fälle, in denen sich beide ausdrücklich unterscheiden. Im folgenden sollen nun einige Besonderheiten des Fernsehens eingehender betrachtet werden.

Da die Bildschirme immer größer werden, ist das anheimelnde Gefühl, das ein Fernsehapparat einst in den eigenen vier Wänden vermittelte und das lange Zeit ein typisches Merkmal des Fernsehens war, verlorengegangen. Im Kabelfernsehen beispielsweise sind teure Spielfilme inzwischen eher an der Tagesordnung als der billige „Film der Woche".
Umgekehrt wirkt ein und derselbe Film anders auf den Zuschauer, je nachdem, ob er ihn in seinem privaten Umfeld zu Hause oder in einem riesigen Kinopalast sieht. Dies gilt insbesondere für Komödien; das schallende Gelächter der anderen Kinobesucher steckt an, und die künstlich erzeugten „Lachkulissen", derer sich das Fernsehen bedient, sind nur ein schwacher Ersatz für die undefinierbare und unterbewußte Kommunikation innerhalb eines Kinopublikums. Selbst Filmprofis, die eine Komödie in der Enge eines Studiovorführraums sehen, finden diese vielleicht weniger lustig als das vor Lachen tobende Publikum in einem Kino.

## Die Fernsehserie

Paradoxerweise sind die Vorgänger der modernen Fernsehserien die aus der Mode gekommenen Kinofilmserien. Fernsehserien sind inzwischen zur beliebtesten Zuschauerattraktion auf den Bildschirmen geworden. Für einen Autor ist eine Serie mit langer Laufzeit ein äußerst einträgliches Geschäft.
Ein Fernsehfilm von zwei Stunden Dauer muß Charaktere aus dem Nichts entstehen lassen und ihre Entwicklung in der zur Verfügung stehenden, relativ kurzen Zeit abschließen. Die Fernsehserie hingegen kann den Zuschauer in allwöchentlichen Folgen mit den Hauptcharakteren bekannt machen. Diese Figuren werden zu Freunden oder Feinden, sie sind dem Publikum oft vertrauter als ihre eigenen Nachbarn. Und schließlich sind sie ja auch mehr als bloße Bekannte. Wir kennen ihre Eigenschaften, ihre Gewohnheiten und kleinen Ticks. Wir freuen uns auf das nächste Wiedersehen mit ihnen zur verabredeten Zeit, denn sie sind Teil unserer Fernsehfamilie geworden.

## Programmtyp und Präsentation

Da eine Fernsehserie für den Autor so lukrativ sein kann, werde ich oft gefragt, wie man denn eine Idee für eine solche Serie am besten einreichen solle. Die Idee muß zunächst einmal eine kontinuierlich sprudelnde Quelle für Erzählstoff sein. Ein einzelner dramatischer Vorfall oder eine witzige Situation sind an sich sehr schön. Wenn jedoch das Gesamtkonzept einer Serie nicht über das Potential verfügt, zwei, drei oder noch mehr Jahre zu laufen, wird kein Sender das Risiko eines Pilotprojekts eingehen.
Nach der Beschreibung des Grundkonzepts sollte anhand von mehreren Einzelgeschichten deutlich herausgestellt werden, warum der Programmtyp Serie für eine Präsentation des vorliegenden Stoffes so geeignet erscheint. Diese Einzelgeschichten sollten nicht länger als ein Abschnitt sein. Ihnen kann ein einseitiges Exposé vorangestellt werden, das auch die Charakterisierung der Hauptfiguren einer „Muster"-Folge enthält.
Ferner empfiehlt es sich, eine kurze Beschreibung der Charaktere, die in jeder Folge auftreten, zu erstellen. In der Regel genügen vier oder fünf Figuren. Hat eine Produktionsgesellschaft oder ein Sender das Serienkonzept erst einmal erworben, so werden die einzel-

nen Details, das in einer Serie Machbare und Nicht-Machbare, im weiteren Verlauf geklärt. Diese Parameter gelten sowohl für angestellte Drehbuchautoren als auch für von außen eingereichte Serienkonzepte. Wenn diese Serie dann am Wettlauf um die Einschaltquoten teilnehmen soll, wird man alsbald mit dem vorsichtigen Hin- und Herschieben dieser Parameter beginnen.
Kürze ist ein absolutes Muß für die erstmalige Serienidee. Vielbeschäftigte Produzenten vergeuden nur ungern ihre Zeit mit Lesen. Es bleibt ein grundlegendes Dilemma in der Unterhaltungsindustrie, daß die stets in Eile begriffenen Entscheidungsträger keine Zeit zum Lesen finden und deren Lektoren nur negative Entscheidungen fällen können.
Wenn möglich, sollte bereits der erste Abschnitt des Exposés die Aufmerksamkeit fesseln, vor Ideen nur so sprühen und den Leser dazu veranlassen, daß er auf das Folgende gespannt ist. Das Serienkonzept darf nicht länger als zehn Seiten sein. Alles weitere kann den ausführlicheren Beschreibungen hinzugefügt werden. Über Sieg oder Niederlage entscheiden jedoch immer die ersten Seiten.

## Einige praktische Tips

Es wird gemeinhin angenommen, manche Menschen seien kreativ und andere eben nicht. Diese Unterscheidung ist im Grunde ein Trugschluß. Jeder hat irgendwann einmal Tagträume, und der Phantasie auf diese Weise freien Lauf zu lassen, ist ebenfalls eine Form der Kreativität. So mancher begnadete Künstler mag zwar überdurchschnittlich kreativ sein; doch dies ist eine Frage der Quantität.
Inspiration ist Übungssache, und Phantasie läßt sich anregen. Nehmen wir also an, wir schreiben den Namen unseres Hauptdarstellers auf ein Blatt Papier. Er heißt – Paul. Jetzt überlegen wir uns die Farben seiner Kleidung. Wir stellen uns mehrere Farbschattierungen vor und entscheiden uns schließlich für Jeans und kariertes Hemd. Im Geiste sehen wir ihn die Straße entlangspazieren, er trifft einen Bekannten und unterhält sich mit ihm. Noch beim Lesen dieses letzten Satzes stellen wir plötzlich fest, daß Paul zerzauste Haare hat. Und inzwischen macht das Erfinden seiner Charakterzüge großen Spaß. Es spielt dabei keine Rolle, ob wir alle Eigenschaften auch später im Drehbuch verwenden.

Dieses Vorgehen belebt nicht nur die Phantasie, es ist zudem sehr nützlich, alles über die Hauptfiguren im Drehbuch in Erfahrung zu bringen. Wenn man auf dem Papier Menschen aus Fleisch und Blut entstehen läßt, ist kein noch so winziges Detail überflüssig. Jede festgehaltene Einzelheit hilft uns dabei, übersehene Widersprüche zu entdecken. Was immer wir über ihre Jugend, ihre Verwandten, Freunde und Lebensgewohnheiten herausfinden, läßt sie immer deutlichere Konturen annehmen. Obgleich im Drehbuch nur Raum für die besonderen Merkmale ist, werden die Motive und Handlungen unserer Figuren überzeugend und ihre Dialoge echt sein.

Je mehr Sie sich in Filmsprache, Filmdramaturgie und Methoden des Geschichtenerzählens einarbeiten, desto mehr wird Ihr Interesse an den eigenen Reaktionen auf Filme und Fernsehshows wachsen. Mit zunehmender Professionalität werden Sie bewußt versuchen, sich von dem, was Sie sehen, nicht völlig in Bann ziehen zu lassen, sondern Filme quasi „von außen" zu betrachten. Dadurch können Sie Ihr erworbenes Wissen praktisch anwenden und lernen durch Beobachtung immer mehr dazu. Und mit großer Wahrscheinlichkeit werden Sie auch etliche Fehler entdecken.
Außerdem empfiehlt es sich, jeweils eine kurze Zusammenfassung der gesehenen Filmgeschichte zwecks eigener Studien zu erstellen. Daraus lassen sich vielleicht die inneren Mechanismen der Erzählstruktur erschließen und besondere Kunstgriffe werden sichtbar. Es wird Ihnen auf jeden Fall immer Material in Hülle und Fülle zur Verfügung stehen, das Sie studieren und auswerten können.

## Rechtlicher Schutz

Es ist ratsam, das erstellte Manuskript rechtlich vor Mißbrauch zu schützen. Hierfür gibt es in den Vereinigten Staaten zwei Möglichkeiten. Handelt es sich bei dem betreffenden Werk um einen Roman, ein abgeschlossenes Drehbuch, ein Bühnenstück oder ein Musical, so schützt die Library of Congress Ihre Urheberrechte.[4]
Anschrift:

Registrar of Copyrights
Library of Congress
Washington, D.C. 20559

Sie erhalten dann entsprechende Formulare (z. B. für nicht-dramatische literarische Werke oder Werke der Darstellenden Kunst) sowie Anleitungen, wie diese Formulare auszufüllen sind. Nach Einsendung des Werkes und eines Schecks über ca. 10 Dollar erhalten Sie urheberrechtlichen Schutz.

Handelt es sich bei Ihrem Manuskript um eine Synopsis, ein Exposé, ein Treatment oder ein Drehbuch, die bzw. das speziell für Film oder Fernsehen bestimmt ist, können Sie Ihr Werk bei der Writers Guild of America[5] in New York oder Hollywood registrieren lassen.

Anschriften:

Writers Guild of America, East
555 West 57th Street
New York, New York 10019

Writers Guild of America, West
8955 Beverly Blvd.
Los Angeles, Calif. 90048

Die Writers Guild wird Ihr Drehbuch weder lesen, beurteilen, noch es für Sie einreichen oder verkaufen. Gegen Erhalt einer vollständigen Kopie Ihres Manuskripts und eines Schecks über 10–15 Dollar für Nicht-Mitglieder, hält sie Ihr Werk in einem Umschlag versiegelt unter Verschluß, datiert es und bewahrt es 10 Jahre lang auf. Nach Ablauf dieser Frist kann eine Verlängerung beantragt werden.
Der Sinn dieses Vorgehens besteht darin, daß Sie jederzeit beweisen können, ab welchem Zeitpunkt Ihr Werk existierte. Im Falle einer gerichtlichen Auseinandersetzung kann der Beweis, diesen Filmstoff als erster fertiggestellt zu haben, von großem Nutzen sein.

# TEIL III

# DIE GESCHICHTE

KAPITEL 1

# Von der Idee zum produktionsreifen Drehbuch

Ein Autor wird oft gefragt, woher er die Ideen nimmt, die dann in Geschichten und Drehbüchern verarbeitet werden. Das ursprüngliche Ideenkonzept scheint auf ebensoviel Interesse zu stoßen wie die weitere Entwicklung dieser Idee. Oft wird der wahrhaft kreative Gedanke mit gar magischen Zauberkräften in Verbindung gebracht; in krassem Gegensatz dazu scheint die unproduktive Idee zu stehen, die keinem schöpferischen Geist entsprungen ist. Es wird sogar behauptet, die „gute" Idee komme dem Autor ganz plötzlich und erscheine in allen Einzelheiten vor seinem geistigen Auge, könne aus eigener Kraft wachsen und eine vorbestimmte Gestalt annehmen.
Diese Behauptung ist völlig aus der Luft gegriffen. Jeder Autor, der auf seine vollendeten Werke zurückblickt, wird sich erinnern, daß seine ersten Ideen grob und bruchstückhaft waren und die Einfälle unter den verschiedensten Umständen und in den meisten Fällen völlig unerwartet kamen. Selbst der disziplinierteste Schöpfer kann den Augenblick der Inspiration nicht auf Kommando herbeiholen, auch wenn er seine Phantasie dazu trainiert hat, während einer bestimmten Arbeitszeit, in bestimmten Situationen, aus Gewohnheit oder einem gewissen Naturell heraus Höchstleistungen zu erbringen. Er wird sich ferner daran erinnern, daß er einige seiner besten Ideen gar nicht als solche gewertet hat. Nur im Rückblick läßt sich erkennen, welche Saat auf fruchtbaren Boden fiel, welcher Funke zu einem kreativen Feuer wurde, welcher Einfall zu verwertbaren Ergebnissen führte und auch das hielt, was er zu Beginn in etwa versprach.

Da das Grundkonzept die Qualität des gesamten Drehbuches bestimmt, muß der Autor sehr weise unter den vielen möglichen Ideen auswählen, bevor er Zeit und Mühen in eine umfangreiche Ausarbeitung investiert. Zu Beginn, wenn die Auswahl zu treffen ist, liegt ihm nur leider sehr wenig Material vor, auf das er seine Selektion stützen könnte.

Die anfängliche Idee, die unvollständig ist, kann noch nicht „gut" sein; schon viele verheißungsvolle Einfälle wurden von Außenstehenden im Keime erstickt oder abgelehnt, weil sie ganz einfach zu früh zum Kauf angeboten wurden und damit einem unpersönlichen Urteil ausgesetzt waren, noch bevor ihr Potential die Möglichkeit hatte, sich zu manifestieren.

Es liegt im Wesen eines primären impulsiven Gedankens, sich nicht festlegen zu lassen. Er ist nicht identisch mit dem „Gegenstand", auf den er gerichtet ist; dieser Gegenstand ist höchstens Teil dieses Gedankens. Ebensowenig ist er gleichzusetzen mit dem eigentlichen Thema, obschon das Thema in ihm enthalten ist. Er kann eine Kindheitserinnerung sein, eine dominierende Charaktereigenschaft, der kurze Blick auf eine Landschaft oder das Fragment eines Dialogs.

Das auf Hochtouren arbeitende Gehirn produziert am laufenden Band Bilder, Gedanken und Ideen. Viele verflüchtigen sich sofort, entziehen sich unserer Aufmerksamkeit. Andere werden einer kurzen Prüfung unterzogen und zurückgewiesen. Und wieder andere werden eingehender betrachtet, vielleicht geprüft, eine Weile für gut befunden und dann doch vergessen. Doch dann gibt es solche, die aus irgendwelchen Gründen einen einzigartigen Eindruck bei uns hinterlassen und uns nicht mehr loslassen, wie sehr wir uns auch dagegen sträuben; sie kehren immer wieder zurück, manchmal Jahre später.

Während dieser Embryophase gibt es für die letztlich erfolgreiche Idee scheinbar kein anderes Kriterium als diese intuitive Zuneigung, die der Autor für sie hegt. Sie besitzt jene eigenartige Kraft, seine Phantasie in Aufruhr zu versetzen und so lange in seinem Gedächtnis haften zu bleiben, bis er ihr endgültig Form und Gestalt gegeben hat.

Es ist auch nicht weiter verwunderlich, daß die erste Auswahl aufgrund solch persönlicher und subjektiver Kriterien erfolgt. Wenn ein Charakter, eine Situation oder ein Umstand die Kraft besitzt, uns auf bestimmte Weise zu fesseln, in unserem Geiste haften zu bleiben oder in gewissen Zeitabständen immer wiederzukehren, so signalisiert uns dies eine ganz besondere, vielleicht unbewußte Faszination oder Bedeutung. Bei den Mühen und Qualen des Drehbuchschreibens sind dann all unsere schöpferischen Energien am Werke, wir sind mit ganzem Herzen bei der Sache; nicht nur unsere Vernunft sagt uns, daß die Idee interessant ist, wir erfreuen uns daran, ihr Form und Gestalt zu verleihen.

Daher leuchtet es ein, daß die subjektive, nicht die objektive Auswahl der Grundidee oft zu den besten Ergebnissen führt. Da in dieser Anfangsphase keine allgemeingültigen Bewertungsmaßstäbe angewendet werden können, ist unser persönliches Empfinden der allein ausschlaggebende Faktor.
Das allererste Konzept ist somit der persönlichste Beitrag des Autors. Am anderen Ende des kreativen Prozesses steht das produktionsreife Drehbuch, das auf ein Massenpublikum ausgerichtet ist. Um sich diesem mitzuteilen, muß der Autor das Persönliche in eine allgemein verständliche Sprache kleiden und dem Subjektiven eine allgemeingültige Form verleihen.
Es läßt sich daher feststellen, daß der kreative Prozeß beim Subjektiven beginnt und mit dem Unpersönlichen endet. Individuelle Emotionen müssen in allgemein nachvollziehbaren Erlebnissen ausgedrückt werden. Nur auf diese Weise kann der Dramatiker die erwünschte Wirkung erzielen, nämlich im einzelnen Zuschauer die von ihm beabsichtigten Emotionen wecken. Der Dichter kann oft auf diese Umwege verzichten und direkt auf das Herz des Lesers zielen. Doch der Drehbuchautor muß den langen Weg vom Subjektiven zum Objektiven gehen, um im einzelnen Zuschauer das subjektive Empfinden reproduzieren zu können.

Bei der auf dieses Ziel gerichteten Ausarbeitung der Grundidee stellt der Drehbuchautor fest, daß die Anforderungen der Endform bereits in den ersten Wachstumsphasen ihre Schatten werfen. Einerseits bleibt die Grundidee das Sandkorn, um das sich der immer größer werdende Kristall bildet, es bleibt der Urquell, der Geschichte und Drehbuch durchströmt. Andererseits müssen wir uns schon sehr früh fragen, welche Richtung eingeschlagen werden soll, um das Ziel zu erreichen, sofern die Grundidee überhaupt mit diesem Ziel vereinbar ist.
Da die diversen „Ventile" für die kreativen Leistungen des Autors unterschiedlicher Natur sind, muß er lernen, so früh wie möglich das Potential seiner Grundidee abzuschätzen. Jene vielversprechende Situation, die auf dramatischen Konfliktstoff für einen Spielfilm hoffen ließ, entpuppt sich in ihrer Endauflösung vielleicht als eine zu introvertierte Charakterstudie. Bei einer Idee, die genau richtig für eine halbstündige Fernsehshow schien, stellt sich letztendlich heraus, daß eine Stunde oder gar 90 Minuten für deren erschöpfende Darstellung vonnöten sind.
Aus reiner Zweckmäßigkeit und nicht aus freien Stücken heraus

spezialisieren sich mehr und mehr Drehbuchautoren auf mehrere Formen. Folglich muß ein Autor eine Idee nicht mehr deshalb verwerfen, weil sie für das Medium, mit dem er gerade arbeitet, zufällig ungeeignet ist. Vielmehr wird er diese Idee zu Papier bringen und sie zwecks späterer Verwendung ablegen. Er wird sie dann wieder hervorholen, wenn sie so ausgereift ist, daß er sie unbedingt ausarbeiten möchte oder wenn sie für eine Auftragsarbeit geeignet ist.

Da der kreative Geist Ideen spontan hervorbringt und sich nicht um die Länge von Geschichten kümmert, die irgendeine Zeitschrift vorschreibt, oder um die Laufzeiten einer Fernsehserie, kann der Autor sein Gehirn nicht auf die Schnelle dazu überreden, anspornen oder gar zwingen, zu einem bestimmten Zeitpunkt das benötigte Material „auszuspucken". Er kann sich jedoch antrainieren, seine eigenen Ideen und deren versteckte oder potentielle Qualitäten zu erkennen, um auf diese Weise Reserven zu haben, die nicht nur eine Art Ideenlager werden, sondern den eigentlichen schöpferischen Reichtum eines Schriftstellers darstellen.
Wann, wie und wieviele Ideen wir aus diesem Lager entnehmen, hängt von vielen variablen Einzelfaktoren ab, die keinerlei Gesetzmäßigkeiten unterworfen sind. Ausschlaggebend können innere und äußere Impulse sein, auf die der Autor selbst keinen Einfluß hat; alles, was dieser bewußt und absichtlich zu tun vermag, ist, ein vorgegebenes Ziel mit der richtigen Idee zu versehen.
Die Interaktion zwischen schöpferischen Impulsen und den einengenden Fesseln der Form ist eines der faszinierendsten Probleme für den Autor. Wenn wir bisweilen mit rigorosen Einengungen des jeweiligen Mediums zu kämpfen haben, sollten wir nicht vergessen, daß völlig freies und ungehemmtes Schaffen unmöglich ist und noch nie möglich war. Der Geist, der danach trachtet, dem Chaos zu entfliehen, hat schon immer nach einer Form gesucht, trotz oder gerade wegen ihrer einengenden Fesseln. Ein abstrakter Gedanke läßt sich nur dann ausdrücken, wenn er in ein ordentliches Satzgefüge gezwängt und den Regeln der Syntax unterworfen wird. Im Laufe der Jahrhunderte schwankten selbst Dichter zwischen den Extremen des Sonetts und der freien Poesie, zwischen der freiwilligen Einhaltung der strikten Formen von regelmäßigem Rhythmus und Reim und dem Trachten, diesen Regeln und Gesetzen zu entfliehen.
Ein Autor, der es sich leisten kann, alle wirtschaftlichen Aspekte

außer acht zu lassen, würde im Idealfall nur seinen eigenen schöpferischen Impulsen gehorchen; überwältigt und besessen von einer Idee, könnte er selbst die Form bestimmen, die ihrem gewaltigen Potential am besten gerecht würde – Roman, Bühne, Film oder Fernsehen. Die Realität sieht jedoch so aus, daß sich die Mehrzahl der Autoren ernsthaft, wenn nicht sogar vorrangig über den Absatz ihrer Werke Gedanken machen muß. Wenn die Idee eines Autors so perfekt ist, daß sie allen möglichen Anforderungen genügt, kann dieser getrost mit der Ausarbeitung beginnen. Andererseits müssen oft bestimmte Ideen auf Bestellung geliefert werden, wobei der Auftraggeber keinen besonderen Wert auf die ureigenen schöpferischen Impulse des Autors legen wird.

In diesem Wechselspiel zwischen kreativer Eingebung und formaler Anforderung scheint letztere die ausschlaggebende und dominierende Rolle zu spielen. Es liegt im Wesen der Form, theoretische Bedingungen herzuleiten und festzulegen, sie sind unausweichlich, ihnen muß Folge geleistet werden.

Produzenten und Verleger können in der Praxis ähnlich bestimmend und rigoros in ihren Forderungen sein. Sie verlangen eine Geschichte, die auf einen bestimmten Star zugeschnitten sein soll, ein Drehbuch für einen speziellen Fernsehprogrammtyp, einen Kurzroman, der Frauen als Zielgruppe ansprechen soll, und dergleichen mehr. Vorgeschrieben werden Länge, Budget, und oftmals werden auch die genauen Präferenzen eines Stars oder Sponsors zu Auflagen gemacht.

Verglichen mit diesen präzisen Forderungen wirkt der schöpferische Impuls vage, nur in Umrissen präsent, unentschlossen und bisweilen unkontrollierbar. Eine Grundidee in noch unformuliertem Zustand scheint so biegbar zu sein, daß sie in alle möglichen Richtungen gelenkt werden kann. Also müßte es doch ein leichtes sein, den Stoff jeder Länge oder allen möglichen Ansprüchen anzupassen.

Doch schon bald zeigt sich, daß das Ideenmaterial eigene Prinzipien hat, die zumindest ebenso stur, ja oft noch unumstößlicher sind als die harten Forderungen von Form und Auftraggeber. Wer sich schon einmal mit Ideen für eine Geschichte auseinandersetzen mußte, weiß, wie biegsam sie auf den ersten Blick scheinen und wie unbeweglich und zäh sie in Wirklichkeit sind. Während der Bearbeitung treten irgendwann mit Bestimmtheit ihre Widersprüche und Fehler zutage; je mehr man sich schließlich der Endfas-

sung des Drehbuchs nähert, desto schwieriger wird es, diese zu verbergen oder zu vertuschen.
Im Verlauf der kreativen Arbeit müssen wir uns auf das angestrebte Ziel freuen und dann wieder das Augenmerk auf die vorhandenen Grundzutaten richten. Zu beachten sind die Anforderungen der gewählten Form ebenso wie die inneren Prinzipien unseres Arbeitsstoffes. Erst die perfekte Mischung der beiden bringt die dynamische Entwicklung hervor, die eine gute Geschichte und ein gelungenes Drehbuch auszeichnen.

Der schöpferische Prozeß von der Anfangsidee bis zum fertigen Drehbuch ist ein unentwegtes Bemühen, sich des Geschriebenen vollkommen bewußt zu sein. Oft wissen wir aber nicht genau, wie unsere Geschichte weitergehen soll, oder wir sind uns nicht der vollen Bedeutung bereits getroffener Entscheidungen bewußt.
Erst das vollendete Werk kann uns einen Gesamtüberblick geben, läßt Absicht und Resultat, die Harmonie von Idee und Form erkennen; es wird jenen feierlichen Moment der Befreiung herbeiführen, den einzigartigen Lohn für alle Mühen, der nur dem schöpferischen Geist zuteil werden kann.

Kapitel 2

# Die Auswahl des Filmstoffes

## Vielfalt

Auf den ersten Blick scheint es keine allgemeingültigen Regeln für Filmstoffe zu geben. Geschichten sind so reich an Vielfalt wie das Leben selbst. Alles, was sich ein Mensch vorzustellen vermag, kann auch erzählt werden. Geschichten können handeln von Bergsteigern in Nepal, der englischen Königin, von Tod und Todesqualen oder vom Anlegen eines idyllischen Blumengartens.
Anstatt diese reiche Vielfalt in eine enggefaßte Definition zu pressen, wollen wir gerade sie zu unserer ersten Forderung machen; Geschichten *müssen* sich voneinander unterscheiden. Das Publikum will stets neue Geschichten hören und die Öffentlichkeit möchte über neue Nachrichten informiert werden. Vielfalt ist somit ein grundlegendes Merkmal von Geschichten.

Trotz dieser Vielzahl und Vielfalt gibt es Elemente, die allen Geschichten gemeinsam sind.
Da der Mensch und sein Handeln im Mittelpunkt aller erzählten Geschichten stehen, gelten für sie jene Prinzipien, die im Kapitel über den dramaturgischen Aufbau bereits erörtert wurden. Diese Regeln bilden folglich das Gerüst einer jeden Geschichte, denn sie sind allgemein genug formuliert, um auf die meisten Lebewesen und deren Handeln angewendet zu werden.
Betrachten wir dazu folgende Beispiele: Die Liebe eines Königs zu einer geschiedenen Frau läßt ihn freiwillig abdanken; ein Kind wünscht sich ein Spielzeug; ein Gangster beabsichtigt, eine Bank auszurauben. In allen Geschichten, die Absichten enthalten, wie etwa den Plan des Ganoven, die Bank auszurauben, stehen Motiv, Absicht, Schwierigkeit und Ziel in bestimmten Beziehungen zueinander, ganz gleich, wie verschiedenartig die einzelnen Geschichten auch sein mögen.

Stellen wir uns zwei verschiedene Geschichten über ein und dieselbe Person vor: 1) ein Lebensmittelhändler versucht, im Wettbewerb mit einem Supermarkt zu bestehen; 2) eine Beschreibung des Ehelebens dieses Lebensmittelhändlers. Der Unterschied zwischen

beiden Geschichten besteht darin, daß im ersten Fall die dramatische Kraft einer Absicht vorliegt und im zweiten nicht.
Manche Arten von Geschichten, die etwa von „Verfolgung", „Rache" oder „Ehrgeiz" handeln, enthalten automatisch Antriebsmechanismen. Andere sind mit keinerlei Grundabsichten ausgestattet. Wen mag es daher verwundern, daß so manche sprunghafte Filmemacher zu ihrer eigenen Überraschung einmal gute, dann wieder schlechte Filme zustande bringen. Die Unbeständigkeit ihrer Arbeit rührt daher, daß sie ihr Handwerk nicht wirklich verstehen. Doch gelegentlich haben sie Glück und „erwischen" eine Geschichte, die bereits per se dramatische Qualitäten enthält und daher nicht mehr von einem Fachmann überarbeitet werden muß.

Zu Beginn sehen wir vielleicht angesichts der Vielzahl an Filmstoffen den Wald vor lauter Bäumen nicht. Doch schon bald besitzt unser Verstand gleichsam die Fähigkeit von Röntgenstrahlen und dringt durch die äußere Fleisch-, Blut- und Muskelschicht, die einen bestimmten Vorfall umhüllt. Dahinter entdecken wir das Knochengerüst und das unsichtbare Nervensystem, das die dramatischen Impulse weiterleitet.
Diese Struktur darf auf keinen Fall mit einer Formel verwechselt werden. Die Gesetze des dramaturgischen Aufbaus lassen sich auf jede Handlung oder Handlungsfolge anwenden, wohingegen die Formel ein abgeschlossenes, unveränderliches System ist. Obgleich die Formel stets in ein neues Gewand gehüllt werden kann, ist sie doch der Untergang einer jeden kreativen Idee. Sie ist die letzte Zuflucht schlechter Autoren, die außerstande sind, die Tiefen der dramaturgischen Gesetze zu ergründen; anstatt ihr eigenes Wissen anzuwenden, vertrauen sie lieber auf bewährte Schemata. Damit wird natürlich die Geschichte beträchtlich eingeengt. Zudem verstößt die Formel gegen das grundlegende Attribut einer Geschichte, nämlich das Gebot der Vielfalt. Das Publikum erkennt hinter dem neuen Gewand das alte Schema und verliert das Interesse.
Besitzt der Autor jedoch umfangreiches Wissen über dramaturgische Gesetze, so kann er eine unbegrenzte Anzahl von Schemata kombinieren und Geschichten von reicher Vielfalt entstehen lassen.

## Betrachtungen zur Form

Über die Auswahl der Filmstoffe entscheiden im allgemeinen Produzenten und Studioleiter; erst später wird der Drehbuchautor engagiert. Der freischaffende Autor muß, insbesondere wenn er ans Fernsehen verkaufen möchte, seine Filmgeschichte mit großer Sorgfalt auswählen, bevor er Zeit und Mühen in die Ausarbeitung investiert. Annahme oder Ablehnung des späteren Drehbuches können von dieser Auswahl abhängen.
Abgesehen von diesen praktischen Erwägungen ist die Stoffauswahl auch deshalb von so entscheidender Bedeutung, weil sie bereits in beträchtlichem Maße über Erfolg oder Mißerfolg des produktionsreifen Drehbuches entscheidet. Nun basieren viele gute Filme auf wenig spektakulären Stoffen, es wurden jedoch ausgezeichnete Drehbuchautoren engagiert, die diese schlechten Stoffe noch gut ausarbeiten konnten. Oft genug stellt es sich jedoch heraus, daß das schlechte Material selbst von einem noch so guten Autor nicht verwertet werden kann. Nach Monaten ergebnisloser Bemühungen wird die Arbeit dann eingestellt und der Stoff beiseite gelegt.

Da wir gezwungenermaßen unter Stoffen auswählen müssen, die sich in einem ungeschliffenen und unfertigen Zustand befinden, könnten wir deren Potential überschätzen oder die Schwierigkeiten bei der Weiterentwicklung in ein Treatment übersehen. Ebenso könnten wir Material unterschätzen und etwa das Potential einer Kurzgeschichte nicht erkennen, sie dann wie einen ungeschliffenen Diamanten einfach wieder beiseite legen. Es haben nicht sehr viele Menschen die Wahrnehmungsgabe eines Frank Capra, der den Wortlaut einer Weihnachtskarte von Philip Van Doren Stern als Grundlage für *It's a Wonderful Life? (Ist das Leben nicht schön?)* verwendete.
Nach ersten Reaktionen auf den Stoff sollten wir jedes einzelne Element untersuchen und getrennt beurteilen. Zu sagen „es gefällt mir" oder „es gefällt mir nicht" hieße, vorschnell über Verwertung oder Verwerfung einer Geschichte zu urteilen. Es muß vielmehr überlegt werden, ob sie einigen grundlegenden Anforderungen des Mediums Films, wie etwa den formalen Bedingungen, gerecht wird.
Nicht alle Geschichten lassen sich gleich gut für den Film adaptieren, obgleich sie vielleicht in anderen Erzählformen schon sehr

erfolgreich waren. Der Stoff muß in der dem Film zur Verfügung stehenden Zeit erzählt werden können, d.h. in seine zeitliche Begrenzung passen. Die Geschichte darf daher weder zu lang noch zu kurz sein, wobei einer längeren Geschichte der Vorzug zu geben ist, da sie komprimiert werden kann. Eine zu kurze Geschichte müßte man in die Länge ziehen und liefe dabei Gefahr, daß der Stoff zu dünn wird. Ein umfangreicher Roman, der für den Film bearbeitet werden soll, muß sich auf wichtige Passagen vereinfachen und reduzieren lassen. Nur bei wenigen Romanen ist dies nicht möglich. Tolstois *Krieg und Frieden* wurde schon mehr als einmal verfilmt. Die letzte, eine russische Verfilmung, ist so lang, daß die Vorführung an mehreren Abenden hintereinander erfolgen muß. *Doktor Schiwago* wiederum konnte mit großem Erfolg von Robert Bolt und David Lean komprimiert werden.

Ferner ist zu beachten, daß der photographische Realismus der Kamera die Geschichte und somit die Stoffauswahl beeinflußt. Das Kameraobjektiv läßt das Reich der Phantasie des Zuschauers um ein beträchtliches schrumpfen; er sieht alle Ereignisse mit dem Auge der Kamera. Vergleichen wir dies nun mit dem Roman. Wie lebhaft und bunt der Romanautor mit Worten auch zeichnen mag, jeder Leser muß seine eigene Phantasie anstrengen, um diese Worte in Bilder umzusetzen. Aufgrund der photographischen Realität der Kamera wird jedoch die Vorstellung des Zuschauers z.B. von einem mittelalterlichen Ritter eingeengt, denn die Kamera zeigt ihm einen Schauspieler in Ritterrüstung. Illusionen zu wekken und beizubehalten, erweist sich unter solchen Umständen als schwierig. Manche historischen Filme zeichnen Charaktere und Ereignisse daher oft überragender, als sie in Wirklichkeit waren, um so durch Stil und Elan den Realismus des auf der Leinwand Präsentierten zu überwinden.

Phantasiegeschichten, Parabeln und Allegorien akzeptiert man sehr viel eher im traditionellen Theater, wo allein schon die Enge der Bühne es erfordert, daß der Zuschauer manche seiner Realitätsansprüche und Vorbehalte zu Hause läßt. Natürlich weiß er, daß die mit absoluter Präzision aufeinander abgestimmten Auf- und Abtritte der Personen niemals der Realität entsprechen – im Theater ist dies erforderlich, damit die Bühne nie leer wird. Das Publikum gestattet dem Bühnenautor, wenn auch nur intuitiv, die Unbeweglichkeit der Theaterdekoration dadurch zu überwinden, daß er

verschiedene Tricks einsetzt; diese würden bei näherer Prüfung als höchst suspekt und unhaltbar kritisiert werden.
Das Theater hat schon immer versucht, dem Realismus zu entfliehen und schwankte im Laufe der Jahrhunderte zwischen einem deklamatorischen und naturalistischen Stil. Die überzogenen Masken der Darsteller im alten Griechenland und die stilisierten Konventionen der japanischen Kabuki- oder Noh-Spiele paßten ihre unrealistischen äußeren Erscheinungsformen den anderen Unzulänglichkeiten der dramatischen Komposition an.
Der Kinogänger von heute ist so sehr mit einer in Großaufnahme photographierten Realität vertraut, daß er nur noch schwer die Unwahrscheinlichkeiten des Theaters akzeptiert, die dort erlaubt und sogar erwünscht sind. Während eines Theaterstücks tolerieren wir bereitwillig den Symbolersatz auf der Bühne: Unsere Skepsis wird gemindert, wenn wir uns nur immer wieder selbst sagen, daß das Gesehene eben Theater und keine Realität ist.
Dennoch besitzt dieser Symbolersatz dieselbe Genauigkeit, wenn auch nicht die Realitätstreue, wie ein Landkarte im Verhältnis zur realen Landschaft. Die Landkarte ist eine wissenschaftlich genaue Übertragung dieser Landschaft. Niemand würde ihre Exaktheit anzweifeln, und dennoch ist sie nicht die Landschaft. Wenn diese Übereinstimmung, dieses „Genauso-sein-wie", sich konsequent durch den ganzen Film zieht, wie dies in einigen Allegorien von Kurosawa oder Fellini der Fall ist, so hat es den Anschein, als sei der scharfe Blick der Kamera durch eine Art Schleier abgeschwächt worden. Eben diese konsequent eingehaltene Linie macht auch die Werke eines Franz Kafka so wirkungsvoll. Seine phantastischen Allegorien sind in fröstelnd realistischer Manier konzipiert und ausgeführt. Andererseits erschwert unregelmäßiger und undisziplinierter Symbolismus im Film die Überwindung der massiven Widerstände des Mediums, das nach sporadischen Ausflügen in die Welt der Phantasie ohnedies früher oder später zum Realismus zurückkehrt.

Komödien scheinen dabei eine Ausnahme zu sein, doch auf gewisse Weise bestätigen auch sie die Regel. Im Gegensatz zum Drama, das weit weniger Spielraum für eine realitätsgetreue Darstellung des Lebens besitzt, gibt es Dutzende Arten von Komödien, die von der populären Farce bis hin zur spitzfindigen Satire reichen. Völlig neuartige Anforderungen und Reaktionen fließen in dieses Genre ein, die, so scheint es, der Zuschauer in seine logischen Beurteilungen und prüfenden Betrachtungen nicht miteinbezieht, wenn er jene unplausiblen Bühnenereignisse mit seinen eigenen Erfahrungen vergleicht. Zufälle oder Mißverständnisse, die im Drama empörte Reaktionen auslösen würden, sind in der Farce erlaubt. Hier hat jene unrealistische Überzeichnung von Menschen und Ereignissen sogar den gleichen Aufklärungseffekt wie die komischen Verzerrungen in Karikaturen; sie sind beide gleichermaßen begrüßens- und wünschenswert.

Dennoch wäre es falsch anzunehmen, in einer Komödie sei alles erlaubt. Sobald man sich für einen Komödientypus entschieden hat, muß der jeweilige Stil konsequent beibehalten werden. Hohn und Spott eines Rabelais und Humor und Witz à la Shaw dürfen niemals in ein und derselben Komödie gleichzeitig verwendet werden. Ein Oscar Wilde hätte niemals für Laurel und Hardy schreiben können, ebenso wären die Marx Brothers niemals Philip Barrys *Philadelphia Story* gerecht geworden.

Auch bei konsequenter Verwendung eines bestimmten Stils kann der Drehbuchautor nicht erwarten, er könne so alle Zweifel aus dem Weg räumen. Der Einsatz eines Jokers setzt voraus, daß die anderen Karten ihren üblichen Wert beibehalten, sonst würde das Spiel zu verwirrend. Analog dazu ist das Ausräumen von Zweifeln noch am ehesten von nur *einer* wesentlichen Voraussetzung zu erwarten, aus welcher dann alle anderen komischen Situationen resultieren.

## Betrachtungen zum dramaturgischen Aufbau

Da für die Zuschauer der Inhalt der Geschichte von primärem Interesse ist, könnte man vermuten, daß all die Anforderungen des formalen Aufbaus bei der Stoffauswahl nicht berücksichtigt werden müssen. Nun ist aber für die Entwicklung und Ausarbeitung einer Geschichte deren dynamisches Potential entscheidend. Dies macht es unbedingt erforderlich, daß der Stoff bereits in der Anfangsphase auf seine dramaturgischen Möglichkeiten hin untersucht wird.

Oft erscheint eine Idee auf den ersten Blick für eine Dramatisierung ungeeignet. Es sieht so aus, als ließe sich keinerlei Hauptabsicht festlegen, die die gesamte Dramatik entfesseln könnte. Andererseits gibt es in Hülle und Fülle Einzelabsichten, die einen klaren Erzählverlauf schier unmöglich machen. In einem solchen Fall muß

überlegt werden, welche dieser Einzelabsichten am produktivsten für die Geschichte ist; alle anderen Absichten können untergeordnet oder ganz eliminiert werden. Steht der übergeordnete Erzählfluß erst einmal fest, ergibt sich häufig die Möglichkeit, die kleineren Erzählstränge in untergeordneter Funktion anzukoppeln. Ein Stoff, der beim ersten Hinsehen nicht sehr vielversprechend wirkt, kann somit noch in eine geeignete Form gebracht werden, wie ein unförmiger Klumpen Ton, dem durch einige Handgriffe des Bildhauers Form und Gestalt verliehen wird.
Die Qualitäten der im Erzählmaterial schlummernden dramatischen Elemente kommen während der Arbeit am Drehbuch immer deutlicher zum Vorschein. Viele Westernfilme verdanken ihre Popularität klaren und starken Absichten, und dies trotz ihrer oft abgehackten Dialoge und langweilig beschriebenen Situationen. Der Dieb will z. B. Vieh stehlen, und der Sheriff will ihn hinter Gitter bringen. Dieses so banale Schema kann sich jedoch bei entsprechend klar voneinander abgegrenzten Absichten zu einem gewaltigen Konflikt steigern.
Viele Billigproduktionen enthalten starke „Antriebskräfte", d. h. starke Absichten, die aufgrund des Budgets nicht voll genutzt werden können, während so manche Monumentalfilme ihre schwachen Motoren zu hochtourig fahren. Die schwächsten und uninteressantesten Absichten finden sich in einigen spektakulären und aufwendigen Kolossalfilmen.

Aufgrund unserer Kenntnisse über den dramaturgischen Aufbau wissen wir nun, daß alle Geschehnisse auf der Grundlage subtiler Verknüpfungen und Beziehungen stattfinden. Es ist daher gefährlich, sich nur ein Element auszuwählen und es so sehr zu stärken, daß es alles andere verdrängt. Eine gewissenhafte Überprüfung aller Elemente macht es jedoch möglich, eine verzerrte Struktur wieder ins richtige Lot zu bringen.

KAPITEL 3

# Verständlichkeit, Plausibilität, Identifikation

## Verständlichkeit

Jede Geschichte muß verstanden werden. In seiner Begeisterung neigt der Anfänger dazu, diese Maxime zu vergessen. Er konzentriert sich auf die Dinge, die er gerne ausdrücken will, auf Emotionen, die er wecken möchte, auf Botschaften, die er zu verkünden hat. Dabei vergißt er völlig, daß keines seiner Vorhaben gelingt, wenn die Geschichte nicht verstanden wird. Kein Zuschauer wird die Geschichte glauben, Angst oder Hoffnung, Schrecken oder Freude verspüren, Mitleid oder Haß empfinden, erleichtert oder entsetzt reagieren, es sei denn, er versteht die Geschichte.
Will ein Drehbuchautor in erster Linie ein persönliches Statement abgeben, so interessiert ihn vielleicht nur in zweiter Linie, wieviel davon auch wirklich verstanden wird. Bemüht sich der Autor jedoch bei seinen Ausführungen nicht um Klarheit, muß er damit rechnen, daß diese Unverständlichkeit die emotionalen Reaktionen seines Publikums um das entsprechende Maß abschwächt.

Das heutige Kinopublikum ist glücklicherweise viel gebildeter und aufgeklärter, als die frühen Filmemacher jemals zu träumen wagten. Die bei Kinobesuchen und beim Fernsehen über Jahre gesammelte Erfahrung hat das Publikum wachsamer und routinierter werden lassen. Es erkennt sehr schnell Ungereimtheiten in der Geschichte oder die leisen Andeutungen des Erzählers. Von Jahr zu Jahr verbessert sich sein Auffassungsvermögen, es benötigt immer weniger Informationen, um Zusammenhänge zu begreifen. Einerseits können die Zuschauer die angedeutete Pointe einer Geschichte sehr viel rascher vorhersehen und herausposaunen, als dem Autor lieb sein kann. Doch auf der anderen Seite geben ihnen undurchsichtige Filme oder unverständliche Sequenzen Rätsel auf, die entweder von einem surrealistischen Filmemacher beabsichtigt sind oder aber von einem Scharlatan konstruiert wurden. Scharlatane entscheiden sich gewöhnlich für ein derartiges Vorgehen, weil sie ansonsten fürchten müssen, daß die nichtssagende Seichtheit ihrer Geschichten zu offensichtlich wäre, wenn sie der Zuschauer besser verstehen würde.

Es ist nicht einfach, den richtigen Kurs inmitten dieser Riffe und Strömungen zu wählen. Selbst erfahrenen Roman- und Bühnenautoren bereitet dies Probleme. Hinzu kommt, daß die Filmsprache an sich schon recht schwierig und nicht leicht zu verstehen ist.
Der Film drückt sich im Endeffekt in einer Art Hieroglyphensprache aus, vergleichbar der der alten Ägypter, die ihre Geschichten mit Hilfe bildlicher Symbole erzählten. Wie schwierig diese Hieroglyphen zu lesen und Charaden zu entziffern sind, ist hinreichend bekannt. Das einzelne Bildsymbol mag zwar leicht zu verstehen sein, bei einer schnellen Folge solcher Symbole werden jedoch Fakten übersprungen und Bedeutungen impliziert, die allesamt aus den wenigen wahrgenommenen Fragmenten zu interpretieren sind.
Die Geschichte eines Films muß ohne Unterbrechung in einer einzigen Vorführung verstanden werden; ein nochmaliges Lesen oder Revue passieren lassen von einzelnen Passagen ist nicht möglich. Daher erscheint es ratsam, den Zuschauer an bestimmte Fakten zu erinnern, die dieser vergessen oder mißverstanden haben könnte. Da jedoch der Raum im Film für derartige Informationen knapp bemessen ist, muß der Autor genau überprüfen, welche Fakten ein zweites Mal mitgeteilt werden sollen.
Das Verständnis eines Films wird ferner durch die Tatsache kompliziert, daß die gegebene Information weltweit ein und dieselbe Bedeutung haben muß, um auch weltweit verstanden zu werden. Wenn ein Mann auf seine Armbanduhr schaut, begreift jeder, der mit der modernen Zivilisation vertraut ist, daß der Mann wissen will, wie spät es ist. Nicht-Amerikaner werden jedoch mit großem Befremden zusehen, wie ein Kunde etwa einen *Horn-and-Hardart*-Automaten bedient.[6] Amerikanern wiederum ist es unbegreiflich, warum in französischen Filmen Hotelgäste ihre Schuhe jeweils vor die Zimmertür in den Gang stellen. Jeder Autor sollte daher sicherstellen, daß all seine Informationen von jedermann richtig verstanden werden.

Verständlichkeit ist schon deshalb oberstes Gebot, weil der Film nur ausgewählte Informationen und daher nur einen Teil der Geschichte präsentiert. Vorausgesetzt wird die Fähigkeit der Zuschauer, die fehlenden Teile zu ergänzen, zu verstehen und zu antizipieren. Jeder Drehbuchautor muß sich darüber im klaren sein, wieviel er vom Publikum erwartet: Es soll antizipieren, und um dazu imstande zu sein, muß es die Charaktere, deren Handeln und

Schwierigkeiten begreifen. Es soll vom Motiv auf die Absicht und von der Absicht auf das Ziel schließen können. Sind ihm aber Wesen der Figur und Art ihrer Absicht unverständlich, kann es auch keine korrekten Schlußfolgerungen ziehen. Es wird vielmehr falsche Schlüsse ziehen und am Ende vollends im dunkeln tappen. Die Geschichte wird auf diese Weise weder Antizipationselemente noch Spannung oder Vorwärtsbewegung haben. Ferner soll das Publikum den weiteren Erzählverlauf beurteilen und die Erfolgschancen der Absicht und der Schwierigkeiten einschätzen, die ja für Spannung und Steigerung eine entscheidende Rolle spielen.
Um all diesen Erwartungen gerecht zu werden, muß der Zuschauer die Geschichte verstehen können. Viele der sogenannten „anspruchsvollen" Filme sind nicht deshalb erfolglos, weil einzelne Aspekte vom Durchschnittszuschauer nicht verstanden werden, sondern vor allem, weil ihre Unklarheiten jene Aufbauelemente einer Geschichte zerstören, die wir bisher als notwendig erkannt haben. Solch anmaßende Filme bringen das Publikum dazu, sich voller Begeisterung einen Western mit all seinen primitiven, aber starken Absichten anzusehen und geben damit den Produzenten recht, die mit einem Schmunzeln auf den Lippen erklären: „Da sehen Sie es, das Massenpublikum will keine guten Filme."

Um den Inhalt einer Geschichte verständlich zu präsentieren, müssen, so meinen viele, ausschließlich Faktoren gewählt werden, die der Zuschauer kennt. Dies ist ein Irrtum. Im ersten Teil des Buches wurde erklärt, daß ein Mensch in erster Linie deshalb einer Geschichte zuhört, weil er am Leben anderer teilhaben will oder Informationen über die Lebensweise seiner Mitmenschen erhalten möchte. Das wirkliche Verlangen nach Geschichten steht also im direkten Gegensatz zu jener angeblich notwendigen Verständlichkeit, die ausschließlich durch Verwendung von Bekanntem erzielt wird. Der Mensch will jene Dinge erfahren, die er noch *nicht* kennt. Dieses scheinbare Dilemma verwirrt viele Produzenten. Um Verständlichkeit zu gewährleisten, machen sie Filme über den Durchschnittsmenschen und mehr oder minder alltägliche Ereignisse. Das Publikum versteht diese Filme zwar, findet sie aber nicht besonders interessant, denn es will ja Informationen über Dinge, die es nicht kennt. Die Zuschauer ziehen anscheinend Kaiser, Abenteurer und Exoten auf der Leinwand ihrem eigenen Selbstporträt vor. Zeigen Produzenten dann jedoch das andere Extrem, müssen sie wiederum oft feststellen, daß Filme über herausragende Per-

sönlichkeiten oder Ereignisse vom durchschnittlichen Publikum nicht verstanden und daher keine Kinoerfolge werden.
Dieser komplizierte Sachverhalt läßt sich leicht veranschaulichen. Denken wir dabei nur einmal an den Film *Fahrraddiebe,* der überall erfolgreich war, nur nicht im Ursprungsland Italien. Dort waren die im Film geschilderten Ereignisse dem Publikum viel zu vertraut. Sein Neorealismus entsprach zu sehr dem Alltagsleben.
Die Lösung dieses Problems ist nicht ganz einfach. Das Publikum will neue und interessante Fakten kennenlernen, die allgemeingültige Maßstäbe und Werte vermitteln sollen. Nur wenige Menschen sind in der Lage, die voneinander abweichenden Diagnosen zweier Neurologen zu verstehen, geschweige denn, zu beurteilen. Angst und Schrecken kann jedoch jeder nachvollziehen. Die Entscheidung eines Investmentbankiers, in neu emittierte Aktien zu investieren, mögen nur wenige richtig einschätzen können. Doch die Gesetzesübertretung eines Gangsters und die sich daraus ergebenden Konflikte versteht jeder, weil es überall auf der Welt Gesetze gibt, denen sich Menschen unterwerfen müssen.

Unser Ausgangsproblem läßt sich lösen, indem neue Informationen geliefert werden, die sich anhand von Allgemeinwissen einordnen und beurteilen lassen. Und die größte Gemeinsamkeit aller menschlichen Wesen ist die Erfahrung von Gefühlen.
Handelt unsere Geschichte von einem König, einem Industriemagnaten oder einer berühmten Tänzerin, so vermitteln wir gewiß viele unbekannte Informationen, da sich diese Personen doch erheblich vom durchschnittlichen Kinogänger unterscheiden. Mit seinem Verstand kann der Zuschauer weder die Regierungsprobleme des Monarchen ermessen, noch die Fusionsentscheidungen des Industriellen, noch die Probleme der Tänzerin, mit ihrem Erfolg oder Mißerfolg fertigzuwerden. Da es sich jedoch in allen drei Fällen um menschliche Wesen handelt, verfügen auch sie über bestimmte Emotionen, wie unterschiedlich ihr Leben auch sein mag. Diese Emotionen umfassen Freude und Trauer, Angst und Glück, Zufriedenheit und Niedergeschlagenheit, Mutterliebe und Leidenschaft. Sie mögen zwar bei jedem Menschen durch unterschiedliche Faktoren hervorgerufen werden, doch die Emotionen an sich sind bei allen Menschen gleich. Der Zuschauer erkennt nun in den Emotionen der Filmfiguren seine eigenen Gefühle wieder und kann sie daher ermessen, beurteilen und auch verstehen.
Es spielt keine Rolle, ob eine Mutter gleichzeitig Königin oder

Putzfrau ist. Beide Frauen verspüren die gleichen Schmerzen bei der Geburt ihrer Kinder, ob diese nun in einem Palast oder in den Vorstadtslums das Licht der Welt erblicken. Ihre Gefühle sind gleich; es ist Mutterliebe, nicht die Liebe einer Königin oder die einer Putzfrau. Daher kann auch die Putzfrau die Gefühle der Königin verstehen. Wenn andererseits ein Film über Durchschnittsmenschen keine oder nur unbekannte Gefühle vermittelt, wird er vom Publikum nicht verstanden, obwohl Dekoration, Darsteller und Ereignisse direkt aus dem Leben der Kinobesucher gegriffen sind.
Betrachten wir hierzu ein Beispiel, einen Walt Disney Kinofilm. Er handelt von Elefanten, Mäusen, Pferden und anderen Tieren, deren Lebensumstände nicht allen Zuschauern geläufig und verständlich sind. Der Film kommt ihnen jedoch in keiner Weise befremdlich vor. Weshalb verstehen wir die Verhaltensweisen von Tieren, die sich so eindeutig von unseren eigenen unterscheiden? Die Erklärung lautet, wir verstehen ihre Emotionen. Von einer Elefantenmutter, die ihr Baby verliert, nimmt man an, daß sie in diesem Fall ähnlich empfindet wie eine Menschenmutter. Eine Maus, die Mitleid empfindet, zeigt eine Reaktion, die wir selbst verspüren können. Und ein Kaninchen fürchtet sich genauso vor einem wilden Löwen wie jeder Mensch.
Es ist wichtig zu wissen, daß der Zuschauer einen Film emotional versteht. Ein Film, der ausschließlich auf rationalen Fakten beruht und dessen Charaktere außerstande sind, Gefühle zu empfinden und in denen auch keinerlei Emotionen geweckt werden, kann niemals verständlich sein. Emotionen sind die einzigen Erfahrungswerte, die allen Menschen gemeinsam sind. Überdies hat der Zuschauer gar keine Zeit dazu, das Faktenmaterial auch intellektuell zu verdauen. Das emotionale Verstehen hingegen ist ein im Unterbewußtsein ablaufender Prozeß, der keine Zeit in Anspruch nimmt.

Ein Filmemacher sollte sich daher für eine der drei Möglichkeiten entscheiden, wenn er sein Publikum ansprechen und fesseln will.

1. Eine Geschichte, die von unbekannten Ereignissen, aber vertrauten Emotionen handelt, nicht aber von bekannten Ereignissen und nicht bekannten Emotionen.

2. Geläufige Personen in unbekannten Situationen, wie etwa der freundliche Hausmeister in *Bonnie und Clyde,* der Opfer einer Entführung wird.

3. Falls ein kompromißloser Filmemacher unbedingt Alltagsereignisse aus dem Leben durchschnittlicher Menschen zeigen will, sollte er zumindest einen originellen Stil beisteuern und somit etwas Neuartiges hinzufügen, ohne daß der Film dabei an Realismus verliert.

Bei all diesen Möglichkeiten wird dem Wunsch der Zuschauer nach Neuem und Vertrautem entsprochen.

Verständlichkeit ist jedoch nur eine Grundbedingung, nicht aber das eigentliche Ziel eines Films. Obgleich der Autor das Verständnis der Zuschauer erleichtern kann, sind damit noch längst nicht alle Bedingungen für einen guten Film erfüllt. Produzenten wählen sogar zu oft Stoffe, die nichtssagend, oberflächlich und langweilig sind, wenngleich verständlicher als jene intelligenten und interessanten, jedoch schwer zu erklärenden Geschichten.
Wenn ihnen dies von Kritikern zum Vorwurf gemacht wird, antworten sie nur, daß ja schließlich selbst der „allerletzte" Kinogänger den Film verstehen sollte. Dieses Argument wird als Entschuldigung für die eigene Inkompetenz benutzt. Dies kann sogar bis zur Behauptung gehen, man produziere absichtlich schlechte Filme, um dem Geschmack eines imaginären Publikums gerecht zu werden.
Natürlich ist die Behauptung falsch, nur Gemeinplätze, Klischees, Typencharakterisierungen und Leerformeln könnten dem Zuschauer verständlich gemacht werden, wohingegen ein Großteil des Publikums mit interessanten und wichtigen Geschichten überfordert wäre.
Der einzige folgerichtige Schluß aus diesen Beobachtungen kann nur lauten: Der Autor muß sich nach bestem Wissen und Gewissen bemühen, interessante, wertvolle, ja auch komplexe Stoffe für ein Millionenpublikum zu erschließen. Dies ist gewiß keine leichte Aufgabe. Wer jemals einen Hollywood-Film in einem drittklassigen Kino in Singapur gesehen hat, begreift, welch exotische Zielgruppe die kommerziellen Filmstudios mit diesem Konzept für die Masse ansprechen wollen – ein Publikum aus unterschiedlichsten Kultur- und Bildungskreisen, das dann auf der Leinwand fremdartig anmutende Ereignisse, zudem aus einem anderen Land und in einer fremden Sprache, bestaunt. Und dennoch, einige der wirklich großen Filme hatten in Norwegen und den USA ebensoviel Erfolg wie in Bangkok oder Peru.

Damit ihm dies gelingt, muß ein Filmemacher all sein Geschick, seinen Einfallsreichtum und sein Wissen einsetzen. Je besser er es versteht, mit filmischen Ausdrucksmitteln und filmdramaturgischen Konzepten umzugehen, desto eher ist er auch in der Lage, einem einfachen Publikum komplexe und tiefgründige Inhalte zu vermitteln.

## Plausibilität

Der Filmstoff muß plausibel sein. Kinobesucher sind gewiß vertrauensselige Personen, sie neigen dazu, alles zu glauben, was ihnen erzählt wird, halten nur selten inne, um intellektuelle Betrachtungen des auf der Leinwand Gesehenen anzustellen, um zu hinterfragen, ob die präsentierten Ereignisse auch wirklich plausibel sind. Ihr Vertrauen variiert jedoch, und je nach Vertrauensgrad ändert sich auch ihre Aufmerksamkeit und die Einschätzung des Geschehens. Je plausibler das Publikum die Geschichte findet, desto ernsthafter wird es bei der Sache bleiben und um so begeisterter wird es auch reagieren. Ist die Geschichte jedoch nicht glaubhaft, lassen Konzentration und Bereitschaft, dem weiteren Verlauf zu folgen, nach. Und selbst wenn der Kinobesucher die Geschichte mißmutig weiterverfolgt, wird er sich des Gefühls nicht erwehren können, man wolle ihn zum Narren halten.

Viele Autoren mögen darüber erstaunt sein, doch es ist erwiesen, daß einfache und weniger gebildete Menschen sehr viel strengere Urteilskriterien für das, was plausibel und realistisch ist, besitzen als die sogenannte Bildungselite. Diese ist es anscheinend gewohnt, mit fiktiven Werten umzugehen; die „Philosophie des Als ob" scheint ihrer Denkweise in besonderem Maße entgegenzukommen. Ich habe mir schon mehrere Male zusammen mit „gebildeten Leuten" einen unplausiblen Film im Kino angesehen. Trotz der Unglaubwürdigkeiten haben sie sich köstlich amüsiert. Zu unser aller Überraschung meinten die anderen Zuschauer, der Film sei dumm und lächerlich und zwar wegen seiner unplausiblen Geschichte. Wenn ein Publikum dieses Urteil fällt, verweigert es alle Bereitschaft, am Handlungsgeschehen teilzunehmen. Nur bei Komödien oder Phantastischen Filmen werden diese strengen Maßstäbe etwas gelockert.

Drehbuchautoren sind oft versucht, unglaubwürdige Stoffe zu verwenden, weil sich damit ungeahnte Möglichkeiten auftun, wohingegen die Forderung nach Glaubwürdigkeit ihre Phantasie einengt. Betrachten wir hierzu Walt Disney; ohne seine wunderbare Phantasie und seinen unerschöpflichen Ideenreichtum schmälern zu wollen, muß eingeräumt werden, daß einige seiner besten Ideen nur deshalb entstehen konnten, weil er an keine reale Welt gebunden war und die meisten seiner Figuren und sprechenden Tiere keine lebensgetreuen Wesen darstellen. Auch für Filmschöpfer wie Fellini oder die jungen Experimentalfilmer, die sich über die Maxime der Glaubwürdigkeit hinwegsetzten, haben sich neue Welten eröffnet. Der Autor lebensnaher Geschichten muß jedoch seine Vorstellungskraft zügeln. Wenn er die Grenzen des Plausiblen überschreitet, mag er zwar brillante und faszinierende Szenen hinzugewinnen, diese sind jedoch in den Augen des Zuschauers wertlos, weil er sie als unglaubwürdig ablehnt.
Manche Geschichten basieren auf einer falschen Voraussetzung, gewinnen jedoch im weiteren Verlauf an Lebensnähe. Wenn von Zwillingen erzählt wird, die sich so ähnlich sind, daß selbst ihre Ehefrauen sie nicht auseinanderhalten können, so klingt das recht unwahrscheinlich. Derart nahestehende Personen müßten eigentlich die Unterscheidungsmerkmale kennen. Der Rest dieser Geschichte könnte aber durchaus glaubwürdig sein. Eine andere Erzählung beginnt vielleicht mit einem Landstreicher, der irrtümlicherweise für einen Millionär gehalten wird. Abgesehen davon, daß es unwahrscheinlich ist, daß niemand diesen Landstreicher als solchen identifizieren wird, mag die restliche Erzählung durchaus glaubhaft sein. Das gleiche gilt für Geschichten, in denen zu Beginn eine kleine Verkäuferin die Spielbank von Monte Carlo „sprengt" und plötzlich im Besitz von viel Geld ist. Mit derart Unglaubwürdigem zu beginnen, öffnet ungeahnte Möglichkeiten für die weitere Bearbeitung des Stoffes. Wenn die Geschichte dann plausibel weitererzählt wird, glaubt sie der Zuschauer, wenngleich die anfängliche Vortäuschung falscher Tatsachen einen hauchdünnen Schleier der Unwahrheit um die ganze Erzählung hüllt.

Wir erinnern uns, daß der dramaturgische Aufbau eines Films entweder richtig oder falsch sein kann. Analog dazu kann eine Geschichte entweder plausibel oder unplausibel sein. Zu beurteilen, in welche dieser beiden Kategorien ein Filmstoff nun gehört, ist nicht ganz leicht. Eine plausible Geschichte muß nicht unbedingt eine wahre Geschichte sein, die sich in Wirklichkeit ereignet hat. Es genügt völlig, daß sie sich hätte ereignen können oder, um noch einen Schritt weiter zu gehen, daß sie sich höchstwahrscheinlich ereignet hätte.

Seltsamerweise scheiden aufgrund der Forderung nach Glaubwürdigkeit eine Reihe guter Geschichten aus, die sich tatsächlich zugetragen haben: Obwohl sie wahr sind, klingen sie unwahrscheinlich. Wahrheit befremdet oft mehr als Fiktion. Wirkliche Begebenheiten eignen sich daher aufgrund ihrer Unglaubwürdigkeit oft nicht als Filmstoff. Der Zuschauer wird sie nicht akzeptieren, solange sie unwahrscheinlich erscheinen. Ein Drehbuchautor begibt sich auf gefährliches Glatteis, wenn er aus wahren Begebenheiten Profit schlagen will, d. h. damit ein schwieriges Problem beim Erzählen der Geschichte lösen möchte. In seinem Werk *Narrative Technique* erklärt Thomas H. Uzzell: „Nur solche Zufälle sind erlaubt, die Bestandteile der Umstände sind, die die Geschichte auslösen; unzulässige Zufälle sind diejenigen, die als Lösung von Konflikten in Geschichten herhalten müssen, die in erster Linie von ihren Figuren getragen werden."
Das Gesetz der Plausibilität schreibt nicht vor, daß nur durchschnittliche oder klischeehafte Personen bzw. Ereignisse verwendet werden sollen. Ganz im Gegenteil, der Zuschauer ist an besonderen Begebenheiten, Geschehnissen und Charakteren interessiert. Eine verrückte Frau ist zwar keine alltägliche, aber eine realistische und glaubwürdige Erscheinung. Ein Mann mit fünf Augen hingegen ist unplausibel, ebenso wie ein Held ohne jegliche Furcht und Tadel.

Der aktuelle Trend geht in Richtung Glaubwürdigkeit. Es scheint, als habe man mit dem Kapitel Aschenputtelgeschichten und andere Filmmärchen ein für allemal abgeschlossen, als habe sich der Zuschauer von einem gutgläubigen Kind zu einem kritischen Erwachsenen entwickelt. Unwahrscheinliche Geschichten, in vergangenen Tagen noch interessant und aufregend, bewirken heute nur mehr ein verächtliches Lächeln.
Wenn auch für Komödien weniger strikte Kriterien gelten, so wird doch in diesem Genre zu häufig ein Übermaß an Unglaubwürdigkeit verwendet. Das Resultat sind keine guten, sondern dumme Witze.

## Identifikation

Angenommen, die Zuschauer verstehen unseren Film. Zudem finden sie die Geschichte glaubhaft. Damit ist aber immer noch nicht gewährleistet, daß sie all die anderen Aktionen und Reaktionen zeigen, die wir uns erhoffen.
Es wäre falsch zu glauben, das Publikum säße während einer Filmvorführung nur passiv auf seinen Sitzen herum. Im Kino bietet sich der Anblick langer Zuschauerreihen, zahlloser Gesichter, die gebannt auf die Leinwand starren. Man könnte den Eindruck einer passiven Menschenmasse gewinnen, die einfach nur absorbiert, was ihr erzählt wird. Doch dann ertönt plötzlich Gelächter, Zuschauer fangen an zu weinen, stoßen Seufzer der Erleichterung aus oder äußern lautstark ihre Enttäuschung. All diese Geräusche sind nur Ausdruck der regen geistigen Aktivität des Zuschauers, während er die Ereignisse auf der Leinwand in scheinbar passiver Manier verfolgt. Wir erinnern uns, daß das Publikum antizipiert, beurteilt, sich vorwärts bewegt, Spannung empfindet, Gefühle, Hoffnungen und Ängste verspürt, fröhlich und traurig, zufrieden und enttäuscht ist. Um im Zuschauer all diese angenehmen und unangenehmen Reaktionen und Gefühle zu bewirken, muß sein Interesse geweckt werden.

Das Wort „Interesse" ist oft und sehr schnell bei der Hand. In Filmkreisen hört man ständig, eine Geschichte sei interessant oder uninteressant. Was eine Geschichte eigentlich interessant macht, wird jedoch nur selten klar und deutlich definiert.
Nicht eine Geschichte an sich ist interessant oder uninteressant, das Publikum entscheidet, ob es sich für eine Geschichte interessiert oder nicht. Somit kann ein und dieselbe Geschichte für den einen Zuschauer interessant und für einen anderen uninteressant sein. Will ein Autor interessante Geschichten schreiben, so muß er sie auf Qualitäten hin überprüfen, die für jedermann mehr oder minder interessant sind.
Interesse darf weder mit Antizipation noch mit Spannung oder mit Vorwärtsbewegung verwechselt werden. Eine Geschichte ohne diese drei Elemente ist zwar langweilig, langatmig und statisch, Interessant-Sein hängt jedoch von anderen Qualitäten ab.
Angenommen, Sie sehen ein Fußballspiel zwischen zwei Ihnen unbekannten Mannschaften. Das Spiel mag noch so aufregend sein, es interessiert Sie nicht, wenigstens so lange, wie Sie nichts

über die beiden Teams wissen. Dasselbe oder vielleicht sogar ein weniger spannendes Spiel wird jedoch hochinteressant, wenn Ihre Heimmannschaft mit von der Partie ist. Ihr Interesse kann somit nicht von der Qualität des Spiels abhängen, sondern von dem Bezug, den Sie selbst zum Spiel haben.
Ebenso zeigen wir weniger Interesse am Schicksal eines Fremden als an dem, was unserem Nachbarn widerfährt. In gewisser Hinsicht haben wir zum Filmstar ein ähnliches Verhältnis wie zu unserem Freund von gegenüber. Für die Leser diverser Fanzeitschriften sind Stars wie Elizabeth Taylor, Paul Newman oder Jackie Kennedy sogar weitaus vertrautere Personen als ihre Nachbarn.
Aber das Kriterium „Vertrautheit" ist bestenfalls ein Hilfsmittel. Das Hauptkriterium für eine interessante Geschichte ist die Beziehung zwischen dem Inhalt der Geschichte und dem Leben des Zuschauers. Erst wenn dieser seine eigenen Mühen, Sehnsüchte und Konflikte auf der Leinwand wiederentdeckt, ist sein Interesse an der Geschichte geweckt.
Die Formulierung „Leben des Zuschauers" sollte hier sehr weit gefaßt werden und vor allem seine Gedanken, Wünsche und Ängste miteinschließen. Interesse wecken heißt nicht, daß für einen Autohändler eine Geschichte über Autos und für einen Jockey eine Geschichte über Rennställe geschrieben werden muß. Die Fakten der Geschichte müssen lediglich den eigenen Gedanken und Wünschen dieser Personen entsprechen. Diese Gedanken und Wünsche können durchaus auf allgemeine und abstrakte Ziele ausgerichtet sein, wie etwa Erfolg oder das Überleben eines Verlierers, Happy-End in der Liebe, Glück für den Pechvogel.
Wurde jene Beziehung zwischen dem Zuschauer und der Geschichte geknüpft, ist der Weg frei für Aktionen und Reaktionen des Publikums. Sein erster Schritt wird sein, sich mit bestimmten Charakteren der Geschichte zu identifizieren.

Der Prozeß der Identifikation ist ein recht eigenartiges Phänomen. Er findet bei Kinozuschauern, aber auch im wirklichen Leben statt. Einer Identifikation liegt der Wunsch zugrunde, am Leben anderer Menschen teilzuhaben, ein Wunsch, der besonders stark ist, wenn das eigene Leben von Langeweile und Leere erfüllt ist. Menschen, die ihr Leben als aktiv und ereignisreich empfinden, verspüren sehr viel weniger jenen Wunsch, sich mit anderen zu identifizieren, d. h. sie kümmern sich um ihre eigenen Angelegenheiten und sind nicht so neugierig, wie manche ihrer Mitmenschen.

Das Filmpublikum besteht größtenteils aus Personen, die mit ihrem eigenen Leben unzufrieden sind, weil es unglücklich, ereignislos oder langweilig ist, oder aber weil es, gemessen an ihren Hoffnungen und Sehnsüchten, nicht zufriedenstellend verläuft. Jene Menschen verspüren den starken Wunsch, sich mit anderen zu identifizieren, und sei es auch nur für die kurze Dauer einer Filmvorführung. Diesem Wunsch des Zuschauers kann man entgegenkommen, indem man Figuren schafft, die eine Identifizierung ermöglichen.

Im allgemeinen wird sich der Zuschauer nur mit solchen Personen identifizieren, die seinem Geschmack, seinen Wünschen und Sehnsüchten entsprechen. Wenn das der Fall ist, so bedarf es keiner charakterlichen Ähnlichkeit zwischen Filmfigur und Zuschauer. Eine ältere Frau im Publikum kann sich ohne weiteres mit einer jungen und hübschen Darstellerin identifizieren, vielleicht gerade weil sich die ältere Dame nach Jugend und Schönheit sehnt. Ebenso kann sich ein junges Mädchen im Publikum mit einer alten Frau identifizieren, solange diese bewundernswerte Eigenschaften besitzt. Möglicherweise wird sich auch ein Friedensrichter, zumindest teilweise, mit einem Filmgangster identifizieren, wenn dieser einige gute Eigenschaften besitzt, wie etwa Mut und Tapferkeit, Mitleid und Zuneigung für die Armen. In erster Linie werden sich natürlich Kinobesucherinnen mit der Hauptdarstellerin und Kinobesucher mit dem Hauptdarsteller identifizieren; Schönheit oder Jugend dieser Hauptfiguren spielen dabei keine Rolle.

Identifikation beschränkt sich jedoch nicht auf die Protagonisten oder auf eine einzige Figur in der Geschichte. Über einen kürzeren Zeitraum ist auch die Identifikation mit einem oder zwei Nebendarstellern möglich; sie erfolgt, sobald diese Figuren und die Wünsche und Sehnsüchte des Zuschauers in einer gewissen Beziehung zueinander stehen.

Das griechische Wort „sym-pathos“ bedeutet „mit (jemandem) leiden“, d.h. das Leid einer anderen Person teilen. Kein Zuschauer vermag das Leid eines Mitmenschen zu teilen, wenn dieser „unsympathisch“ ist. Der Zuschauer kann sich nicht mit einer schrecklichen, verlogenen oder verabscheuungswürdigen Figur identifizieren, weil er sich selbst nicht als gräßlich, verlogen oder verabscheuungswürdig sieht. Auch wenn er all diese Eigenschaften wirklich besitzt, so möchte er doch im Grunde nicht so sein.

Daher identifiziert sich das Publikum viel lieber mit Menschen, die wünschenswerte Qualitäten verkörpern, oder die ihm helfen, Selbstmitleid zu sublimieren. Das macht eine Filmfigur sympathisch. Selbst der übelste Verbrecher wird beim Sehen eines Krimis höchstwahrscheinlich Sympathien für den Filmhelden entwickeln und nicht für den Filmgangster, wie man eigentlich vermuten würde. Um mit diesem zu sympathisieren, müßte er schon ein hohes Maß an Objektivität besitzen und zu bewußtem und logischem Denken fähig sein.
Durch die Identifikation entledigt sich der Durchschnittszuschauer all seiner Minderwertigkeitsgefühle gegenüber einer „idealisierten" Person. Er bringt dem überlebensgroßen Protagonisten weder Neid noch Antipathie entgegen. Sobald der Zuschauer sich mit ihm identifiziert hat, liebt er seine vorzüglichen und wünschenswerten Wesensmerkmale so, als seien es die eigenen.
Die Identifikationsfigur muß jedoch nicht nur herausragende Charakterzüge besitzen. Kleine Unzulänglichkeiten und Schwächen machen sie um so sympathischer, weil sie damit nicht mehr zu hoch über dem Zuschauer „thront". Dies erleichtert die Identifikation. Das Publikum ist angetan von den kleinen Schwächen seines Helden, da sie durchaus den eigenen entsprechen.
Gefährlich sind jedoch inkonsequente Charakterisierungen. Ein Zuschauer, der sich auf eine Identifikation mit einer Filmfigur eingelassen hat, sieht sich plötzlich Dinge tun, die er überhaupt nicht will. Voller Abscheu möchte er sich wieder des-identifizieren. Wird der Held dann erneut liebenswert, ist der Zuschauer natürlich verwirrt und in seinen Gefühlen hin- und hergerissen. Derartige Inkonsequenzen wirken auf ihn wie die reinsten Wechselbäder.
Wenn die Schwächen der Person, mit der sich der Zuschauer identifiziert hat, auf vergnügliche Art und Weise geschildert werden, erntet der Autor damit die vollste Zufriedenheit seines Publikums. Als Katharine Hepburn in einer Szene von *The Woman of the Year (Die Frau, von der man spricht)* ihre ersten Kochversuche unternahm, konnten viele Frauen darin ihre eigene Unbeholfenheit wiedererkennen; andere Zuschauerinnen wiederum zogen Vergleiche mit den eigenen Kochkünsten und stellten zufrieden fest, daß sie weitaus besser abschnitten.

Ständiges Vergleichen ist eine unterbewußte Funktion der Identifikation. Oft stellt der Zuschauer z. B. seine eigene Persönlichkeit neben die des Filmbösewichts, nur um bestätigt zu wissen, daß er

selbst ein besserer Mensch ist. Diese Erkenntnis, besser zu sein als er vielleicht wirklich ist, erfüllt ihn dann mit Erleichterung und Zufriedenheit.
Aus dem gleichen Grund mögen wir auch Komödianten; sie geben uns das Gefühl der Überlegenheit. Charlie Chaplin, Buster Keaton, Laurel und Hardy lassen den Zuschauer erkennen, um wieviel intelligenter und souveräner er doch ist und wie vergleichsweise selten das Pech ihn verfolgt. Zirkusclowns üben eine Faszination auf uns aus, doch nicht etwa wegen ihrer überdimensionalen Nase oder den viel zu weiten Hosen, sondern weil sie hilflos und tolpatschig sind und die einfachsten Dinge nicht bewerkstelligen können, die uns selbst keinerlei Probleme bereiten würden.

Durch Identifikation und Vergleich entwickelt sich eine starke Beziehung zwischen Filmfigur und Zuschauer. Der Darsteller auf der Leinwand lebt die geheimsten Wünsche des Publikums aus, all seine latent vorhandenen Aggressionen, Ängste und Sehnsüchte. Er bereitet den Zuschauern Vergnügen oder befreit sie mit dem Mittel der Katharsis von unterdrücktem Schmerz.
Dafür ist der Zuschauer dankbar. Er verehrt die Schauspieler, die für ihn Qualen erleiden und siegreiche Triumphe feiern. Diese Gefühlsbindung spielt eine wichtige Rolle, wenn Darsteller zu Stars gemacht werden sollen. Selbst Boris Karloff besaß Popularität und wurde von vielen gemocht, obgleich er immer nur furchterregende Charaktere spielte. Der Zuschauer war von ihm angetan, weil er die Verkörperung ihrer eigenen Schreckensvisionen war.
Bösewichte, dumme Komödianten und Pechvögel sind somit genauso wichtig wie die sympathischen Helden. Durch jene verachtenswerten und traurigen Gestalten kann sich der Zuschauer in einem günstigeren Licht sehen. So mancher gut gemachte Film war deshalb kein Publikumserfolg, weil seine Charaktere die Zuschauer völlig „kalt" ließen.

Nach erfolgter Identifizierung ergreift das Publikum Partei. Bei einem einfachen Publikum kann dies so weit führen, daß es den Helden heiß und innig liebt und den Bösewicht aus tiefstem Herzen verabscheut. Oft kann es dann nicht mehr zwischen der Person des Schauspielers und der Figur, die er im Film verkörpert, unterscheiden. Eine von Mark Twains Geschichten erzählt von einer Theatertruppe, die ein Stück auf einem Mississippi-Dampfer aufführt. Plötzlich werden aus der Zuschauermenge Schüsse auf den

Bösewicht des Stückes abgefeuert, weil er ein unschuldiges Mädchen mißhandelt. Wir verfolgen den Verlauf eines Pferderennens mit sehr viel größerem Interesse, wenn wir auf eines der Pferde gesetzt haben. Das bereits erwähnte, noch so gute Fußballspiel bewirkt in uns keinerlei Gefühlsaufwallung, es sei denn, wir stehen hinter einer Mannschaft. Sobald die Identifikation mit einem Team erfolgt ist, erscheint alles plötzlich in einem anderen Licht. Oft läßt sich dabei feststellen, daß nur noch die von der eigenen Mannschaft geschlagenen Pässe im Gedächtnis haften, während man sich an die der anderen kaum noch erinnern kann, oder aber sie als Behinderung und Schwierigkeiten für das Spiel des eigenen Teams empfindet.

Die Identifikation des Zuschauers hat somit unzählige Auswirkungen. Es scheint fast, als nehme er damit einen ganz bestimmten Platz in der Geschichte ein, von dem aus er alle Geschehnisse verfolgt. Vor seinen Augen ereignet sich kein Konflikt zwischen fremden Personen; er selbst nimmt daran teil. Was immer der Identifikationsfigur widerfährt, wird auch ihm angetan. Er empfindet Angst, Hoffnung, Liebe, Haß, Glück und Leid, als durchlebe er dieselbe Situation wie die Filmfigur. Der Zuschauer muß sich nicht erst die Frage stellen: „Wie würde ich in einer solchen Situation reagieren?", denn er befindet sich bereits in dieser Lage. Durch sein Einfühlungsvermögen wird er selbst Teil der Geschichte und wirkt höchstpersönlich im Geschehen mit. Im Unterbewußtsein mag er vielleicht denken: „So scheide ich denn in Gottes Namen von dieser Welt."

Noch bevor der Zuschauer direkt am Geschehen teilnimmt, wirkt die Geschichte auf ihn wie ein Labyrinth aus Absichten, das er unparteiisch und objektiv begutachtet. Sobald er sich jedoch mit einer Figur identifiziert hat, hofft er auch schon, daß sich seine Absichten erfüllen mögen und wagt nicht an den Erfolg der anderen zu denken. Je nach Ausgang der Geschichte ist das Publikum dann erleichtert oder verbittert.

Die vielen Absichten in einer Geschichte werden im Zuge der Identifikation in verschiedene Rubriken eingeteilt. Dies erleichtert es für den Zuschauer, den weiteren Erzählverlauf zu verfolgen. Das Geschehen wird vereinfacht, die Ereignisse sind besser zu durchschauen. Die Geschichte ist gewissermaßen in ihrem Umfang reduziert und daher leichter verständlich.

Auch Spannung kann erst dann zum wahren Nervenkitzel werden,

wenn wir uns mit einer Absicht identifizieren. Dazu müssen wir mit der Figur sympathisieren, deren Absicht uns zusagt. Unsere Zweifel bezüglich der Erfolgsaussichten jener Absicht werden nur dann aufregend für uns, wenn wir selbst das erfolgreiche Gelingen des Vorhabens herbeisehnen. Unsere Anteilnahme kann sogar so weit gehen, daß wir all die Bedrohungen und Hindernisse, die sich der Absicht in den Weg stellen, völlig ignorieren, was gewöhnlich jegliche Spannung zunichte macht.
Identifikation kommt ebenso der Vorwärtsbewegung zugute. Vorwärtsbewegung, teilweise durch Antizipation bewirkt, ergibt sich aus dem Wunsch des Zuschauers, das Ziel zu erreichen. Dieser wird weniger darauf erpicht sein, ans Ziel zu gelangen, wenn es das eines anderen ist. Handelt es sich jedoch um „sein" Ziel, will er dieses unbedingt erreichen. Spannung, die zweite Ursache der Vorwärtsbewegung, treibt uns voran, um der Ungewißheit endlich ein Ende zu setzen. Spannung kann nur dann zum Nervenkitzel und somit am effektivsten werden, wenn der Zuschauer Partei für eine Seite ergriffen hat und darum bangen muß, ob sich „seine" Absichten wirklich erfüllen.
Die Identifizierung des Zuschauers mit einer Figur ist niemals vollständig. Die einzige Konstellation, bei der dies offensichtlich wird, ist gegeben, wenn der Zuschauer über andere Informationen als „seine" Figur verfügt. Er weiß z. B., daß „sein" Darsteller direkt in eine Falle läuft. Der Darsteller ahnt nichts davon. Der Zuschauer muß sich nun auf fast schizophrene Weise spalten: Zum einen sieht er sich selbst in die Falle gehen; daraus ergibt sich zum anderen jener seltsame, aber interessante Effekt – er will unbedingt die Filmfigur vor der Falle warnen, ihr die Information geben, die sie nicht hat. Wie stark dieses Verlangen des Publikums ist, zeigte sich während der Aufführung des Stückes *Angel Street.* Die Zuschauer riefen dem Detektiv auf der Bühne tatsächlich zu, er solle seinen Hut nicht vergessen, weil er sich sonst verraten würde.

Angesichts all dieser positiven Auswirkungen der Identifikation sollte der Drehbuchautor sorgfältig geplante Identifikationsmöglichkeiten anbieten. Handelt seine Geschichte von einem Konflikt zweier abscheulicher Personen, kann das Publikum für keine Seite Partei ergreifen. Vollkommen desinteressiert wird es sich höchstens dazu aufraffen, ein wenig Neugierde an den Tag zu legen.
Umgekehrt ist es ebenso gefährlich, allen Kontrahenten sympathische Eigenschaften zu verleihen. Denn auch hier wäre im Konflikt-

fall jegliche Parteinahme ausgeschlossen. Das Publikum mag beide und weiß nicht, wem es den Sieg eher wünschen soll. Außerdem muß eine derartige Geschichte mit Enttäuschung enden, weil ja eine der sympathischen Figuren verlieren muß.

KAPITEL 4

# Der Inhalt der Geschichte

Warum wird ein Film mit offensichtlichen Mängeln zum Kinoerfolg und ein anderer, ähnlicher Film, der technisch sogar noch besser ist, zum Kinoflop? Diese Frage quält die Filmindustrie schon seit eh und je.
Teuer bezahlte Erfahrung hat gelehrt, daß Glanz und Glitter nicht unbedingt dazu beitragen, daß sich das Publikum besser amüsiert. Hochkarätige Stars garantieren schon längst nicht mehr gigantische Einspielsummen. Ein gut gemachter Film zieht gewiß mehr Menschen ins Kino als ein Film, der zwar das gleiche Thema behandelt, jedoch stümperhaft gemacht ist. Letztendlich entscheidend ist jedoch der Inhalt, das eigentliche „Fleisch" der Geschichte.

Menschen gehen in Restaurants, um etwas zu essen, in Bars, um etwas zu trinken und ins Kino, um geistige Nahrung zu sich zu nehmen. Diesem grundlegenden Bedürfnis werden oft oberflächliche Motive vorgeschoben, wie etwa man wolle nicht länger in der Wohnung herumsitzen, sich die Zeit vertreiben oder etwas Ablenkung von den Alltagssorgen verschaffen. Hinter diesen fadenscheinigen Gründen steht jedoch immer die Hoffnung, daß der Film den unbewußten oder nur schwach empfundenen psychologischen Hunger stillen möge.
Der Film, der dieses Bedürfnis am besten zufriedenstellt, wird letztlich gefallen. Entscheidend ist dabei natürlich zu wissen oder zu erahnen, worauf das Publikum Appetit hat. Hier taucht bereits die erste Schwierigkeit auf; der Film soll ein Publikum ansprechen, das alles andere als homogen ist, und selbst ein einzelner Zuschauer hat zu verschiedenen Zeiten Appetit auf verschiedene Gerichte.
Wenn man die Kinoseite einer Tageszeitung aufschlägt, so läßt sich ein Filmtitel auf die gleiche Weise auswählen wie ein Gericht auf einer Speisekarte: Obwohl man im allgemeinen doch bestimmte Präferenzen besitzt, ist man an einem Abend eher in der Stimmung auf eine Komödie, während man an einem anderen vielleicht Lust auf einen Krimi oder eine Liebesgeschichte hat.
Da Filme den verschiedenartigsten Geschmacksrichtungen entgegenkommen sollen, wäre es ein Fehler, immer nur die gleichen

„Speisen“ anzubieten. Zuviel von einer Spezialität würde die Zuschauer derart übersättigen, daß ihnen davon so übel wird, als hätten sie sich an einer Speise überessen. Außerdem wären all jene, denen der Sinn nach etwas anderem stand, recht enttäuscht. Daher ist es unbedingt erforderlich, über ein großes Repertoire an Geschichten zu verfügen, auch wenn vorübergehend große Nachfrage nach dem einen oder anderen herrscht. Glücklicherweise laufen in einer Stadt verschiedene Filme zur selben Zeit, so daß der Zuschauer aus einem reichen Angebot wählen kann.

Psychologen und Soziologen könnten zu vielen neuen Erkenntnissen gelangen, würden sie die Reaktionen der Zuschauer auf Filme studieren und vergleichen. Das Interesse an bestimmten Filmen sowie die jeweiligen Reaktionen verraten latente Wünsche, Probleme und Schwierigkeiten. Diese sind nicht nur einem zeitlichen Wandel unterworfen, sondern weichen auch innerhalb verschiedener Länder, Städte, Gesellschafts- oder Bildungsschichten voneinander ab. Ein und dieselbe Geschichte kann somit zum einen Zeitpunkt erfolgreich und zu einem anderen ein Mißerfolg sein. Ein Beweis dafür sind so manche erfolglose Remakes eines Kinohits von einst. Einige Filme, die während des Zweiten Weltkriegs entstanden, riefen damals Wogen der Begeisterung hervor. Sieht man sie heute in einer Spätvorstellung, mag es nur verwundern, daß sie damals so beeindrucken konnten. Ein Film wie *Harold und Maude* wiederum hatte in den ersten Jahren nach seiner Fertigstellung nur begrenzten Erfolg und eroberte das Publikum erst sehr viel später. Den Publikumsgeschmack von morgen zu erraten ist, gelinde gesagt, schwierig. Ein scharfsichtiger Filmemacher erklärte mir gegenüber einmal, daß jeder, der behaupte, bereits zu wissen, was dem Publikum in den nächsten Jahren gefällt, entweder ein Narr oder ein Milliardär sein müsse. Nicht einmal das Publikum selbst ist sich ausdrücklicher Wünsche bewußt. Manchmal kann mit einem Film ein Glückstreffer gelandet werden, der große Summen einspielt. Ein anderer Film mag im Ausland, jedoch nicht beim einheimischen Publikum erfolgreich sein. Oder er schlägt vielleicht in Großstädten wie New York, San Francisco oder Chicago ein, scheitert aber kläglich in den Vororten.
Da sich die innersten Wünsche des Publikums nicht feststellen lassen und andererseits so viel von der Wahl des richtigen Filmstoffes abhängt, kann es niemanden verwundern, daß die großen Studios auf jüngst erfolgreiche und bewährte Stoffe zurückgreifen

und diese mit leichten Abwandlungen imitieren. Kaum ist ein neuer Film erfolgreich angelaufen, sind die Dramaturgen und Agenten auch schon auf der hektischen Suche nach „noch einer“ weiteren Strandparty, einer weiteren Motorradgang-Geschichte, einem weiteren *Star Wars (Krieg der Sterne).*

Imitationen können so gut wie nie den Erfolg des Originals wiederholen. Da zwischen Konzeption, Fertigstellung und Uraufführung eines Films 6 bis 8 Monate vergehen, kann sich das Zuschauerinteresse mittlerweile bereits erheblich gewandelt haben. Imitationen, die nach noch kürzerer Zeit auf den Markt geworfen werden, haben zudem eine einst lebendige Geschichte höchstwahrscheinlich vollends ruiniert.

Sollte es irgendeine Verbindung zwischen Kassenerfolg und Zeitgeist geben, so ist diese auf alle Fälle nicht sehr augenscheinlich. So sind z. B. in den schlimmsten Jahren der Großen Depression einige der besten und erfolgreichsten amerikanischen Komödien entstanden, u. a. solche mit dem leichten „Lubitsch-Touch“, in denen keine Spur von Verbitterung oder beißender Satire zu finden ist. Und umgekehrt brachten die vom Wohlstand gekennzeichneten 60er Jahre eine Reihe problemüberladener Filme hervor, die von Verzweiflung, Gemeinheit und Niederträchtigkeit handeln und den Zuschauern erbarmungslos alle Schandtaten der Menschheit auf einmal präsentieren.

Auch die Vorstellung von einem Idealcharakter ist dem Wandel der Zeiten unterworfen. Die alten Griechen bewunderten tapfere, aber auch schlaue Männer. Sie frohlockten über jede kleine List, die Odysseus anwandte. Heute würde man besonders schlaue Helden eher mit Verachtung strafen. Es gab Zeiten, in denen die Mittelmäßigkeit geschätzt wurde, dann wieder der Pioniergeist. Und schließlich mußte der Mutige und Erfolgreiche dem Verlierertyp weichen, dem stets Unterlegenen, dem Anti-Helden.

Allein die Zuordnung eines Films in eine der Filmgattungen, wie Komödie, Tragödie, Thriller, Horror- oder Spionagefilm, gibt noch keinen Aufschluß über den genauen Inhalt der Geschichte. Eine Komödie beispielsweise kann die Menschen zum Lachen bringen, weil sie ihnen etwa die Absurdität ihres eigenen Wichtigkeitsgefühls vor Augen führt. Oder die Zuschauer beginnen zu lachen, wenn eine Figur in ihrem Standes- oder Ehrgefühl getroffen wird, weil sie selbst im Unterbewußtsein den Wunsch verspüren, gegen Vorgesetzte zu rebellieren. In einem anderen Fall lachen sie, wenn

sie von jemandem, dem sie glaubten, zum Narren gehalten wurden. Es gibt wohl kaum Gemeinsamkeiten zwischen all diesen Gründen, die uns zum Lachen bringen können. Komödien liefern reichlich Stoff für die unterschiedlichste geistige Nahrung.
Ein scheinbar seichter Film über die heile Welt besitzt oft sadistische Züge, die hinter seinen strahlend blauen Lagunen hervorblitzen. Und der Problemfilm, der das Publikum an verschiedenen Arten von Konflikten teilhaben läßt, bewegt den Zuschauer in vielerlei Hinsicht. Nach Aristoteles ist der Zweck einer Tragödie die Katharsis, die Läuterung durch Mitleid und Angst. Auf das heutige Publikum bezogen, ließe sich dieses Konzept erweitern zur psychologischen Läuterung von Aggressionen, erotischen Phantasien und Frustrationen, zur Erlösung von den Demütigungen und der aufgestauten Wut, verursacht durch „die Geschosse und Pfeile des wütenden Geschicks, das Herzeleid und die tausend naturgegebenen Erschütterungen, die Erbteil unseres Fleisches sind."[7]
Die Identifikation mit dem Protagonisten eines Films ermöglicht diese Katharsis. In zwei Stunden durchlebt der Zuschauer Situationen, für die er im wirklichen Leben Jahre benötigen würde. Er führt gemeinsam mit der Filmfigur Absichten aus, wie er dies im wirklichen Leben niemals dürfte. Im Kino hat er die Möglichkeit, all diese Taten zu vollbringen, wie etwa Walter Mitty in seinen Tagträumen. In Dimensionen fernab aller Grenzen und Hindernisse der Realität kann sich das Publikum Erleichterung verschaffen.

Durch die Identifikation im Kino kann der Zuschauer Probleme mit sich selbst und seiner Umwelt klarer erkennen. Wenn die Filmgeschichte den Protagonisten in Situationen geraten läßt, die der Zuschauer als seine eigenen wiedererkennt, so werden ihm seine Unentschlossenheit und seine Schwierigkeiten anhand einer anderen Person, der Filmfigur, vor Augen geführt. Es mag schon genügen, daß die Geschichte klar und deutlich erklärt, wo das Problem liegt, ohne eine passende Lösung bereitzuhalten. Angesichts des Wirrwarrs in seinem eigenen Leben kann es nämlich möglich sein, daß der Zuschauer das eigentliche Problem gar nicht erkannt hat. Wenn es nun in Form einer Filmgeschichte präsentiert wird, hilft dies bei der Lösung seiner persönlichen Konflikte. Auf die gleiche Weise hat auch schon so mancher Drehbuchautor erfahren, daß, während er auf einem Blatt Papier das Schicksal seiner Charaktere bestimmte, er höchst hilfreiche Erkenntnisse über sich selbst gewinnen konnte.

Film ist zeitgemäß und daher für viele Menschen eine Art Lehrbuch geworden. Der tiefgreifende Wandel der letzten Jahrzehnte ließ viele der Überstrukturen, die im Laufe von Jahrhunderten von philosophischen und religiösen Denkern errichtet wurden, wie ein Kartenhaus zusammenbrechen. Ihrer kulturellen Horte der Kunst und Literatur beraubt, suchten die Menschen erneut nach Antworten auf die drängenden Fragen des menschlichen Daseins. Die Sprichworte und Redewendungen auf Kalenderblättern oder in Almanachen scheinen ihre Gültigkeit verloren zu haben. Stets von neuen Entwicklungen überrollt, ist der Mensch mit einer wahren Flut von unvorhergesehenen Problemen konfrontiert, zu denen er in längst überholten Lehrbüchern keinerlei Ratschläge oder Hilfestellungen findet. Doch die „abgespulte Leinwandliteratur" kann mit der im Laufschritt vorwärts eilenden Zeit mithalten.
Es läßt sich mit keiner Umfrage zuverlässig erfassen, was ein Publikum in einer bestimmten Ära bekümmert, verwirrt, ängstigt oder bewegt. Um Untergrundströmungen, Trends oder latente Bedürfnisse erkennen zu können, müßte man hinter all die verschlossenen Wohnungstüren sehen und die unhörbaren Gedanken und amorphen Gefühle der dort lebenden Menschen kennen. Das Fehlen jeglicher statistischer oder wissenschaftlicher Richtlinien bei kreativen Prozessen läßt künstlerisches Schaffen immer wieder in aufregende und neue Welten vorstoßen. Auf lange Sicht wird der ehrliche Autor eher den Geschmack des Publikums treffen als der hinterlistige Lieferant „ausgeleierter" Formeln. Wenn er nur das ausdrückt, was ihn selbst bewegt, nennt er all die unausgesprochenen Dinge beim Namen, die gewiß auch Millionen andere Menschen bewegen. Die jungen Filmemacher tun somit genau das Richtige, wenn sie nach Selbstdarstellung auf einem Markt streben, der die breite Masse ansprechen soll, vorausgesetzt ihre urpersönlichen Erfahrungen sind nicht so einzigartig und abwegig, daß sie für die Allgemeinheit keinerlei Bedeutung haben.
Obgleich Produzenten nach Geschichten suchen, die möglichst allen Zuschauern gefallen könnten, hat ein Film, der sich an ein bestimmtes und somit begrenztes Publikum richtet, bei der breiten Öffentlichkeit weit größere Erfolgschancen. Dieser Trend hat sich in den letzten Jahren um so mehr bewahrheitet, als der Generationskonflikt und andere Faktoren das Publikum allmählich in einzelne Zielgruppen spalteten. Es gab keine einheitliche Masse mehr, die man hätte ansprechen können, sondern viele verschiedene Gruppen mit spezifischen Präferenzen in der Kunst und in anderen

Bereichen. All die finanziellen Kalkulationen der großen Studios waren hinfällig geworden.
Vom kommerziellen Standpunkt aus betrachtet ist ein Film erfolgreich, wenn er mehr einspielt als er gekostet hat. Wenn daher Film A von weniger Menschen gesehen wird als Film B, kann Film A dennoch erfolgreicher sein, wenn er nur $ 3 000 000 und B $ 20 000 000 kostete. Eine Produktionsendabrechnung gibt somit keine genaue Auskunft über den Publikumsgeschmack.
Finanzielle Erwägungen erfordern nicht, daß jeder Film so hohe Einspielsummen erzielt wie *The Sound of Music* oder *Raiders of the Lost Ark (Jäger des verlorenen Schatzes);* sie erfordern lediglich, daß Produktionskosten und Einspielsumme in einem vernünftigen Verhältnis zueinander stehen. Autoren, die ein zahlenmäßig begrenztes Publikum ansprechen wollen, müssen dies berücksichtigen und ihre Geschichte nicht in aufwendigen Dekorationen spielen lassen. Umgekehrt sollten manche Stoffe nur dann verfilmt werden, wenn der Produktionsaufwand der Dimension des Stoffes entspricht.

Kapitel 5

# Das Verfassen des Drehbuches

Manche mögen sich fragen, weshalb dieses Kapitel nicht im ersten Teil des Buches zu finden ist. Im Vorangegangenen seien doch nur die einzelnen Elemente des eigentlichen Drehbuchschreibens erörtert worden.
Wer jedoch dieses Ziel, ein Drehbuch zu verfassen, erreichen möchte, darf nicht meinen, es gäbe eine einfachere Abkürzung. Der lange Weg ist hier ebenso unabänderlich wie die Tatsache, daß es beim Roulette kein System gibt, das den Spieler schnell und leicht gewinnen läßt. Um ein Drehbuch schreiben zu können, muß der Autor vorab mit dem Handwerk vertraut sein.
Es wäre nutzlos gewesen, gleich zu Beginn zu erklären, daß ein Drehbuch Dialoge und Beschreibungen des zu Filmenden enthält. Der Leser wäre zu früh mit rein technischen Details konfrontiert worden, wie z. B. daß das Drehbuch eine durchschnittliche Länge von 130 bis 150 Seiten hat, auf denen die durchnumerierten Einstellungen erläutert sind. Zweifellos ist dieses Wissen notwendig, es reicht jedoch nicht aus, weil der Leser damit immer noch nicht weiß, was er auf diesen 130 Seiten schreiben soll, wie die Szenen in Kameraeinstellungen zu untergliedern sind, wie Dialoge gestaltet werden und welche Aspekte in der Bildbeschreibung enthalten sein müssen. Jedes Buch über das Drehbuchschreiben, das sich auf solche technischen Fakten beschränkt, verfehlt das Ziel in allen wichtigen Punkten.

Das Verfassen eines Drehbuches ist nicht nur eine schöpferische Kunst, sondern auch ein Handwerk. Diese Tatsache darf nicht unterschätzt werden. Wie talentiert oder gar genial ein Autor auch sein mag, er muß intuitive oder bewußte Kenntnisse über strukturelle Elemente besitzen. Auch ein weniger talentierter Autor kann gute Drehbücher, vor allem Adaptionen von Roman- und Bühnenvorlagen, schreiben, wenn er über besagtes Wissen verfügt. Hochtalentierte, schöpferische Autoren arbeiten nur sehr widerwillig mit derartigen Vorlagen, während der weniger begabte Autor dankbar für ein Medium ist, das ihn auch als Handwerker und nicht nur als Künstler die Erfolgsleiter hinaufsteigen läßt. Großen Künstlern, denen handwerkliches Können fehlte, begegnete man in Hollywood

sogar mit Mißtrauen, so daß oft jene Handwerker mit soliden Kenntnissen den Vorzug erhielten.
Kunst kann man niemandem beibringen, im Gegensatz zur weniger abstrakten Technik, die vom einen zum anderen weitergegeben werden kann. Noch so viele Malstunden können aus Herrn X keinen zweiten Leonardo da Vinci machen, während selbst ein Leonardo da Vinci sein ganzes Leben lang hinzulernen mußte. Shakespeares spätere Stücke sind handwerklich ausgereifter als seine frühen Werke. Wir sind noch weit davon entfernt, die schöpferische Kraft des menschlichen Geistes mit all ihren Mechanismen analysieren zu können. Es läßt sich nicht eindeutig nachweisen, welche Eigenschaften dieser Vorstellungskraft zugrunde liegen. Sie kann jedoch weder gelehrt noch erlernt werden. Wissen und Technik hingegen lassen sich aneignen. Selbst das größte Kunstwerk eines begnadeten Genies besteht aus schöpferischen Ideen, die erst durch die Erfahrung und die technischen Kenntnisse des Künstlers Form und Gestalt annehmen konnten.

Zwischen „Ideen haben" und „ein Drehbuch schreiben" besteht somit ein großer Unterschied. Eine todsichere Methode, dem sich sträubenden Geist Ideen zu entlocken, gibt es nicht. Und doch haben die meisten professionellen Autoren ihre kleinen Tricks, um diese Widerspenstigkeit zu brechen, wie etwa Kerzenlicht, ihren Lieblingstabak oder einen bestimmten Schreibtisch. Besondere Angewohnheiten dieser Art zeigen, daß der Geist trainiert werden kann, zu bestimmten Tageszeiten oder unter gewissen Rahmenbedingungen Ideen abzuwerfen.
Wenn ein Autor jedoch auf Eingebungen wartet, die ihn möglichst zu jeder Tages- und Nachtzeit wie Geistesblitze treffen sollen, wird er umsonst jener göttlichen Erleuchtungen harren. Nur der kreativ Schaffende, der jeden Tag zur gleichen Zeit geduldig an seinem Schreibtisch sitzt und stets auf den gebetenen hohen Gast vorbereitet ist, wird schon bald während dieses festgelegten Zeitraums seine besten Einfälle haben. Dies mag am Vormittag oder nach Mitternacht (wie bei John O'Hara) sein. Was zählt, ist die Regelmäßigkeit, mit der der Autor die Spontaneität zu sich einlädt. Die meisten Autoren können auf diese Weise jeden Tag ein bestimmtes Arbeitspensum schaffen. Außer diesen Hinweisen gibt es keinerlei Regeln, die bei allen Autoren gleichermaßen gute Arbeitsergebnisse gewährleisten könnten.
Eine Inspiration ist keineswegs jener Geistesblitz aus heiterem

Himmel, wie gemeinhin angenommen wird. Konzentriert man sich lange und intensiv auf ein Problem, so dringt es oft ins Unterbewußtsein ein, wo man sich weiter damit beschäftigt; und ist es erst einmal im Unterbewußtsein „bearbeitet“ worden, kann die Lösung „plötzlich und spontan“ zutage treten. Unser Geist ist wie ein Computer, in den wir bestimmte Fragen eingeben. Das für mich persönlich produktivste Vorgehen ist, sich auf ein Problem vor dem Schlafengehen zu konzentrieren. Was am Abend noch unlösbar schien, ist am nächsten Morgen dann plötzlich sonnenklar. Es ist sicherlich viel Wahres an jener Redensart, man solle Dinge erst einmal „überschlafen“, bevor ein Entschluß gefaßt wird.

Maurice Maeterlinck, der für seine kreativen Werke den Nobelpreis erhielt, meinte mir gegenüber einmal: „Ideen zu haben ist himmlisch, sie auszuarbeiten die Hölle.“

Niemand ist in der Lage, auf der Grundlage einer Idee sofort die Endfassung eines Drehbuches zu schreiben. Es muß in mehreren Zwischenschritten allmählich entwickelt werden, weil sich die gesamten Zusammenhänge am Anfang noch nicht überblicken lassen. Bei Romanautoren wie Balzac oder Zola kann sich die Ausarbeitung einer Idee über mehrere Bände hinweg erstrecken, Bühnen- oder Filmdrehbücher hingegen müssen kurz, bündig und präzise sein. Beim Drehbuch können wir es uns nicht leisten, aufs Geratewohl vorzugehen, da jedes einzelne Erzählfragment kompakt und ausdrucksstark sein muß.

Anstatt wahllos „drauflos zu schreiben“, sollten wir unsere Geschichte methodisch entwickeln. Anstatt gleich die endgültige Fassung erstellen zu wollen, müssen wir uns von der groben Struktur über verschiedene Zwischenstadien bis zur Endfassung vorarbeiten. Diese Arbeit ist mühevoll und daher eine unliebsame Qual für den ungeduldigen Autor. Man bedenke jedoch, daß auch große Bildhauer monatelang an einer Statue arbeiten, bis der Stein endlich die Formen eines Menschen annimmt.

Die drei wichtigsten Entwicklungsstadien sind Exposé, Treatment und Drehbuch (oder produktionsreifes, optisch aufgelöstes Drehbuch).

Ein solches schrittweises Vorgehen bringt beträchtliche Vorteile mit sich, die hier kurz genannt werden sollen. Mit jedem Entwicklungsstadium lassen sich mehr Unsicherheitsfaktoren ausschalten bzw. korrigieren. Ebenso kann natürlich zusätzliches Material ergänzt werden. Sich in kleineren Zwischenschritten vorzutasten,

heißt auch, daß die Vorstellungskraft des Autors in den einzelnen Phasen weniger strapaziert wird, als dies bei größeren Sprüngen der Fall wäre. Da sich der Prozeß der endgültigen Formgebung auf diese Weise verlangsamt, kann ein glatter und reibungsloser Erzählverlauf garantiert werden. Wir müssen keine übereilten Schlußfolgerungen ziehen und erreichen daher ein hohes Maß an Folgerichtigkeit. Der langsame Aufbau der Geschichte gewährleistet Detailtreue. Es darf kein Fehler übersehen werden. Aus diesem Grund ist durchaus anzuraten, den Prozeß umzukehren und nach Fertigstellung eine Zusammenfassung des vorliegenden Drehbuches zu schreiben. Die ausführliche Drehbuchfassung könnte vermeintlich verlockende „Anziehungspunkte" enthalten, die sich jedoch als Illusionen entpuppen, wenn man die Geschichte auf das Wesentliche reduziert.
Angesichts der vielen Vorteile einer langsamen Ausarbeitung können, je nach Wunsch, noch weitere Zwischenschritte eingefügt werden. Man beginne mit einem etwa sechsseitigen Exposé, das zu einem ca. 30 Seiten umfassenden Treatment erweitert wird. Anschließend folgt das Rohdrehbuch mit ca. 60 bis 100 Seiten, aus dem wiederum das sich über 130 Seiten erstreckende Drehbuch hervorgeht. Dieses Drehbuch wird schließlich zum produktionsreifen, optisch aufgelösten Drehbuch ausgearbeitet.

Einem impulsiven Autor könnte es nun widerstreben, sich von soviel Kalkül und Methodik beim Schaffensprozeß leiten zu lassen. Er würde lieber spontan auf das Ziel zusteuern, als abstrakte Umwege zu gehen. Eine Szene, die er, so wie sie aus ihm hervorsprudelt, sofort zu Papier bringt, ist seiner Ansicht nach realistischer und lebensnäher als eine Szene, die er zigmal durchdacht und unter kreativen und kritischen Aspekten beleuchtet hat. Der erste intuitive Eindruck sei den strukturellen Kriterien vorzuziehen.
Auf diese Weise mag vielleicht in einer glücklichen Phase kreativen Schaffens eine Kurzgeschichte entstehen können. Um jedoch ein größeres literarisches Werk zu schaffen, bedarf es beträchtlicher struktureller Vorarbeit, noch bevor an das eigentliche Schreiben zu denken ist. Beginnt ein Autor das Verfassen des Drehbuches mit quicklebendigen Dialogen, die ihm gerade in den Sinn kommen, wird er zu seiner großen Überraschung feststellen, daß die ursprünglich so realistische Szene im Gesamtzusammenhang unecht, verzerrt und unglaubwürdig wirkt.
Wer meint, er sei ausreichend begabt und könne daher getrost auf

alles Wissen verzichten, zählt ganz gewiß nicht zu den großen Drehbuchkünstlern, die nämlich ihr Handwerk so meisterhaft beherrschen, daß sich ihnen dieses Problem gar nicht erst stellt. Die wahren Meister ihres Faches besitzen bewußte oder unbewußte Kenntnisse über die strukturellen Anforderungen eines Drehbuches.

Jeder Einzelszene muß der richtige Platz im Gesamtwerk zugeteilt werden. Erst dann ist sie glaubhaft, schlüssig und realistisch. In einem verstümmelten Körper kann schließlich kein Blut zirkulieren. Ein perfekter dramaturgischer Aufbau muß jedoch mehr als nur korrekt und fehlerlos sein, er muß gewissermaßen den symphonischen Einklang vieler Einzelinstrumente in einem musikalischen Gesamtwerk gewährleisten. Dann erst fängt die Geschichte an zu leben.

## Das Exposé

Noch bevor der Autor mit der Ausarbeitung der Geschichte beginnt, muß er wissen, wovon sie handelt. Diese Feststellung darf nicht als zu selbstverständlich und daher überflüssig abgetan werden. Bedenken wir nur, wie oft wir selbst nach einem Film das Kino verlassen und nicht mehr genau sagen können, worum es in dieser Geschichte eigentlich ging.

Der Autor muß daher jeden Aspekt und Handlungsstrang seines Erzählstoffes in Frage stellen. Diese erste Sondierung des Materials kann oft zu der Erkenntnis führen, daß man eigentlich etwas anderes sagen möchte. Noch ist Zeit für Korrekturen; eine einfache Verlagerung des Schwergewichts innerhalb der einzelnen Elemente mag das Problem bereits lösen und zu den erwünschten Resultaten führen.

Im Exposé werden die Hauptfakten des späteren Drehbuches festgelegt. Nicht alle Fakten müssen enthalten sein, sondern nur diejenigen, welche für die lückenlose und verständliche Beschreibung des gesamten Erzählverlaufs erforderlich sind. Einige der fehlenden Elemente lassen sich problemlos später einfügen, vorausgesetzt, ihr anfängliches Fehlen hinterläßt keinerlei Verständnislücken. Ebenso können andere Fakten im weiteren Verlauf der Ausarbeitung geändert werden. Die Bedeutung dieses ersten Entwurfes ist gar nicht hoch genug einzuschätzen. Der Autor ist eine Art Bauherr, der das Baugelände auswählt und Fläche, Bodengestalt und Gefälle überprüft. Von der Beschaffenheit des Bodens wird in entscheidendem Maße die Qualität des gewünschten Gebäudes abhängen.

## Die Bearbeitung

Das vom Autor zu bearbeitende Material kann ganz unterschiedlicher Art sein. Doch ganz gleich, ob es sich dabei um eine „Sammlung“ eigener Ideen, Erinnerungen und erfundener Geschichten oder Personen handelt, oder um eine Romanvorlage bzw. ein Bühnenstück, die für den Film bearbeitet werden sollen – in allen drei Fällen muß vorab dasselbe Verfahren angewandt werden: Der Autor reduziert zunächst das vorhandene Material auf eine einfache und klare Erzähllinie.

Bearbeitet er seinen eigenen Originalstoff, so mag ihn die Idee zu dieser Geschichte schon einige Zeit beschäftigen; lose miteinander verbundene, aber noch fragmentarische Szenen und Ereignisse zum Thema sind bereits vorhanden. Während der Ausarbeitung kann er seiner Phantasie freien Lauf lassen, gleichzeitig aber realistische Aspekte wie Orte, an denen die Geschichte spielt, Berufe der Charaktere, ihre Hobbys, Vorlieben, ihre Nachbarn usw. auf einem Blatt Papier festhalten. Selbst wenn letztlich nur ein Bruchteil dieser Informationen verwendet wird, ist diese Methode von großem Nutzen, will man „wirkliche“ Menschen aus Fleisch und Blut und lebensnahe Ereignisse schaffen, statt lebloser Strichmännchen und wilder Handlungsstränge.

Aus der reichen Stoffülle werden die für das Exposé relevanten Fakten ausgewählt. Noch bevor der Ausbau zum Drehbuch erfolgt, ist das Erzählgerüst zu errichten.

Auf ähnliche Weise komprimiert der Autor Literatur- oder Bühnenvorlagen auf die wichtigsten Fakten und entwickelt daraus erneut die Geschichte. Es gibt keine leichtere oder schnellere Methode, einen Roman oder ein Theaterstück für den Film zu bearbeiten, als das Werk auf jene Elemente zu reduzieren, von denen auch der Roman- bzw. Bühnenautor ursprünglich ausging. Es wäre undenkbar, den Stoff einfach zu kürzen oder zu rearrangieren oder gar komplette Szenen aus Roman oder Theaterstück zu kopieren. Da die unterschiedlichen Kunstformen mit ihren physischen Merkmalen auch unterschiedliche Anforderungen an den Stoff stellen, ist eine unverändert übernommene Szene nichtssagend, wenn sie nicht ordnungsgemäß in die neue Form integriert wird. Eine falsche Umformung der Vorlage, die den Stoff nicht auf seine Wurzeln zurückverfolgt hat, kann Brüche im reibungslosen Erzählverlauf verursachen.

In den Anfängen des Films entstellten verfilmte Romane oder Theaterstücke die Originalvorlagen auf die fürchterlichste Art und Weise. Jene grausamen Verzerrungen wiederum bewirkten Reaktionen der Abscheu und des Entsetzens seitens der Zuschauer. Heute scheint man bei Adaptionen genau das andere Extrem anzusteuern; Produzenten tun ihr Möglichstes, um Werktreue gegenüber dem Originalstoff zu gewährleisten, was sich nicht unbedingt positiv auf den Film auswirkt. Außerdem wäre so manchem Autor eines Originals besser gedient, wenn größere Eingriffe und Veränderungen an seinem Werk vorgenommen würden. Solange Sinn und Essenz beibehalten werden, ist es nur im Interesse des Stoffes, eine freiere Umgestaltung vorzunehmen, so daß die bestmögliche Verfilmung entstehen kann. In seiner Einführung zu Sidney Howards *Dodsworth* erklärt Sinclair Lewis: „Eine Adaption oder Teile einer Adaption sind um so besser, je mehr auf eine detailgetreue Wiedergabe des Originals verzichtet wird."

Starrköpfige und übertriebene Werktreue gegenüber dem Originalstoff kann dem gesamten Vorhaben eher schaden als nützen. Übernimmt ein Autor „wortgetreu"ganze Blöcke aus dem Original in die neue Kunstform, so wird er feststellen, daß die Verfilmung trotz aller Loyalität einen völlig anderen Gehalt hat und dem Original nicht gerecht wird. Eine weniger „wortgetreue" Umgestaltung würde dem Original weitaus näher kommen.
Als ich *The Bridge of San Luis Rey* für den Film adaptierte, drängte mich Thornton Wilder förmlich dazu, vom Wortlaut seines mit dem Pulitzer-Preis ausgezeichneten Werkes abzuweichen. Da der Film seine eigenen Formen und Regeln besitze, würde ich ihm, Wilder, keinen Dienst erweisen, wenn es im Drehbuch vor Szenen nur so wimmelte, die eigentlich gelesen und nicht gesprochen werden sollten. In einem Brief an John Ford meinte er: „Ihre eigene Arbeit hat mir erst vor Augen geführt, wie eigenständig und spezifisch die filmische Erzählweise ist, und wie notwendig daher größere Abweichungen vom Wortlaut eines Romans oder eines Theaterstücks sind."

Der Umformungsprozeß läßt sich am besten anhand eines Beispiels erklären, das mir der Regisseur Lewis Milestone einmal erzählte: „Wenn in deinem Garten eine Rose blühen soll, nimmst du ja auch keine bereits blühende Rose und steckst sie in die Erde, sondern einen Rosenstock, der in den Boden gepflanzt wird und an dem die Blume heranwächst." Ebensowenig lassen sich ganze Szenen von einem Roman oder Theaterstück in einen Film transplantieren; sie welken und verlieren ihre Schönheit. In diesem Zusammenhang sollte besser von Umgestaltung als von Adaption oder Anpassung gesprochen werden; Adaption klingt nach kürzen und rearrangieren, während Umgestaltung den Transfer des Inhalts von einer Form in eine andere impliziert.
Ein bedeutendes und zeitloses Meisterwerk für ein modernes Publikum zu verfilmen, heißt Kompromisse schließen zu müssen. Altmodische Konventionen und hochgestelzte Ausdrucksweisen könnten unnötigerweise die vitale inhaltliche Aussagekraft beeinträchtigen. Doch selbst Bestrebungen, solche Äußerlichkeiten der modernen Zeit anzupassen, stoßen auf die heftige Kritik von Puristen. Delbert Mann, der sich zwischen modernen Klassikern wie *Marty* und zeitlosen Werken wie *Jane Eyre* bewegte, konnte mit großem Erfolg all die menschlichen Qualitäten in diesen Werken zum Ausdruck bringen, die nicht an Raum und Zeit gebunden sind.

## Das Treatment

Das Treatment erzählt die ganze Geschichte, enthält jedoch noch keine detailliert ausgearbeiteten Szenen. Es ist die narrative Beschreibung des späteren Drehbuchs und nimmt eine ähnliche Stellung ein wie das Medium Film, das zwischen Roman und Theaterstück angesiedelt ist.
Es gibt keine vorgeschriebene Länge für ein Treatment. Dieses kann sich über 30 oder mehr als 200 Seiten erstrecken. Jean Paul Sartre schrieb einmal ein Filmtreatment von 800 Seiten, das, soweit mir bekannt ist, bisher niemand auf eine entsprechende Drehbuchlänge verkürzt hat.
Das Treatment ist eine weitere Ausarbeitung des Exposés. Es kann bereits die grobe Szenenfolge andeuten und alle Dialoge enthalten. Oft treten in dieser Phase Widersprüche und unvorhergesehene Schwierigkeiten zutage. Die meisten Produzenten möchten das Treatment lesen, noch bevor der Autor das eigentliche Drehbuch

erstellt. Jetzt ist der günstigste Augenblick für Korrekturen, da das Material noch mehr oder minder flexibel ist. Im weiteren Verlauf der Ausarbeitung geht es nämlich nicht mehr so sehr um die inhaltliche Entwicklung des Stoffes, als vielmehr um seine filmische Präsentation und die optimale Verwendung bestimmter filmischer Ausdrucksmittel.

Unser Exposé, von dem wir ausgehen, enthält möglicherweise noch nicht alle Fakten der Geschichte. Da in das Treatment die gesamte Informationsfülle einfließen muß, ergänzen wir die notwendigen Fakten, um schließlich die ganze Geschichte erzählen zu können. Der schöpferische Prozeß ist eine stete Folge von Entscheidungen; kein Produzent muß an einem Tag so viele Entscheidungen treffen wie der vor sich hinträumende Künstler.
Ganz allmählich engt sich jedoch der freie Spielraum des Autors ein. Sobald er sich für eine begrenzte Anzahl von Fakten entschieden hat, kommen automatisch neue hinzu. Sie ergeben sich unweigerlich aus den bereits vorhandenen; der Autor ist sich dessen vielleicht gar nicht bewußt, er mag von diesen neuen Fakten auch gar nicht begeistert sein. Während er sich noch mit bestimmten Aspekten seiner Hauptcharakterisierung beschäftigt, übersieht er manches andere im Eifer des Gefechts. Doch diese anderen Aspekte sind vorhanden und beeinflussen das weitere Spiel der Kräfte. Manchmal ist der Autor nur an der Beziehung zweier Menschen interessiert. Wenn jedoch zwischen einer dieser Personen und anderen Außenstehenden auch Beziehungen existieren, treten diese Außenstehenden automatisch in ein bestimmtes Verhältnis zur zweiten Person.
Wahrsager haben diese einfache Rechnung zum wichtigsten Hilfsmittel ihrer Vorhersagen gemacht. Weder auf übersinnliche Kräfte, Kristallkugeln, noch auf Geister aus einer anderen Welt angewiesen, können sie mit ziemlicher Gewißheit einige Entwicklungen vorhersagen, die sich aus wenigen bekannten Fakten ableiten lassen. Bestimmte Charaktere werden unter gewissen Umständen auf bestimmte Weise handeln und miteinander in Wechselbeziehung treten. Ein Ehepaar, das zu Beginn durch Widersprüche und Anziehungskräfte miteinander verbunden wurde, wird verschiedene Stadien der Ehe durchleben, bis sich schließlich beide einander angepaßt haben oder aber sich scheiden lassen. Wir alle kennen alte Ehepaare, die sich im Laufe ihres langjährigen Zusammenseins so ähnlich geworden sind, daß sie sich eigentlich gar nicht mehr

voneinander unterscheiden. Und andererseits könnte man 90% aller Scheidungsfälle bereits am Traualtar vorhersagen, wenn nur ausreichend Fakten bekannt wären, die auf die langfristige Unterlegenheit der Affinitäts- gegenüber den Repulsionskräften schließen ließen.

Auch der Drehbuchautor sollte zu Beginn seiner Arbeit etwas Wahrsagerei in bezug auf seine Geschichte betreiben. Von einem bestimmten Zeitpunkt an erzählt nämlich nicht mehr er die Geschichte, sondern die Geschichte erzählt sich selbst. Sobald einige Fakten festgelegt sind, lassen diese ihre Kräfte spielen. Der Autor muß lediglich ihre Anweisungen befolgen und behutsam die von der Geschichte genannten Wege einschlagen. Wenn er jedoch von einer Reihe Fakten ausgeht und ein Ende anstrebt, das mit diesen Fakten nicht vereinbar ist, wird er alsbald feststellen müssen, daß seine Geschichte über ebensoviel Energie und Willensstärke verfügt wie er selbst. Im weiteren Arbeitsverlauf wird er zunehmend abgelenkt, von seinem ursprünglichen Ziel abgebracht und auf das Ziel der Geschichte hingeführt werden.
Zu seiner eigenen Überraschung kommt der Drehbuchautor dann immer wieder zu Ergebnissen und Ereignissen, die von ihm weder geplant noch erwünscht waren. Selbst mit noch so viel Arbeits- und Zeitaufwand kann er die Geschichte nicht mehr nach seinen eigenen Wünschen „zurechtbiegen".
Derartige Erfahrungen müssen viele Autoren machen. Im Exposé, das ja sehr vage gehalten ist, klingt die Geschichte durchaus plausibel. Wenn jedoch im Zuge der Ausarbeitung mehr und mehr Details hinzukommen, stellt man fest, daß viele im Exposé angelegte Entwicklungen undenkbar sind, und daß diese durch andere Geschehnisse ersetzt werden müssen, soll die Geschichte einigermaßen glaubhaft sein. Und ehe der Autor sich versieht, steht auch schon das auf dem Blatt, was die Geschichte und nicht er selbst erzählen wollte.
So manches Drehbuch kann nicht verwendet werden, weil es eben zu sehr von der ursprünglichen Idee abweicht. In weniger drastischen Fällen wirkt eine zu Beginn der Ausarbeitung interessant klingende Charakterisierung gegen Ende nur noch lächerlich. Dies bedeutet jedoch nicht, daß dem Autor Fehler bei der Ausarbeitung unterlaufen sind. Im Gegenteil, dieser mag sich gewissenhaft an die von der Geschichte vorgezeichneten Linien gehalten haben. Die Fehler wurden bereits bei der Auswahl der Ausgangsfaktoren

gemacht. Alles Flickwerk und Vertuschen hilft nichts mehr; es bewirkt höchstens, daß die Charakterisierung noch absurder wird, wie etwa im Falle des Polizisten, der eigentlich ein sympathischer Held sein sollte und am Ende doch zum lächerlichen Idioten wurde. Angesichts dieses Dilemmas versuchen Autoren oft, Korrekturen an höchst unerwünschten Endprodukten vorzunehmen; doch weder hübsche Dialoge noch nette Gesten können die Sache retten. Manchmal will der Autor einen Charakter sympathisch und einen anderen unsympathisch gestalten. Nun bewirken aber die Ereignisse der Geschichte, daß der Zuschauer der falschen Person zugetan ist und für die vom Autor eigentlich ausgewählte Person nichts als Verachtung und Abscheu empfindet. Derartige Publikumsreaktionen sind typisch für Filme, in denen die Geschichte es so will, daß der Held am Ende das Herz seiner Auserwählten gewinnt, obgleich er während des gesamten Films eine höchst peinliche Figur abgegeben hatte. Leider erst gegen Drehbuchende beginnen sich die Autoren dann zu fragen: Wie kann er nach all den Blamagen doch noch zum Helden werden?
Das hier angesprochene Problem darf nicht mit der Entwicklung einer Figur vom guten zum schlechten Menschen oder umgekehrt verwechselt werden. Eine solche Wandlung ist Bestandteil der Geschichte und stellt keinerlei Zuwiderhandlung gegen die „sich selbst erzählende“ Geschichte dar. Ebensowenig darf das Prinzip der „sich selbst erzählenden“ Geschichte mit einer Geschichte verwechselt werden, die ihr Ende schon zu Beginn preisgibt. Im ersten Fall teilt sie ihren weiteren Verlauf dem Autor und im zweiten Fall dem Publikum mit. Würde der Zuschauer die dem Autor bekannten Fakten ebenfalls kennen, so verfügten beide über das gleiche Wissen hinsichtlich des weiteren Erzählverlaufes. Dieses Wissen wird dem Publikum jedoch erst allmählich vermittelt, wohingegen der Autor schon vor Erzählbeginn darüber verfügt. Bei einer guten Geschichte ist das Publikum außerstande, das Ende vorherzusagen, nicht etwa weil der Erzählverlauf unvorhersehbar ist, sondern weil dem Publikum das Wissen fehlt, das eine solche Vorhersage ermöglichen könnte.

Um eine gute Auswahl der Ausgangsfakten zu treffen, müssen wir Wesen und Vorzüge dieser Fakten korrekt einschätzen; wir dürfen uns keinen falschen Vorstellungen bezüglich ihrer Auswirkungen hingeben. Unerfahrene Drehbuchautoren können sich sehr schnell für eine Idee begeistern und müssen nach vielen, vielen Stunden

mühsamer Arbeit endlich einsehen, daß ihre Idee doch kein Entwicklungspotential besitzt. Ein unbefangener Autor läßt sich allzu leicht fesseln, etwa von schönen Szenen, außergewöhnlichen Charakterisierungen, zärtlichen Gefühlen oder originellen Irrungen und Wirrungen. Seine Geschichte ist eine Ansammlung solch bildschöner Elemente und doch, zu seiner traurigen Überraschung, kein funktionsfähiges Ganzes.
Mit zunehmender Erfahrung wird er solche Fakten mit einer größeren Distanz betrachten, sie nicht nach ihrem „Äußeren" beurteilen, sondern nur ihre „inneren" Qualitäten begutachten. Der erfahrene Autor weiß nämlich, daß die äußere Form, in der eine Tatsache auftaucht, und sei diese noch so reizvoll und bemerkenswert, nur ein momentaner Effekt ist, der im gesamten Erzählverlauf untergeht. Einzig das Wesen und die grundlegenden Vorzüge einer Tatsache sind von bleibender Wirkung.
Wir sollten daher unseren Stoff anhand abstrakter filmdramaturgischer Kriterien beurteilen. Anstatt sich für die Ästhetik einer Liebesaffäre zu begeistern, muß diese als Absicht verstanden werden, die entweder verwirklicht oder vereitelt werden kann. Ein Autounfall sollte nicht einfach ein aufregendes Ereignis sein, sondern als hochdramatische Ursache, als Ziel oder Motiv eingesetzt werden. Anstatt eine lustige Situation auszukosten, müssen wir uns fragen, welchen Stellenwert diese im gesamten Erzählverlauf einnimmt; Witze allein machen noch keinen guten Film aus. Erst wenn wir durch den „Körper" bis zum Knochengerüst unseres Stoffes vorgestoßen sind, läßt sich erkennen, ob die Geschichte lebensfähig ist oder aber über zu wenig Substanz verfügt.

Es ist gewiß nicht leicht, einen Filmstoff mit einem derartigen Röntgenblick zu durchdringen, aber dennoch unbedingt erforderlich. Seine Vorzüge und Unzulänglichkeiten werden sichtbar, wenn er vom abstrakten Standpunkt aus auf seine bloßen Strukturelemente reduziert wird. Warum ein Teil einer Geschichte nicht funktioniert, läßt sich oft nur durch eine abstrahierende Analyse ergründen. Die vielen Erzählelemente können in Motive, Absichten, Ziele oder Schwierigkeiten eingeteilt werden. Das zunächst verwirrende Labyrinth von Ereignissen wird dann zu einem Linienschema. Bereits die graphische Anordnung dieser Linien gibt Aufschluß über ihre Funktion und ihren Stellenwert. Wir können feststellen, ob eine Hauptabsicht vorhanden ist, wo diese beginnt und wo sie endet, ob diese Hauptabsicht durch eine Schwierigkeit behindert

wird, wann diese auftaucht und wieder verschwindet. Wir sehen, wann der Höhepunkt stattfindet und an welcher Stelle das Ziel erreicht ist und ob die Gegenabsicht ebenfalls auf dieses Ziel ausgerichtet ist. Ersichtlich wird ferner, ob die Teilabsichten einem gemeinsamen Zweck dienen oder unabhängige Hauptabsichten sind, ob sich die Motivation auf das Motiv zurückführen läßt, ob die Steigerung fehlerhaft ist, und ob eines der Hilfsziele stärker als das Hauptziel ist.
Durch diesen einfachen Vorgang können Qualitäten und Unzulänglichkeiten des Stoffes ausfindig gemacht werden. Zu diesem Zeitpunkt ist es noch nicht zu spät, die Mängel zu beheben. Wenn der Autor selbst jedes Detail seines Filmstoffes hinterfragt, ist er zudem bestens für die späteren Fragen von Produzent und Regisseur gewappnet.

Bei der Ausarbeitung des Treatments wird der Autor ferner erkennen, welche Elemente noch zu verschwommen sind und daher klarer herausgearbeitet werden müssen. Die älteren Kinogänger erinnern sich vielleicht noch an jene Zeiten, als der Filmvorführer in seinem Projektionsraum an der Optik des Vorführgerätes herumhantieren mußte, um die richtige Bildschärfe für die Zuschauer einzustellen. Das Publikum buhte und nörgelte, bis endlich die Gegenstände klar und deutlich auf der Leinwand zu sehen waren. Es wäre heute undenkbar, den Zuschauern einen ganzen Film „vorzusetzen“, in dem Gesichter und Gegenstände nur diffus zu erkennen sind. Doch andererseits mutet man ihnen ohne Bedenken Filme zu, die ihre Geschichte diffus erzählen und keinen klaren dramaturgischen Aufbau besitzen.
Die korrekte „Schärfeeinstellung“ in einer Geschichte ist relativ einfach. Oft genügt es schon, einige Charakteristika von Figuren zu ändern, um starke Affinitäts- oder Repulsionskräfte zu bewirken. Oder es reicht aus, die Kollision zweier Charaktere zu eliminieren, für die es keinen triftigen Grund gibt. Zwei Menschen, die gegenseitige Affinität empfinden, können sich unmöglich bekämpfen. Die beiden vermeintlichen Widersacher zu trennen, dürfte jedoch einfach sein. Anschließend sollten auch die Absichten in der Geschichte gründlich auf ihre Klarheit hin untersucht werden. Da mit jeder Absicht automatisch ein bestimmtes Ziel enthüllt wird, bedeutet eine unklar formulierte Absicht zwangsläufig, daß der Zuschauer auch über das Ziel im unklaren gelassen wird.
Mangelt es einer Geschichte an Klarheit, so wirkt sie schlampig

erzählt und verliert an Effekt. Es können sich keinerlei ausdrucksstarke Situationen herauskristallisieren. Durch eine bessere „Schärfeeinstellung“ kann der Autor den Absichten ihr entsprechendes Ziel eindeutig zuordnen. Es ist interessant festzustellen, wie mühelos sich doch die meisten Geschichten durch diesen einfachen Vorgang verbessern ließen. Auf diese Weise gewinnt der Filmstoff an Präzision und Aussagekraft.
Als letztes sollte schließlich die ausgewogene Verteilung von Erzählelementen überprüft werden. Zu lange „Leerpassagen“ können den Erzählfluß ebenso behindern wie Sequenzen, die vor Informationen förmlich aus den Nähten platzen. Um nun eine ausgewogene Verteilung zu erzielen, müssen zunächst Beginn der Hauptabsicht, Einsetzen der Schwierigkeit, Augenblick des Höhepunkts und Zeitpunkt des erreichten Ziels in Relation zum Filmende betrachtet werden. Erst wenn all diese Elemente nach eingehender Prüfung optimal über die gesamte Geschichte verteilt sind, sollte nach den Hilfszielen Ausschau gehalten werden. Die Verteilung dieser Hilfsziele läßt uns genau abschätzen, an welchen Stellen der Film langsam und langweilig bzw. konfus und zu dicht sein wird. Wenn unsere Überprüfung daher den Eindruck einer unausgewogenen Verteilung der Hilfsziele entstehen läßt, können diese Mängel immer noch in aller Ruhe behoben werden.

Der Roman ist eine Erzählform, die dem Autor im Grunde genommen allen Spielraum bei seiner Szeneneinteilung läßt. Der Drehbuchautor hingegen schreibt zunächst seine Geschichte in narrativer Form nieder und zieht anschließend den Stoff in verschiedenen Szenen zusammen, die ihm die Filmsprache stoffspezifisch zugesteht.
Wenn wir uns die Geschichte als Linie vorstellen, so lassen sich die Szenen als Blöcke oder Rechtecke darstellen, die durch kurze Intervalle voneinander getrennt sind. Der Szeneninhalt muß besonders ausdrucksstark sein, damit er auch die Ereignisse während der stummen Intervalle vermitteln kann. Szenen sind wie massive Pfeiler, die die Geschichte tragen oder aber, und so mag es sich der Drehbuchautor liebevoll ausmalen, wie „Perlen“, die an einer „Schnur“, der Geschichte, aufgereiht sind.
Der Romanautor kann die Lücken zwischen den Szenen durch beschreibende und erklärende Sätze füllen. Je geschickter ein Drehbuchautor allmähliche Entwicklungen andeutet, desto schneller läßt er eine Szene auf die andere folgen. Nur in den seltensten

Fällen wird er für die erste Filmszene auch den Anfang der Geschichte wählen; er beginnt gewöhnlich an einer entscheidenden Stelle in der Erzählung und informiert den Zuschauer nur kurz über die vorangegangenen Ereignisse. So muß z. B. nicht gezeigt werden, wie und warum zwei Geschäftspartner zu Feinden wurden. Die erste Filmszene könnte bereits zeigen, wie der eine Geschäftsmann im Begriff ist, sich am anderen für dessen hinterlistige Veruntreuung von Geldern zu rächen. Ein anderer Film mag mit der Ankunft eines geflohenen Sträflings bei seinem ehemaligen Knastbruder beginnen; letzterer arbeitet jedoch inzwischen als Polizeispitzel. Eine solche Anfangsszene würde den Zuschauer über die frühere Beziehung zwischen den beiden Männern und deren Vorgeschichte in Kenntnis setzen.

Als Problem erweist sich stets der richtige Einstieg in eine Liebesgeschichte. So aufregend eine sich anbahnende Liebesgeschichte für die jeweils Betroffenen auch sein mag, für den Außenstehenden ist es nichts als ein langwieriger Prozeß. Nichtsdestoweniger überschätzt ein Autor die Leichtgläubigkeit seines Publikums, wenn er zunächst zeigt, wie die beiden sich kennenlernen und uns in der nächsten Szene glaubhaft versichern will, daß die Bande der Liebe sie für den Rest ihres Lebens vereinigt haben. Erfahrene Autoren lösen dieses Problem, indem sie eine lose Bekanntschaft oder aber eine längere Beziehung zwischen zwei Menschen andeuten und die eigentliche Filmgeschichte an einer Stelle beginnen, an der das Verhältnis der beiden enger oder durch irgend etwas getrübt wird. Auf diese Weise ist eine Geschichte gleich zu Beginn hochinteressant. Ein guter Drehbuchautor wird jedoch während des gesamten Films versuchen, nur die Höhepunkte der angedeuteten Entwicklungen zu dramatisieren, während der schlechte Schreiber jeden kleinen Erzählfortschritt minutiös ausbuchstabiert, so daß für die dramatischen Höhepunkte weder Raum noch Zeit übrigbleiben.

## Das Drehbuch

Das Drehbuch ist der letzte Arbeitsgang in Form von Szenen. Wenn die Geschichte bis zu diesem Zeitpunkt sorgfältig entwickelt wurde, bedeutet das Erstellen des Drehbuches keinen drastischen Neuanfang im Vergleich zu den vorangegangenen Ausarbeitungsphasen, sondern lediglich eine endgültige Konkretisierung des Filmstoffes.

Die notwendige Eliminierung aller Erzählpassagen kann unter Umständen weitere Änderungen der Geschichte erforderlich machen. Da narrative Erzähltechniken jetzt nicht mehr zu Hilfe genommen werden können, müssen alle für das Verständnis der Geschichte notwendigen Informationen in den Filmszenen enthalten sein. Der Autor kann sich nur mehr filmischer Ausdrucksmittel bedienen, um dem Publikum alle Bestandteile seiner Geschichte mitzuteilen.

Zu diesem Zweck müssen Dialog, Geräusche, Handlung, Dekorationen, Requisiten, Objekte und Musik eingesetzt werden. Wir sollten uns stets die Frage stellen, ob für den Zuschauer optimale Klarheit geschaffen ist. Anschließend sucht der Autor nach überflüssigen Wiederholungen, die, falls vorhanden, zu beseitigen sind. Der Filmraum ist so knapp bemessen, daß äußerste Sparsamkeit erforderlich ist. Sparsamer Umgang mit Raum führt überdies zu besonders aussagefähigen filmischen Situationen. Wenn für zwei Entwicklungen zwei Szenen benötigt werden, ist zu überlegen, ob diese nicht auch in einer Szene gezeigt werden könnten. Wir wissen ja, daß in vielen Elementen auch Aussagen über andere Elemente enthalten sind und müssen uns daher jeweils für das Element entscheiden, welches dem Zuschauer die meisten Informationen über sich und andere liefert. In fast allen Fällen sollte sich der Autor die folgenden Fragen stellen: Muß nun das Motiv oder die Absicht oder das Ziel enthüllt werden? Wie ist das Wissen auf die Filmfiguren und die Zuschauer zu verteilen? Zu welchem Zeitpunkt ist eine bestimmte Information am wirkungsvollsten? Soll Neugierde oder Spannung geweckt werden? Ist es sinnvoll, Mißverständnisse herbeizuführen? Bewirke ich gegensätzliche Antizipationen, Erwartungen oder Überraschungen, Angst oder Hoffnung, Enttäuschung oder Erleichterung? Es ist die hochinteressante und reizvolle Aufgabe eines Autors, all diese möglichen Variationen durchzuspielen, wenn er seiner Geschichte Form und Gestalt verleiht.

Anschließend sollte die Szenenfolge im Hinblick auf Variation, Veränderung oder Kontrast untersucht werden. Wenn der Autor seinem Publikum Komik, Tragik oder Nervenkitzel bieten möchte, erkennt er alsbald, daß es zweckdienlicher ist, die Stimmung gelegentlich zu unterbrechen, als während des gesamten Films ein einheitliches Gefühl zu erzeugen. Unterbrechungen sind notwendig, weil durch Kontrast die Extreme hervorgehoben werden und weil das Gemüt des Zuschauers nach solchen Variationen verlangt. Gibt es in einer tragischen Geschichte kein komisches Moment, keinen Augenblick der Erleichterung, so wird das Publikum bei todernsten Szenen plötzlich in Gelächter ausbrechen, nur um seinen aufgewühlten Emotionen etwas Luft zu verschaffen. Die wirklich großen Komödienschriftsteller „durchsetzen" ihre Geschichten wiederum mit bewegenden und ernsten Momenten, weil die stete Aneinanderreihung von Witzen auf kurz oder lang jede noch so lustige Stimmung zerstört.

Aus erzähltechnischen Gründen ist es ratsam, die Begegnungen zwischen den Hauptcharakteren, die höchstwahrscheinlich in vielen Szenen aufeinandertreffen, in etwa gleichmäßig auf den gesamten Film zu verteilen. Sie dürfen nicht in mehreren Folgeszenen ständig zusammenkommen und dann plötzlich für längere Zeit von der Bildfläche verschwinden. Falls möglich, sollte jede Hauptfigur in zumindest einer Szene mit jeder anderen Filmfigur zu sehen sein, weil auf diese Weise die jeweiligen Charakteristika am deutlichsten zum Vorschein kommen.

Da zwischen den einzelnen Szenen Zeitsprünge stattfinden, ist die Verbindung von Szenen ein besonderes Problem des Drehbuchs. Wir wissen bereits, daß auf den Absichten die Hauptlast dieser Verbindung liegt, da diese sowohl die Antizipationen als auch die Vorwärtsbewegung bewirken. In vielen Fällen erweist es sich jedoch als wünschenswert, zusätzliche Verbindungselemente zu schaffen. Eine Person will z. B. einen Aktenkoffer übergeben. Diese Übergabe des Aktenkoffers ist ganz offensichtlich eine Absicht. Wenn jedoch dieser Koffer in mehreren Szenen zu sehen ist, kann dieses einfache Objekt als nachhaltiges Verbindungselement fungieren. Eine andere Möglichkeit wäre, eine Szene mit diesem Objekt enden zu lassen und die Folgeszene damit zu beginnen. Sogar die Großaufnahme vom Gesicht eines Schauspielers könnte eine Schlußeinstellung sein, um mit derselben Großaufnahme die nächste Szene zu beginnen. Der Autor muß jedoch sorgfältigst darauf achten, daß alle Übergänge nach wie vor durch eine Absicht verbunden sind.

Nicht alle Szenen müssen gleichermaßen eng miteinander verknüpft sein. Es lassen sich Szenenblöcke mit besonders starken Verbindungselementen bilden; zwischen diesen Blöcken ist eine weniger enge Verknüpfung erforderlich, wie auch zwischen den einzelnen Kapiteln eines Romans. Dies darf jedoch nur als Vergleich und nicht als Parallele verstanden werden, da ja die Romanform grundverschieden ist. Aus eben diesem Grund ist es auch nicht einsichtig, weshalb ein Film, wie ein Bühnenstück, in drei

Akte untergliedert sein sollte, obgleich diese Auffassung von vielen Drehbuchautoren vertreten wird. Die Unterteilung in Akte ist ein Wesensmerkmal des Theaters, das durch dessen physische Form gerechtfertigt wird. Der Film besitzt dieses Merkmal nicht und benötigt daher auch keine derartige Untergliederung.

## Das produktionsreife, optisch aufgelöste Drehbuch

Das produktionsreife, optisch aufgelöste Drehbuch enthält alle technischen Anweisungen für Regie, Schnitt, Kamera, Ausstattung, Produktionsleitung und Musik. Der Regisseur hat unter Umständen schon während der vorangegangenen Ausarbeitungsphasen mitgewirkt, doch die Erstellung des produktionsreifen Drehbuchs ist fast ausschließlich seine Aufgabe.
Er bestimmt die Kameraeinstellungen, die die Enthüllung von Informationen zu einem bestimmten Zeitpunkt über das gewählte filmische Ausdrucksmittel oder eine Kombination von Ausdrucksmitteln am besten gewährleisten. Außerdem legt er fest, an welcher Stelle jeweils die Kameraposition geändert wird. Diese Einstellungswechsel werden durchnumeriert. Nach Festlegung der Art der Einstellung beschreibt er, was sich im Sichtfeld der Kamera befinden muß. Aus diesen Angaben sollte klar hervorgehen, welche Dekoration der Filmarchitekt errichten muß, welche Requisiten vom Requisiteur zu besorgen sind, um welche Darsteller und Statisten sich der Regieassistent zu kümmern hat, welche Kameraperspektive und Beleuchtung der Kameramann wählen muß. Ferner wird der Musikberater über die in den einzelnen Szenen gewünschte Musik informiert und der Tonmeister über die Vorbereitungen, die noch vor Beginn der Dreharbeiten für Mischung und Synchronisation zu treffen sind. Für den Cutter ist dieses optisch aufgelöste Drehbuch unbedingt erforderlich, um später die verschiedenen Aufnahmen in die richtige Reihenfolge zu bringen.

In dieser Phase ist bereits der Druck der bevorstehenden Produktion spürbar. Um die Länge des fertiggestellten Films schätzen zu lassen, wird das Drehbuch oft von einem Fachmann geprüft, der den Stil des Regisseurs kennt. Sein Urteil mag lauten, das Drehbuch sei zu lang. Also muß der Autor mit blutendem Herzen Szenen und Effekte herausnehmen, die an sich gut und kostbar sind. Es ist jedoch weit weniger schmerzlich, zu diesem Zeitpunkt Kürzungen

vorzunehmen, als die Szenen später auf dem Boden des Schneideraums wiederzufinden.
Bei den Proben zeigt sich oft, daß eine Szene nur auf dem Papier gut aussieht. Eventuell wird der Autor dann gebeten, diese Szene noch einmal zu überarbeiten. Und just in dem Augenblick, wenn er endlich meint, das perfekte Drehbuch geschrieben zu haben, erfordern unvorhergesehene Budgetbelastungen Kürzungen von Aufwendigkeit und Umfang des Drehbuchs. Die Krankheit eines Darstellers oder ausgedehnte Schlechtwetterperioden führen oft zu Überarbeitungen, die niemand vorhersehen kann und schon gar nicht herbeiwünschen wird. Bis zum letzten Drehtag sind die Worte auf dem Papier eher austauschbar als Bilder und Töne auf Zelluloid.
Selbst nach den Dreharbeiten können noch Änderungen am Drehbuch vorgenommen werden. Während der Nachbearbeitung werden Kürzungen beschlossen, zusätzliche Dialoge nachsynchronisiert oder ganze Szenen umgestellt.

Dann kommt schließlich der Abend der ersten Preview-Vorführung, der oft zum wahren Trauma wird. Der Film wird zum ersten Mal einem Publikum präsentiert und dieses zeigt oft überraschende Reaktionen. Es lacht an falschen Stellen oder antizipiert bei einer Komödie viel zu früh die einzelnen Gags und Witze. In einer vermeintlich spannenden Sequenz wird es unruhig oder langweilt sich. Die von jedem Kinobesucher ausgefüllten Preview-Fragebögen geben zudem Aufschluß über eine Vielzahl anderer Reaktionen.[8]
Anschließend beginnt die Experimentierphase; ein Schnitt hier, und noch ein Schnitt dort. Der Beobachter kommt aus dem Staunen nicht heraus. Eine lange Szene ist nicht deshalb zu lang, weil sie lange dauert, weil nichts gesprochen wird oder sich nichts ereignet, sondern aufgrund struktureller Unzulänglichkeiten. Es mag zwar andere lange Szenen geben, in denen sich nichts ereignet, diese sind jedoch hochdramatisch, wie etwa das ausgedehnte Schweigen einer Person, die gerade schreckliche Nachrichten erhielt. Manchmal müssen Szenen nachgedreht werden, und manchmal lassen sich Fehler durch den Schnitt beheben. Doch für grundlegende Veränderungen und Verbesserungen ist es zu diesem Zeitpunkt zu spät. Um so wichtiger ist es daher, das Drehbuch vor Beginn der Dreharbeiten einer gründlichen Prüfung zu unterziehen.

## Die Drehbuchanalyse

Kreativ sein heißt, etwas schaffen, und analysieren bedeutet, ein geschaffenes Werk wieder in seine Einzelteile zu zerlegen. Verhältnismäßig wenig Menschen glauben sich imstande, eine Geschichte zu schreiben, während sich fast jeder in der Lage wähnt, sie zu kritisieren. Die Analyse eines Werks ist im Gegensatz zur Kritik keine Reaktion, die auf persönlichem Geschmack beruht. Als Umkehrung des kreativen Prozesses erfordert sie ein ebensogroßes Wissen über dramaturgische Elemente.

Der erste Schritt bei einer Drehbuchanalyse ist das Erkennen der einzelnen Erzählfaktoren. Während in einer Filmkritik der Film als Ganzes beurteilt wird, greift die Analyse die einzelnen Faktoren auf, prüft sie und versetzt uns schließlich in die Lage, eine Diagnose zu stellen, die sich aus der Summe aller Einzelprüfungen ergibt. Die Drehbuchanalyse wird aus mehreren Gründen vorgenommen, etwa um uns, wie ja bereits erwähnt, bei der Stoffauswahl zu unterstützen oder, um uns auf Fehler aufmerksam zu machen, die dann korrigiert werden können. Eine Analyse zwecks Korrektur wird in praktisch jeder Phase des Drehbuchschreibens vorgenommen.
Um keine Verwirrung aufkommen zu lassen, sollte betont werden, daß das Symptom nicht identisch mit der Krankheit ist. Ein Arzt, der seinen Patienten heilen möchte, wird nicht versuchen, dem Fieber Einhalt zu gebieten, sondern die Ursache des Fiebers zu beseitigen. Wenn jemand unter starken Augenschmerzen leidet, müssen diese Schmerzen nicht unbedingt durch die Augen verursacht sein, sie könnten ebensogut von einem Zahn herrühren. Ein guter Schneider wird einen Mantel nicht dort abändern, wo er schlecht sitzt, sondern einfach die Schultern anheben, so daß er automatisch keine Falten mehr um die Hüfte wirft.
Analog dazu ist es nur in seltenen Fällen möglich, den Fehler in einem Drehbuch an der Stelle zu beheben, wo er auftritt. Dort mag das Symptom, aber nicht die Ursache, zu finden sein. Der eigentliche Fehler liegt oft an einer anderen Stelle. Erinnern wir uns an die Ausführungen über Informationsauswahl; ein und dieselbe Szene kann völlig verschiedene Bedeutungen erhalten, wenn die vorangehenden Informationen zu dieser Szene verändert werden. Dies bedeutet unter Umständen: nicht in der scheinbar fehlerhaften Szene, sondern in den vorangehenden Szenen sind meist Korrekturen erforderlich. Fast alle Filme, die gegen Ende abflachen und

langweilig werden, lassen sich verbessern, indem nicht etwa die zweite, sondern die erste Hälfte verändert wird.

Es wird gemeinhin angenommen, daß Drehbuchanalysen nur von Lektoren, Produzenten, Produktionsleitern, Autoren, die ein Drehbuch umschreiben oder überarbeiten müssen, oder von sogenannten „story-doctors" vorgenommen werden. Viele neigen sogar zur Trennung zwischen analytischen Köpfen und kreativen Menschen. Etliche Künstler blicken verächtlich auf kritische oder analytische Menschen herab. Dies ist jedoch nicht ganz gerecht, da jeder Künstler auch ein gewisses Maß an analytischer Wahrnehmung benötigt und die wirklich großen Künstler keineswegs Opfer eines zügellosen und ungehemmten schöpferischen Talents sind. Ihre Größe beruht zumeist auf beiden Qualitäten.

Um eine Geschichte richtig entwickeln zu können, müssen die schöpferischen Prozesse gelegentlich unterbrochen und Pausen eingelegt werden; in diesen Pausen analysiert der Autor das bereits zusammengetragene Material, um etwaige Fehler zu entdecken, aber auch um die nächsten Schritte zu überlegen, zu denen ihn die Geschichte schließlich drängen wird. Diese Analyse zwecks Weiterentwicklung ist höchst kreativ und alles andere als destruktive Kritik. Der Schöpfer hält gewissermaßen inne, um zu erkennen, in welche Richtung sich die Geschichte bewegt, um zu hören, wie sich die Geschichte selbst erzählt.

Die Drehbuchanalyse läßt sich mit den perspektivischen Entwürfen eines Zeichners vergleichen. Um die Genauigkeit seiner gewählten Perspektive zu überprüfen, verlängert er die Linien des gezeichneten Körpers bis an den Horizont; dort müssen alle Verlängerungslinien in zwei Fixpunkten zusammenlaufen. Auf die gleiche Weise sollte der Autor versuchen, all seine Erzähllinien auf einen Punkt, nämlich das Ende der Geschichte, auszurichten. Dadurch ist es ihm möglich, jederzeit nachzuprüfen, wohin seine Geschichte führt.

Für einen Autor, der über ausreichende Kenntnisse verfügt, stellt die Drehbuchanalyse keinerlei Schwierigkeit dar. Er muß lediglich Fragen stellen, und die Geschichte wird ihm antworten. Somit läßt sich die beinahe unlösbare Aufgabe der Bewertung von dicht miteinander verwobenen Erzählelementen darauf reduzieren, einfache Antworten auf einfache Fragen zu finden. Sobald der Autor mit dem Wesen seines Materials vertraut ist, kann er die wichtigen Elemente herausfiltern und weiter bearbeiten und die untergeordneten Faktoren zunächst außer acht lassen. Die Geschichte wird dadurch klare Züge und Formen gewinnen, und der zugrundeliegende Vereinfachungsprozeß erleichtert das Verständnis für den Autor und den potentiellen Zuschauer gleichermaßen. Ferner wird der Autor möglicherweise unglaubwürdige Situationen entdecken, die sich andernfalls erst dann erkennen ließen, wenn er darangeht, den entsprechenden Dialog zu verfassen und dabei feststellt, daß dieser albern klingt – einfach weil die Situation als solche unmöglich ist.

Unser Wissen über dramaturgische Gesetze befähigt uns, die relevanten Fragen zu stellen. An welcher Stelle beginnt die Hauptabsicht? Ist das Motiv stark genug, um die Intensität der Hauptabsicht zu rechtfertigen? Kann der Inhalt der Geschichte den latent vorhandenen „Hunger" des Publikums auf geistige Nahrung stillen? Wie sind die Hilfsziele auf die Geschichte verteilt? Wieviele Informationen benötigt der Zuschauer, um eine bestimmte Entwicklung verstehen zu können?
Anstatt eine vollständige Liste aller möglichen Fragen aufzustellen, erscheint es sinnvoller, die häufigsten Fehlerquellen zu nennen, von denen sich die für eine Analyse notwendigen Fragen sehr leicht ableiten lassen. Bereits ein kurzer Blick auf diese lange Auflistung möglicher Fehler läßt erkennen, wie schwierig es ist, *den* perfekten Film zu schaffen, und wie groß die Wahrscheinlichkeit ist, daß dem Filmemacher doch einige Fehler unterlaufen. Wer ohne Sünde ist, der möge den ersten Stein werfen.

### *Fehlerquellen bezüglich Inhalt der Geschichte:*

1. Kein spezifischer Erzählinhalt erkennbar.
2. Keine Berücksichtigung des Zuschauerinteresses an bestimmten Stellen in der Geschichte.
3. Kostenaufwand steht in keinem Verhältnis zum Anreiz für das Publikum.

### *Fehlerquellen bezüglich Identifikation:*

4. Fehlender Bezug zwischen der „Realität" der Geschichte und dem Leben der Zuschauer.
5. Fehlen von Sympathieträgern.
6. Widersprüche in der Charakterisierung sympathischer Filmfiguren.

7. Fehlen von Figuren, die dem Zuschauer positive Vergleichsmöglichkeiten bieten.

*Fehlerquellen bezüglich Plausibilität:*

8. Mangel an Wahrscheinlichkeit.
9. Autor erliegt der Versuchung interessanter, aber unglaubwürdiger Situationen.
10. Falsche Voraussetzungen.

*Fehlerquellen bezüglich Verständlichkeit:*

11. Fehlende Vielfalt.
12. Verwendung von Leerformeln.
13. Unzureichende Informationen.
14. Verwendung von unverständlichen Symbolen.
15. Verwendung von unbekannten Faktoren, die eine Beurteilung des Gesehenen verhindern.
16. Vertraute Charakterisierungen und Geschehnisse im Zusammenhang mit unbekannten Emotionen.
17. Fehlen von allgemeingültigen Emotionen.
18. Langweilige Aufnahmen aufgrund der Unfähigkeit, interessantes Material verständlich zu machen.

*Fehlerquellen bezüglich Vorwärtsbewegung:*

19. Hauptabsicht wird zu spät enthüllt.
20. Hauptschwierigkeit wird zu spät enthüllt.
21. Höhepunkt findet zu früh statt.
22. Hauptziel wird vor Filmende erreicht.
23. Längen aufgrund fehlender Hilfsziele.
24. Stillstand und ruckartige Vorwärtsbewegungen aufgrund nicht überlappender Teilabsichten.
25. Teilabsicht wird fälschlicherweise für Hauptabsicht gehalten.
26. Fehlende Abstufung und Steigerung.
27. Filmstoff erlaubt keinerlei Abstufung und Steigerung.
28. Ungleichmäßige Abstufung und Steigerung.
29. Der „erste Akt" verspricht mehr, als die Geschichte hält.
30. Keine maximale Steigerung erreicht.
31. Stagnierende Steigerung.

32. Müdigkeit des Zuschauers aufgrund falscher Einschätzung der noch zu bewältigenden Strecke.
33. Unzufriedenheit am Ende des Films aufgrund überschüssiger Energien der Zuschauer.
34. Eindruck des Hin- und Hergerissenseins entsteht, weil Szenenfolge nicht dem Zuschauerinteresse entspricht.
35. Absichten werden nicht zu Ende verfolgt.
36. Einfügen von Szenen, die die Vorwärtsbewegung behindern.

*Fehlerquellen bezüglich Spannung:*

37. Verwirrung aufgrund fehlender Informationen bezüglich des Ziels.
38. Ungleiche Erfolgschancen von Absicht und Gegenabsicht.
39. Unechte Spannung, die sich auf Hoffnung gründet.
40. Schwierigkeit taucht nicht zum richtigen Zeitpunkt auf.
41. Allmähliches Abflachen der Zweifel gegen Ende der Geschichte.

*Fehlerquellen bezüglich Antizipation:*

42. Antizipation der Absicht des Autors (Ausgang der Geschichte frühzeitig erkannt).
43. Fehlendes Vorwissen – keine Antizipation möglich.
44. Fehlende Informationen – keine Antizipation möglich.
45. Fehlende Überraschungsmomente.
46. Versuche, ohne ausreichende Antizipationen Spannung zu erzeugen.
47. Antizipation wird nicht abgeschlossen.

*Fehlerquellen bezüglich Hauptabsicht und Teilabsicht:*

48. Fehlende Hauptabsicht.
49. Schwache Hauptabsicht.
50. Parallel verlaufende bzw. verworrene Hauptabsichten.
51. Hauptabsichten, die sich nicht über den gesamten Erzählverlauf erstrecken.
52. Unechte Teilabsichten, die die Hauptabsicht nicht unterstützen.
53. Teilabsicht ohne Motivation.
54. Motivation, die nicht auf einem Motiv beruht.

55. Stärke der Motivation übertrifft Stärke des Motivs.
56. Teilabsichten, die kein gemeinsames Ziel anstreben.
57. Teilabsichten, die weder verwirklicht noch vereitelt werden.

*Fehlerquellen bezüglich Störung und Beruhigung:*

58. Deskriptive Geschichte ohne Störfaktoren.
59. Kombination von Faktoren ohne spezifische Charakteristika.
60. Kombination von Faktoren, deren Charakteristika weder zu Affinität noch zu Repulsion führen.
61. Fehlende Trennung von affinen Faktoren.
62. Fehlende Zusammenführung von repulsiven Faktoren.
63. Trennung repulsiver Faktoren wird nicht verhindert.
64. Vereinigung affiner Faktoren wird nicht verhindert.
65. Motive, aus welchen keine Absichten resultieren.
66. Absichten ohne Motive.
67. Ziel entspricht nicht zugrundeliegender Absicht.
68. Unausgewogenes Verhältnis zwischen Stärke von Absicht und Motiv.
69. Fehlen von gegensätzlichen Absichten.
70. Versuch, eine Absicht durch Schwierigkeiten zu behindern, die sich dieser eigentlich gar nicht in den Weg stellen.
71. Unbehinderte Absicht wird nicht erreicht.
72. Absicht und Gegenabsicht sind nicht auf dasselbe Ziel ausgerichtet.
73. Hindernisse und Komplikationen als einziger Widerstand gegen die Hauptabsicht.
74. Stärke der Absicht wird nicht deutlich.
75. Übertrieben große Schwierigkeiten.
76. Stärke von Angriff und Verteidigung werden nicht gleichzeitig enthüllt.
77. Fehlen einer endgültigen Entscheidung.
78. Zusammenstoß mit Schwierigkeiten zeigt stärkere Absichten, als das Motiv vermuten ließ.
79. Unnötige Enthüllung von Faktoren, die der Zuschauer per Schlußfolgerung selbst erkennt.
80. Ausführung einer unbehinderten Absicht während des Zeitsprungs wird nicht bekanntgegeben.

81. Ausführung einer behinderten Absicht wird nicht gezeigt.
82. Rapider Charakterwandel.
83. Unzureichende Vorbereitungen auf die Phase der Ruhe.
84. Phase der Ruhe, die in den ungestörten Zustand zurückfällt.
85. Ungerechtfertigte Beruhigung.
86. Tragisches Ende mit möglicher, späterer Beruhigung.

*Fehlerquellen bezüglich Charakterisierung:*

87. Fehlendes psychologisches Wissen.
88. Fehlende Charakterisierung.
89. Nachlässigkeit bei Enthüllung von relevanten Fakten.
90. Inkonsequente Auswahl von Faktoren.
91. Willkürlich erfundene Fakten.
92. Inkonsequente Handlungsweisen.
93. Inkonsequente Reaktionen von Figuren.
94. Fehlen von Details mit Charakterisierungspotential.
95. Ungleiche Verteilung von Charakteristika.
96. Falsche Auswahl von Charakteren.
97. Verwendung von gleichen Charakteren.
98. Fehlende Kontraste.
99. Vernachlässigung von Nebenrollen.

*Fehlerquellen bezüglich Informationsauswahl:*

100. Unwichtige Informationen.
101. Zu wenig Informationen.
102. Wiederholung von Informationen.
103. Falsche Verteilung von Informationen.
104. Fehlen notwendiger Erklärungen.

*Fehlerquellen bezüglich Verteilung von Wissen:*

105. Filmfiguren werden nicht informiert.
106. Langweilige Erklärung von Informationen für die Filmfigur, die dem Publikum bereits bekannt sind.
107. Publikum wird nicht informiert.

*Fehlerquellen bezüglich Ort und Zeit:*

108. Unspezifische Ortswahl.

109. Falsche Ortswahl.
110. Auswirkungen der Ortswahl auf eine Szene werden mißachtet.
111. Unspezifische Wahl der Zeit.
112. Mißachtung des korrekten Zeitablaufs.
113. Mißachtung der zeitlichen Entwicklung.
114. Auswirkungen von Zeitsprüngen werden mißachtet.
115. Fehlende Exposition des Ortes.
116. Nachlässigkeit bei der Beschreibung der Ortscharakteristika.
117. Sprunghaftigkeit aufgrund unzureichender Einstimmung auf neue Orte.
118. Mangelhafte Exposition.
119. Exposition der Zeit erfolgt nicht über die Handlung.
120. Unregelmäßige Zeitsprungintervalle.

*Fehlerquellen bezüglich Bildausweitung und -komposition:*

121. Kamera erfaßt den falschen Dekorationsbereich.
122. Falsche Dekoration.
123. Hinweise auf unwichtige Faktoren.
124. Fehlende Hinweise auf wichtige Faktoren.
125. Falsche Komposition von Faktoren.
126. Kamera folgt einer Verlagerung des Zuschauerinteresses mit zu großer Verzögerung.
127. Ungerechtfertigte Kamerabewegungen.
128. Fehlende Verbindung zwischen einzelnen Kameraeinstellungen.
129. Abrupter Einstellungswechsel.

*Fehlerquellen bezüglich filmischer Ausdrucksmittel:*

130. Formen ohne Inhalt.
131. Keine sparsame Verwendung filmischer Ausdrucksmittel.
132. Verwendung der falschen Ausdrucksmittel.
133. Zu viel Dialog.
134. Handlung ohne passenden Ton.
135. Mangelnde Berücksichtigung der vermittelten Informationen.
136. Inkonsequente Verwendung von Ausdrucksmitteln.
137. Falscher Bezug auf bereits Bekanntes.

138. Mangelnde Ausführlichkeit.
139. Sinnlose Verdopplungen.
140. Falscher Symbolismus.

*Fehlerquellen bezüglich Filmlänge:*

141. Zu viel Material.
142. Zu wenig Material.

Kapitel 6

# Die jungen Filmemacher

Die jungen Filmemacher sind nicht mehr wegzudenken. Sie werden älter, erfahrener und treten zu gegebener Zeit ab, um für die nächste Generation von einfallsreichen Hitzköpfen Platz zu machen.
Wenn auch die heutige Zeit der grenzenlosen und ungebundenen Experimente keine anderen Prognosen erlaubt, die obige Vorhersage ist ebenso sicher wie die Tatsache, daß man auch in absehbarer Zukunft immer noch Filmemacher brauchen wird, wenn sie auch im Zuge der technologischen Entwicklung vielleicht anders heißen mögen. Um diese Prognose noch stärker abzusichern, sei an dieser Stelle auf eine Klausel aufmerksam gemacht, die in allen Autorenverträgen enthalten ist und die zur Zeit bekannte technische Verfahren sowie jene, die in Zukunft noch erfunden werden, miteinschließt.

Für Geschichten wird sich der Mensch immer interessieren. Als er sich mit vielen anderen in einer Höhle versammelte, um den Jagdbeschreibungen eines Mammutjägers zu lauschen, war seine Neugierde keineswegs befriedigt. Ähnlich gebannt wird er die Berichte von Astronauten vernehmen, die von ihrer Erforschung eines entfernten Universums mittels telepathischer Kommunikation berichten, wofür im übrigen ein aufsehenerregendes neues Urheberrecht ersonnen werden müßte.
Zweifellos werden neue technische Errungenschaften in schnelleren Zeitabständen erfolgen als ein Wandel der Fähigkeiten und Reaktionen von Zuschauern im Wahrnehmungs-, Verstandes- oder Gefühlsbereich. Der technische Fortschritt wird unaufhaltsam die Erzählformen verändern, während am anderen Ende wohl immer noch derselbe Empfänger gespannt auf die Geschichten wartet.

Starre Studiostrukturen hielten jahrelang den technologischen Status quo des Filmemachens aufrecht. Als sich der Verfall dieses Studiosystems anbahnte, entstand plötzlich ungeahnter Spielraum, es wurde zu immer größerem Einfallsreichtum angespornt, bessere Geräte wurden entwickelt und verwendet. Handlichere Kameras, hochempfindliches Filmmaterial, kleinere Leuchten, Richtmikrofone und flexiblere Tonausrüstungen eröffneten neue Produktionsmöglichkeiten, wie etwa Dreharbeiten vor Ort, sowie beträchtliche Kostensenkungen. Diese technologische Revolution ist noch längst nicht zum Stillstand gekommen. Jeden Tag vernehmen wir die Kunde von neuen und verbesserten Geräten für den Filmemacher.

Glücklicherweise konnten zur gleichen Zeit viele Filmemacher Aufsehen erregen, die voller Begeisterung die neuen technischen Errungenschaften nutzten und damit Experimente wagten. In Colleges und Universitäten arbeitet eine hochmotivierte junge Generation von Studenten mit den neuen Geräten und untersucht die damit zu erzielenden neuartigen Effekte, während sie sich zur gleichen Zeit die alten und bewährten Techniken und Verfahren zueigen macht.

Zu gegebenem Zeitpunkt wird sich die Faszination des Neuen vom rein technischen Interesse auf inhaltliche Aspekte verlagern. Die einfallsreiche Präsentation menschlicher Beziehungen, neue Sichtweisen von schon seit Menschengedenken existierenden Situationen werden in den Vordergrund treten. Vieles, das hohl und abgedroschen erscheint, wird aus kreativem Antrieb aufgegeben und durch eine künstlerische Wahrnehmung ersetzt, die die Welt Tag für Tag so betrachtet, als hätte sie zuvor noch niemand gesehen.

Das Neue an sich ist von ebenso kurzer Dauer wie jede Modeerscheinung. Der vermeintlich „letzte Schrei", der oft nur vorübergehend Aufsehen erregt, ist in gewisser Weise die Kehrseite des alteingesessenen Produzenten, der mit der Zeit dadurch Schritt halten wollte, daß er seinen Autoren predigte: „Was ich brauche ist – ein neues Klischee."

Es läßt sich wohl kaum leugnen, daß das Schreiben von Drehbüchern in der Vergangenheit größtenteils eine Zusammenstellung war: Elemente aus bereits erfolgreichen Filmen wurden vergewaltigt und in neue Gewänder gekleidet. Ich selbst habe viele Drehbuchbesprechungen erlebt, bei denen in einem fort von bereits produzierten Filmen gesprochen wurde – „Erinnerst Du Dich noch, wie das Publikum in dieser Szene gelacht hat?" – „Hier muß eine Verfolgungsjagd stattfinden, das kommt immer an." Gute Passagen aus anderen Filmen bewähren sich in der Regel jedoch nicht in einem fremden Gewand. Anstatt ganze Karteikästen nach derartigen Szenen zu durchsuchen, sollte man sich besser gleich eigene Gedanken machen.

So notwendig Erfahrung auch sein mag, in der Vergangenheit erwies es sich für einen jungen Filmemacher als schwierig, wenn nicht sogar unmöglich, Erfahrungen zu sammeln. Heute stellt fast jede Schlüsselindustrie Gelder für Forschung und Entwicklung zur Verfügung; doch damals hatte die Filmindustrie horrende Ängste vor Experimenten. Heute bieten Großunternehmen spezielle Ausbildungsprogramme an und scheuen weder Kosten noch Mühe, um die begabtesten Bewerber aussuchen zu können; damals bemühten sich die Studios nicht um junge Filmemacher, sondern setzten ihre Talentsucher nur ein, um nach einem Ersatz für einen Schauspieler oder eine Schauspielerin, deren jugendliche Schönheit schließlich nicht ewig von Bestand sein konnte, Ausschau zu halten.
Glücklicherweise hat sich die Einstellung gegenüber jungen Filmemachern in den letzten Jahren geändert. Viele Universitäten und Colleges bieten ausgezeichnete Filmkurse an. Das „Center for Advanced Film Studies" des amerikanischen Filminstituts in Los Angeles, Kalifornien, zeichnet sich durch ideale Rahmenbedingungen aus; junge Filmemacher können in enger Zusammenarbeit mit den besten Künstlern und Handwerkern aus der Filmbranche Filme produzieren. Zutritt haben professionelle Filmemacher und Filmstudenten, die am Anfang ihrer Karriere stehen, sowie vielversprechende Talente aus anderen Studienrichtungen. Ausrüstung, Filmmaterial und andere Hilfsmittel werden je nach den Erfordernissen der jeweiligen Filmprojekte zugeteilt. Im Rahmen des institutsinternen Programms wird es jungen Filmemachern ermöglicht, mit bekannten Regisseuren wie Marty Ritt, Peter Yates, Mike Nichols, Elia Kazan, Robert Wise, Robert Mulligan, John Frankenheimer oder Arthur Penn zusammenzuarbeiten.

Eine bedeutende Neuentwicklung ist der Trend zu weniger Spezialisierung unter jungen Filmemachern, der ganz im Gegensatz zur zunehmenden Spezialisierung etwa bei Medizinern oder Chemikern steht. Dem Künstler widerstrebt eine Dezentralisierung des menschlichen Wesens, und er kämpft um seine eigene Individualität. Die Jungen lehnen das Studiokonzept der Teamarbeit ab und propagieren die Idee des „totalen" Filmemachers. Nur wenige werden abstreiten, daß dies eine gesunde Einstellung ist, verglichen mit dem Prinzip der Kreativität der Gruppe – das Sprichwort von den vielen Köchen, die den Brei verderben, bewahrheitet sich leider allzu oft. Aber, so lobenswert das Streben nach künstlerischer

Individualität theoretisch auch sein mag, in der Praxis erweist sich das Filmemachen als vielköpfige Hydra und erfordert eine Reihe von Spitzenkräften.

Das Konzept des *Autorenfilms* (Filme z. B. von Charles Chaplin oder Orson Welles, die in ihren Filmen zugleich Autor, Regisseur, Produzent und oft auch noch Schauspieler waren) gewinnt zunehmend an Attraktivität für die jungen Filmemacher. Mit großer Wahrscheinlichkeit wird es sich jedoch im Film nicht so leicht durchsetzen wie im Roman, den schon seit jeher nur ein einziger Autor verfaßt. Selbst solch starke Persönlichkeiten wie Fellini oder Hitchcock müssen mit Autoren, Komponisten, Kameraleuten und natürlich den Schauspielern, die ja einen großen Beitrag zum Gelingen ihrer Werke leisten, zusammenarbeiten, so sehr sie auch den Filmen ihren eigenen und unverkennbaren Stempel aufdrücken. Der *Autorenfilm* ist, kurz gesagt, nicht deshalb so bewundernswert, weil der Filmemacher als einsamer Wolf große Taten vollbringt, sondern weil dieser als brillanter Dirigent die Gabe besitzt, sein Team zu einer optimalen Orchestrierung anzuspornen.

Zudem bleibt keinem Individualisten unter den „totalen" Filmemachern die Erkenntnis erspart, daß es einen stummen, ja sogar abwesenden Mitwirkenden bei seinen Filmen gibt, den er nicht so einfach ignorieren oder vor die Türe setzen kann: das Publikum. Es verlangt, daß die „persönliche Botschaft" des Filmemachers ein gewisses Maß an Allgemeingültigkeit besitzt. Filme *nur* für sich selbst zu machen, um etwa das eigene, unsichere Ego wieder aufzurichten, ist ein teures Hobby, dem man nicht sehr lange frönen kann. Moderne Dichter mögen in esoterischen Symbolen, die nur sie selbst verstehen, ihre Selbstverwirklichung finden. Doch der Filmemacher wird sich kaum aus jener Wechselbeziehung zu seinem Publikum lösen können.

Dies sollte man keinesfalls bedauern. Die These, daß der durchschnittliche Kinogänger das Gemüt eines zwölfjährigen Kindes besitzt, wurde öfter widerlegt als bewiesen. Daher ist es keineswegs ratsam, an der Intelligenz des Zuschauers zu zweifeln. Andere Geschäftsleute schmeicheln den Kunden lieber, ganz gleich, was sie von deren Geschmack oder Intellekt in Wirklichkeit halten mögen.

Film ist eine demokratische Kunst und besitzt daher alle positiven und negativen Merkmale einer Demokratie, deren Vor- und Nachteile. Zu den Gefahren zählen die Tendenz zu Vulgarität, Plattheiten, Gemeinplätzen und Banalität. Da Film die Masse anspricht, ist er leicht als Mittel zum Zweck der Massenverführung zu mißbrauchen, ein Phänomen, das wir nur allzu häufig in den letzten Jahrzehnten beobachten konnten. Zu den positiven Seiten gehört das sachliche und nüchterne Urteil der breiten Masse, das im Gegensatz zu den „Urteilssprüchen“ einiger weniger selbsternannter Richter steht, die zu Exzessen, Irrlehren, „gekünstelten“ Gefühlen, falschen Emotionen und arroganten Lügen neigen könnten. Die große Jury zahlender Kinogänger, obgleich nicht unfehlbar, garantiert durch ihr Urteil ein hohes Maß an Gerechtigkeit.

Die meisten jungen Filmemacher, ob idealistisch oder auch nicht, beschäftigen sich in ihren Filmen mit der allgemeinen Weltlage und den Unzulänglichkeiten unserer Gesellschaft. Sie beeinflussen ihre Mitmenschen ebenso wie andere Filmemacher, die vielleicht derartige Themen ablehnen. Das Erzählen von Geschichten hat in jedem Fall etwas Lehrreiches und nicht nur Interessantes oder Unterhaltsames an sich. Wie egoistisch oder opportunistisch ein Filmemacher auch sein mag, er ist Lehrer, und an dieser Tatsache kann nicht gerüttelt werden.

Allein durch die Auswahl bestimmter Fakten aus der reichen Vielfalt des Lebens und die Art, wie er sie präsentiert, projiziert der Filmschöpfer unweigerlich ein bestimmtes Weltbild. Bewußt oder unbewußt lehrt er das, woran er selbst glaubt. Obgleich heutzutage der „Auswurf“ an schlechten Filmen und Berge von reißerisch aufgemachten und geschmacklosen Produktionen einen dunklen Schatten auf den Film als indirekte Form des Lehrens werfen, kann der Autor dennoch auf eine weit zurückreichende Linie illustrer Vorfahren zurückblicken, zu denen die alten Propheten zählen, begnadete Dichter, die ganzen Völkern Leitfiguren waren, Hellseher, Wahrsager und Lehrer.

Der Autor wird sich gerade in unserer Zeit dieser Verantwortung nicht entziehen können, so sehr er es auch wünschen mag, da die Massenmedien jedes seiner Worte in Windeseile verbreiten und vervielfältigen. Oscar Wilde meinte einmal, daß das Leben die Kunst öfter imitiere als es umgekehrt der Fall ist. Dies gilt ganz besonders für die heutige Zeit, in der die neue Frisur eines Filmstars umgehend auch die Häupter von Millionen von Mädchen und Frauen von Azusa bis Sansibar ziert.

Der Filmschöpfer beeinflußt somit die Lebensweise der Mitmenschen, indem er seine Ansichten in den kulturellen Kontext einflie-

ßen läßt. Er verändert, gestaltet, beschädigt oder befürwortet das Umfeld, in dem wir leben – ob zum Besseren oder zum Schlechteren sei dahingestellt. Auch wenn er sich energisch gegen diese Bindung wehrt und versucht, sich zu isolieren – er ist untrennbar mit dem Geschick seiner Mitmenschen und dem Schicksal der Welt verbunden, in einer steten Wechselbeziehung, in der er nicht nur Dinge in sich aufnimmt und selbst zum Ausdruck bringt, sondern eben auch Einfluß ausübt.
Der junge Filmemacher mag, wenn auch unbeabsichtigt, zum Ausdruck bringen, wie die Dinge sein sollten, indem er offen und ehrlich erklärt „worauf es ankommt" oder „wie es halt ist". Wie notwendig seine Weitsicht ist, wird von einem der Charaktere in meinem Roman *Der dreizehnte Apostel* zum Ausdruck gebracht:

„Die Pflicht des Künstlers ist es, die ständig sich wandelnde Welt zu erforschen, wieder zu entdecken und für jede neue Generation neu zu erschaffen. Seine Rolle in der Gesamtheit eines Volkes besteht darin, daß er das Leben, wie es jeweils ist, erfährt und es seinen Zeitgenossen mitteilt, wie es Augen, Ohren, Sinne und Empfindungen für den Einzelmenschen tun.
Mit jeder Stunde, die verstreicht, droht die Welt sich uns zu entfremden. Von Tag zu Tag wächst sie an tausend Orten. Sie bewegt sich von uns fort in Schritten, die so klein sind, daß wir sie nicht bemerken. Holen wir sie aber nicht von Zeit zu Zeit wieder ein, so werden wir dastehen ohne rechten Lebenssinn, eingefangen in verfallene und versteinerte Begriffe aus vergangenen Weltzeitaltern. Wir führen dann das Leben von Phantomen in eingebildeten Umgebungen, die einmal wirklich waren, aber vergangen sind."[9]

KAPITEL 7

# Mut zum Risiko

Jeder Autor, der im stillen Kämmerlein über einem Drehbuch brütet, träumt davon, daß einmal Millionen von Menschen seinen Worten lauschen. Der Gedanke an ein solch gewaltiges Publikum spornt ihn an, er will nur sein Bestes geben und hofft, daß diese Bemühungen dann auch von künstlerischem und/oder kommerziellem Erfolg gekrönt werden.
Doch selbst Rom wurde nicht an einem Tag erbaut. Zunächst muß er Fortuna auf die eine oder andere Weise um Beistand bitten, indem er die „Scherben bringen Glück"-Methode anwendet oder Daumen drückt. Wenn es nicht gar zu peinlich wäre, würde er sogar eine Hellseherin zu Rate ziehen, die seine Erfolgschancen aus dem Kaffeesatz deuten könnte.
Seit Menschengedenken wurden Orakel nach der Zukunft befragt, Zauberformeln sollten den Gang der Dinge beeinflussen; die Götter sollten mit Wohlwollen die Geschicke der Menschen lenken, Könige richteten Wunderwerkstätten ein und setzten all ihre Hoffnungen auf Zaubermeister, die alsbald wieder in hohem Bogen auf der Straße landeten, weil sie die versprochenen Wunder nicht vollbringen konnten.
Im Amulett des Stammespriesters bis hin zu den neuesten Erkenntnissen der Fachgrößen in der Triebforschung offenbart sich der Wunsch des Menschen nach absoluter Gewißheit. Fernsehsender und Filmstudios fühlen sich heutzutage hilflos und verlassen angesichts der schwer beeinflußbaren Zuschauerreaktionen. Daher ist ihnen jedes Mittel recht, das den Erfolg prophezeit oder ihn gar herbeizuführen verspricht.
Wenn heute von Tänzen und Opferritualen der Medizinmänner die Rede ist, können wir uns ein süffisantes Schmunzeln nicht verkneifen. Aber wir runzeln unsere Stirn grüblerisch, wenn wir von den völlig unterschiedlichen Ergebnissen hören, zu denen zwei konkurrierende Fernseheinschaltquotensysteme gelangen.
Der Aberglaube hat sich den Bedürfnissen des modernen Menschen angepaßt und konnte somit überleben. Lediglich seine Terminologie hat sich in statistisches und pseudowissenschaftliches Vokabular und Methodologie verwandelt. Solange die Lebensumstände in uns immer noch das Bedürfnis wachhalten, all der Irrun-

gen und Wirrungen des Lebens Herr zu werden, kreisen unsere Gedanken stets um Zauberkräfte und Orakel.

Vor einiger Zeit nahm ich an einer Podiumsdiskussion teil, in der es um die Entwicklungen in der Unterhaltungsindustrie ging. Im Laufe dieses Abends prallten sehr unterschiedliche Meinungen aufeinander. Ein Filmproduzent, der als Verfechter des „Star"-Systems auftrat, befand sich im Meinungsstreit mit einem Regisseur, welcher zu bedenken gab, daß von zwei Spielfilmen mit derselben Hauptdarstellerin, die im selben Jahr anliefen, einer zum Kassenknüller und der andere zum Kinoflop wurde.
Daraufhin räumte der Produzent zwar die Möglichkeit solch unerklärlicher Diskrepanzen ein, blieb aber bei seiner hohen Meinung vom „Star"-System. „Wenn man schon so viel Geld bei einer Produktion aufs Spiel setzen muß", erklärte er, „sollte wenigstens irgendeine Absicherung vorhanden sein – selbst wenn sie sich nicht immer bezahlt macht."
Niemand aus der Runde machte ihn darauf aufmerksam, daß eine Absicherung, die sich nicht unbedingt auszahlt, ein Widerspruch in sich ist, weil von da ab nur noch die Frage diskutiert wurde, wie der Zuschauer am besten auf seine Kosten kommt. Ein Experte pries die Vorzüge von gewinnträchtigen Vorlagen, wie etwa beliebte Theaterstücke und Bestseller-Romane, woraufhin ein Kritiker Beispiele für gute Theaterstücke und Romane zitierte, die schlecht verfilmt wurden – und umgekehrt. Frei nach Pontius Pilatus bemerkte ein Verleiher dazu: „Was ist schon gut?" Und er zitierte einen Kritiker, der einen bestimmten Film über alle Maßen lobte, welcher jedoch von einem anderen, ebenfalls renommierten, Kritiker zerrissen wurde. An dieser Stelle meldete sich der Produzent wieder zu Wort und erklärte weise, aber mit einem Anflug von Trauer, daß nicht nur in vereinzelten Filmkritiker- oder Zuschauerkreisen unterschiedliche Ansichten über „gut" und „schlecht" herrschten. Film richte sich an das gleiche Massenpublikum, das bei Präsidentschaftswahlen in zwei Lager zerfällt, die jeweils unterschiedlich hohe Meinungen von den Kandidaten haben.
Die Diskussion brachte bis zu diesem Zeitpunkt keine neuen Erkenntnisse. Es entstand eher noch mehr Verwirrung, als ein Fernsehsponsor nach seinem Vorgehen beim Kauf von Fernsehshows befragt wurde. Er erklärte unumwunden, daß das Einschaltquotensystem unsinnig sei, er aber selbst damit arbeite. „Warum verwenden Sie es dann immer wieder?", wurde er gefragt.

„Irgendeinen Maßstab muß man schließlich haben", erwiderte er.
„Aber wenn Sie eigentlich gar nichts davon halten!"
Er zuckte mit den Schultern.
„Trotzdem, es ist besser als gar nichts."
Ist das nun paradox?
Selbstverständlich, doch hierin zeigt sich das menschliche Dilemma, Entscheidungen über Unkalkulierbares treffen zu müssen.
Es ist sogar mehr als verständlich, wenn der Produzent, der gezwungen ist, eine definitive Wahl im Gewirr der schwer zu fassenden Werte und flüchtigen Faktoren zu treffen, nach irgendeinem Entscheidungskriterium, irgendeinem Maßstab greift, auch wenn er von dessen Richtigkeit nicht überzeugt ist. In seiner Verzweiflung arbeitet er lieber mit suspekten Richtlinien als ganz auf sie zu verzichten, weil sie eben immer noch „besser als gar nichts" sind.
In dieser paradoxen Lage befindet sich nicht nur das Showgeschäft, obgleich ihm besonders oft Unvernunft und Geschäftsuntüchtigkeit nachgesagt werden. Das gleiche gilt für den Börsensektor. Unzählige Investoren richten sich nach den Prognosen einflußreicher und anerkannter Anlageberater. Würde man jedoch diese Prognosen und Analysen mit den tatsächlich eingetretenen Entwicklungen vergleichen, so ließe sich erkennen, daß sie den Zuverlässigkeitsgrad von mittelalterlichen Beschwörungsformeln besitzen. Angesichts der Meinungsunterschiede in hartgesottenen Bank- und Wirtschaftskreisen müßte man sich ebenfalls fragen, ob unsere finanziellen Angelegenheiten, die sich ja in meßbaren Quantitäten, wie harten Dollars, ausdrücken lassen, wirklich in so verläßlichen Händen sind, wie wir alle annehmen. Bevor die Industriegiganten Unsummen in neue Produkte investieren, wenden auch sie alle nur erdenklichen Marktforschungsmethoden an, um ihr Publikum zu sondieren – wie etwa der Automobilhersteller Ford vor der Produktion neuer Modelle.
Eine gewisse Widerspenstigkeit und Unberechenbarkeit zeichnen Konsumenten, Zuschauer, ja den Menschen schlechthin aus. Er ist noch immer voller Geheimnisse, eine Tatsache, die jedoch dem Dichter weniger Probleme bereitet als einem Statistiker. Aus eben diesem Grund ist der kreative Schöpfer stets Herr seines Schaffensbereiches. Das vorprogrammierte Versagen von Meßinstrumenten und statistischen Analysen, armseligen Absicherungen und ähnlich Unzuverlässigem läßt den Schöpfer nicht verzweifeln und resignieren. Vielmehr ist er gezwungen, sich auf seine eigene

Urteilskraft zu verlassen, und genießt dadurch die Faszination des kreativen Schaffens um so mehr.

Im Innersten der meisten Menschen wohnen zwei miteinander rivalisierende Seelen; die eine strebt nach Sicherheit, Gewißheit und mahnt, sich auf keine unkalkulierbaren Risiken einzulassen, während die andere das Abenteuer und die Herausforderung sucht und uns das prickelnde Gefühl gibt, wirklich zu leben.
Der schöpferische Mensch – ob es sich dabei nun um einen Schriftsteller, einen Bühnen- oder Filmautor, um einen Produzenten und seine Mitarbeiter oder um eine Gruppe von Künstlern und Technikern, die ein gemeinsames Projekt zusammenführt, handelt – betritt immer wieder unberührtes Neuland.
Während Geschäftsleute und umsichtige Anleger Gewinne aus früheren Transaktionen für den Erwerb eines neuen Geschäftes oder Ankauf eines bereits florierenden Unternehmens verwenden können, beginnt der Schöpfer bei jedem neuen Projekt mit einem formlosen Potential, mit Stoffen, denen er erst Gestalt verleihen muß, mit Saatgut, von dem er noch nicht weiß, wie es aufgehen und gedeihen wird. Eine Wiederholung vergangener Erfolge ist nicht garantiert. Sein Publikum akzeptiert, ja erwartet sogar ein gewisses Maß an Vertrautem und Altbekanntem, fordert jedoch auch immer wieder etwas Neues und noch nie Dagewesenes, das dem Zuschauer den gleichen Nervenkitzel beschert, der zuvor noch den Schöpfer zu seinem Werk inspirierte.
Da somit ein endloses Kopieren bereits geschaffener Werke ausgeschlossen ist, muß sich der Schöpfer bei seiner Suche nach Neuland vom Mut zum Risiko treiben lassen.
Er geht ein Risiko ein – ohne jegliche Gewähr auf Erfolg – und wird daher oft mit Zweifeln zu ringen haben. Und er muß seinen Mut unter Beweis stellen, also versuchen, seine Ängste zu überwinden. Zweifel und Angst begleiten somit jeden Schöpfer bei all seinem Schaffen.
Doch auch Waghalsigkeit ist sein ständiger Begleiter, denn er wäre kein Schöpfer, fehlte es ihm an der ständigen Bereitschaft, Risiken einzugehen. Urteilsstärke ist sein Weggefährte, denn ohne kritisches Urteilsvermögen wäre sein Mut nichts weiter als Tollkühnheit.
In vielen anderen Tätigkeitsbereichen erleichtern Kurven und Tabellen den Entscheidungsprozeß. Der Schöpfer hingegen wird durch eine Idee in seiner Phantasie angeregt, durch plötzliche

Einfälle bei der Lektüre eines Buches oder einer Geschichte oder durch faszinierende Momente in einem Theaterstück. Auf der Grundlage derartiger Gefühlsregungen muß der Schöpfer die ersten Entscheidungen treffen.

Wenn ein Dichter mitten in der Nacht plötzlich einen Einfall hat, so kann er innerhalb von wenigen Minuten seine Strophen zu Papier bringen oder aber sie über Jahre hinweg ausarbeiten. Es entstehen ihm weder Kosten, noch muß er gewichtige Entscheidungen treffen.

Der im Showgeschäft tätige Schöpfer hingegen, der seine Idee auf ähnliche Weise ausarbeiten mag, muß sich zu dem Entschluß durchringen, den gewaltigen Produktionsapparat in Gang zu setzen. Er muß seine anfänglichen Gefühls- und Verstandesregungen erneut überprüfen und zwar im Hinblick auf all die Mühen, Anstrengungen, Risiken, die beschwerliche Arbeit, ungeteilte Aufmerksamkeit und Hingabe, die erforderlich sein werden. Es wird daher wohl niemanden überraschen, daß die meisten Filmideen angesichts der vielen bevorstehenden Schwierigkeiten als zu schwach wieder verworfen werden, es sei denn, dem Autor wurden bereits günstige Rahmenbedingungen, wie etwa ein entsprechendes Produktionsbudget oder die Besetzung mit hochkarätigen Stars, garantiert.

Doch selbst unter solch günstigen Voraussetzungen muß der Schöpfer Mut zum Risiko zeigen. Nach jener ersten Entscheidung beginnt nämlich jetzt die eigentliche Ausarbeitung, eine lange Wegstrecke, auf der jeder Schritt trotz aller Garantien und Zusicherungen das Äußerste abverlangt. Vor ihm liegt die beschwerliche Aufgabe, jenen ersten sprühenden Ideenfunken durch Tonstudios, Kopierwerke, Schneideräume und Kinos direkt in die Herzen der Zuschauer zu befördern, um ihn dort erneut aufflackern zu lassen, nach all den Prozeduren, nachdem jene erste Gefühlsregung des Schöpfers schon längst abgeklungen ist, ihn nicht mehr in Bann schlägt und sich durch ständige Wiederholung abgenutzt hat.

Mut zum Risiko ist Voraussetzung für jeden schöpferisch tätigen Menschen. Beim Dichter ist der Weg von Herz und Verstand zu Papier und Bleistift nur ein kleiner Schritt, den sein kreativer Impuls trotz aller Zerbrechlichkeit und Zartheit leicht und sicher bewältigen kann. Ein Michelangelo hingegen benötigte eine inbrünstige und leidenschaftliche Vorstellungskraft, die ihn die gewaltigen Malereien in der Sixtinischen Kapelle vollenden ließ.

Der Film stellt aufgrund seines einzigartigen Wesens andere Anforderungen. Die Vorstellungen und Visionen des Schöpfers müssen von einer Karawane von Künstlern und Technikern verwirklicht werden, die eine Reise auf einem Regenbogen antreten, sich unter der Last ihrer schweren Ausrüstung auf diesem farbenprächtigen und doch schmalen Pfad durch die Lüfte vorwärts tasten und auf jenes Ziel in der Ferne zugehen, dem ersehnten Gefühl, der erträumten Vision, jenen Schätzen entgegen, die sie am anderen Ende des Regenbogens erwarten.
Ihre gefahrvolle Reise fand zunächst nur in der Phantasie des Autors statt und wurde dann aufgrund dessen Planung und Vorbereitung zur Wirklichkeit. Ihr langer Marsch über den Regenbogen konnte erfolgen, weil der Autor Mut zum Risiko bewies.

# ANMERKUNGEN DES HERAUSGEBERS

1 Diese Angaben beziehen sich auf die im amerikanischen Fernsehen übliche Zeiteinteilung.

2 Die Academy of Motion Picture Arts and Sciences in Hollywood verleiht alljährlich die wohl begehrtesten Filmpreise, die Academy Awards, kurz „der Oscar" genannt.

3 Aus: Gotthold Ephraim Lessing: *Hamburgische Dramaturgie. Achtundvierzigstes Stück.* (13.10.1767)

4 In der Bundesrepublik gibt es keine vergleichbare Einrichtung, da nach deutschem Urheberrecht keine Registrierung nötig ist. Bei uns genießt ein Werk urheberrechtlichen Schutz, sobald es niedergeschrieben ist. Der Autor muß nur nachweisen können, daß es von ihm stammt und zu welchem Zeitpunkt er es geschrieben hat. (Für ganz Vorsichtige: Manuskript bei einem Notar hinterlegen.)

5 Vereinigung der amerikanischen Schriftsteller (siehe Anmerkung 4).

6 Verkaufsautomaten, aus denen sich per Münzeinwurf warme Mahlzeiten entnehmen lassen.

7 Gekürztes und leicht verändertes Zitat aus Shakespeares *Hamlet,* das mit den berühmten Worten beginnt: „Sein oder nicht sein..."

8 In der Bundesrepublik ist diese Art von Publikumstest nicht üblich.

9 Aus: *Der dreizehnte Apostel,* S. 81. Deutsche Übersetzung erschienen bei Droemer Knaur, München 1984.

# REGISTER

Die Seitenangaben beziehen sich auf diejenigen Abschnitte, in denen der entsprechende Begriff näher erläutert bzw. zum erstenmal erwähnt wird.